读客外国小说文库

熊猫君激发个人成长

球形の荒野

球形的荒野

［日］松本清张 著　曹逸冰 译

松本清張

文汇出版社

1

芦村节子在西京站下了电车。

她已经很久没来过这儿了。从站台上望见的药师寺[1]三重塔,令她分外怀念。柔和的秋日阳光,洒在塔下那片松树林上。从站台到药师寺只有一条直道可走。路边有一家旧货店兼茶坊,货架上还摆着古朴的瓦片,一切与八年前她所看见的情景一样,就好像那些东西从来不曾被人触碰过。

天上的云朵多了起来,还刮着阵阵寒风,而节子的心情却很兴奋。这条路与她接下来准备去的古寺山门,都能唤起她遥远的回忆。

她与丈夫亮一从家里出发,一同来到京都。亮一要参加学术会,一开就是一整天。他们夫妻俩已经好几年没有一起旅行过了。从东京出发的时候,她就打定了主意,趁丈夫出席会议的时候去奈良走走。

---

[1] 位于日本奈良市,建于天武天皇九年(公元680年)。

节子跨过药师寺的大门,来到三重塔下。她记得上次来药师寺的时候,这座塔正在重修,让她遗憾不已,而现在它已焕然一新。和平时一样,寺院里没多少游客。一般来奈良的游客都不会大老远来这儿参观。

　　看完正殿的雕刻之后,节子走出殿门,才发现已经是下午了。她还有其他安排,没那么多时间,只得匆匆离开药师寺。

　　从药师寺到唐招提寺[1]的这条路,是她最喜欢的路之一。八年前造访的时候正值晚春,白色的玉兰花盛开在两旁的泥墙上。路边角落里有一栋农家的房子,明亮的阳光照在人字形的屋顶上,墙壁显得特别白,而今天是多云,墙壁的颜色就有些发黑了。

　　这条路如往常一样人烟稀少。破烂的土墙上爬满藤蔓,就连从上面掉落的土块,都和旧货店的商品一样,总也是那副模样。农家的庭院里,一位正在给稻谷刈壳的姑娘目送着节子走过。

　　抵达唐招提寺后,节子发现寺门翻新过了。

　　话说回来,上一次来参观时,寺门显得破旧不堪,门柱下部几乎已腐朽,屋顶上满是歪斜的老瓦片,上面还长着青苔。不过那时寺门旁山樱盛开,映衬着还留着一丝朱色的门柱,颇有些"古色古香"的韵味。

　　去正殿要走过很长一条路,两旁的树木郁郁葱葱,就连接待处的小房子都和八年前一模一样。走近一看,柜台上摆着明信片和护身符,里头还守着位老人。

　　节子从远处眺望正殿。大屋顶下装饰着鱼尾形脊瓦,下方立着八根柱子。无论何时,圆柱的形状都是那么优美,那么丰盈,

---

[1] 位于日本奈良市,公元759年由中国唐朝高僧鉴真所建。

让人不禁联想起法隆寺的柱子来，它们与希腊建筑物的柱子也有异曲同工之妙。

节子沿着正殿宽宽的房檐，绕去了后方。

鼓楼与讲堂都经过了修缮，朱色显得焕然一新。唐招提寺的布局从这个角度望过去，真是妙不可言。那感觉，就好像在欣赏一首优美动听的乐曲。

节子驻足原地，眺望了许久。周围没有一个游客。

云散去了一些，带来淡淡的阳光。八根凸肚状支柱在阳光下形成一排整齐的影子，很有立体感。因为房檐很宽，阳光被拦腰遮断，上部靠近房檐那儿还是很暗。蓝色的连子窗与白色的墙壁留在昏暗的深处，唯有朱红色的圆柱特别明亮。面对眼前的景象，节子看得出神，久久不愿挪动脚步。

教会节子欣赏古寺之美的人，是她已故的舅舅。舅舅名叫野上显一郎，是节子母亲的弟弟，生前是位外交官。二战期间，他曾前往欧洲中立国家的公使馆担任一等书记官，但是没等战争结束，便不幸因病客死异乡。

你舅舅身体那么壮实，竟会……节子还记得母亲曾如此感伤过。当时节子二十三岁，和丈夫结婚不过两年。一想起过世的舅舅，母亲的话语就跟着回响在了耳边。

舅舅的体格的确健壮。从初中到大学，他一直参加柔道社的活动，还获得了黑带三段称号。舅舅离开日本的时候，正值二战战况最激烈之时。母亲和节子特意赶去东京站送行。灯火管制下的车站昏暗不已。坐火车取道西伯利亚，是当时前往欧洲唯一的方法。

美国机动部队对日本发动了一波又一波猛烈进攻，欧洲战场的德国与意大利也是节节败退。众人都以为，舅舅是去中立国工作，只要能平安抵达，定能平安归来，不料舅舅最终竟被病魔夺去了生命。

当时日本、德国与意大利已无力回天，舅舅身在中立国，背负着艰巨的外交任务，劳累过度，患上了肺结核。日本的报纸也报道了舅舅的死讯：

> 身处中立国，在欧洲复杂的政局之下，为推进日本的战时外交鞠躬尽瘁，最终倒在了自己的岗位上。

节子至今记忆犹新。

就是这位体魄健壮的舅舅，教节子读懂了古寺的美。舅舅在学生时代就经常造访奈良的古寺与大和路[1]，进了外务省之后也没有放弃这个爱好。后来他成了副领事，调往中国天津及欧洲各地。可每次调回日本总部，总会先去大和路走一走。

舅舅并没有带节子去关西游玩过。

"节子，舅舅以后一定要带你去看看，给你好好讲讲。"

他总把这话挂在嘴边，可一直没有机会。

每次派往海外任职时，舅舅都会从所在地寄些漂亮的明信片回来，然而他在信中只字不提外国美景，总说："有没有去奈良走走呢？飞鸟[2]的寺院也很不错。舅舅我要是住得近，真想请个假去看看啊。"

舅舅身在国外，反而更加怀念日本的古寺了。

后来节子会对古寺产生兴趣，就是受到了已故的舅舅的影响。

---

[1] 特指京都五条口取道伏见、木津前往大和的路。
[2] 地名，位于奈良盆地，拥有众多古坟和寺院古迹等历史遗产。

参观完正殿，节子朝出口走去。

她顺便去卖护身符和明信片的小屋子里逛了逛。她想买些纪念品回东京，送给她的表妹久美子。这也算是对久美子的父亲的追忆吧。小屋墙上不仅摆着明信片，也摆着些瓷盘当装饰。瓷盘上面写着"唐招提寺"这四个字，颇有些纪念意义，节子就买了下来。

在老人包装纪念品的时候，节子瞥见了旁边摆着的芳名册[1]。册子很厚，是用和纸装订而成的。芳名册正好摊开着，节子就随便看了看，发现里头的名人还真不少，比如杂志上频频出现的著名美术评论家、大学教授等等。看来普通游客虽然不常来，可懂行的人还是会来的。

老人包了好久。节子把芳名册又往前翻了一页，上头写满了名字。不同的名字反映出不同人的笔法。近来擅长写毛笔字的人越来越少了。芳名册上的字虽然有的非常优美，但一塌糊涂的更多。

不过，其中一个名字吸引了节子的视线："田中孝一"。当然，节子并不认识他。她之所以会注意到这个名字，是因为这字迹似曾相识……

"谢谢惠顾。"

老人好不容易打好了纸包的绳结，把包裹递给了节子，而节子却一门心思盯着芳名册上的名字。见状，老人建议道："夫人，您要不也留下名字吧？"

节子心想，难得来一回，就借毛笔签了名。写完之后，她又把纸页翻了回去，再一次看了看"田中孝一"这四个字。关键不

---

1 日本旅游景点的留言册，供游客留名纪念等。

是那个名字，而是笔法。

那笔法，与过世的舅舅十分相像。

舅舅年轻时就很擅长书法。看见芳名册上的名字，节子忽然想起，那"一"字的收笔法与舅舅的手迹很像。舅舅写的横也会像那样稍稍上扬。也就是说，田中孝一的"一"，和显一郎的"一"有着共通之处。舅舅年轻时临摹的一直是中国北宋大书法家米芾的字帖。

节子心想，大概是自己来到这座寺院之后一直在想舅舅的事情，这才产生了幻觉吧。这世上字迹相像的人有很多，不过能在舅舅最喜欢的寺院里，发现与舅舅酷似的字迹，节子还是很欣慰的。可惜名册上没有写字人的具体信息和地址。

似曾相识的字迹让节子怀念不已，她不禁向老人问道："这位游客是远道而来吗？"

老人兴味索然地扫了一眼田中孝一的名字，回答道："这……我不太清楚啊。"

"这一页的客人都是哪天来的呀？"节子继续问道。

"嗯……"老人眨了眨眼，看了看签名的顺序后说道，"大概十天前吧。"

既然说是十天前，那这位老人可能还记得签名的游客。这里的游客并不多，应该不是很忙才对。

然而，面对节子的问题，老人低声回答："不，我们这儿的游客还挺多的，怎么可能记得住啊。"

节子只得作罢，离开了小屋，原路返回。今天的节子总是忍不住想起远在天国的舅舅。带领自己走进古寺世界的人正是舅舅，也难怪她来到此地会浮想联翩。不过，也许是这番秋日古寺的景色，让她触景生情，思念起了故人吧。

节子与丈夫约好，今晚在奈良的旅馆会合。丈夫说，他参加完京都的学术会之后，会在八点左右抵达奈良。因为多云的关系，天色看上去比较昏暗，但其实才刚过下午两点。

她又回到了西京车站。她本该立刻折回奈良，按原计划去秋筱寺、法华寺，再去佐保路附近走走，却突然没了兴趣。节子还想着刚才那位"田中孝一"。她并不认识他，可奇怪的是，他写下的文字久久不能从脑海之中消失。

节子呆立在站台上，这时，上行电车进站了。她原本是要坐这趟车回去的，可她突然改了主意，最终还是没有上车。

节子下定决心，走去对面的站台，坐上下一列的下行电车。

放眼望去，车窗外是一片平原，秋色动人。丘陵之下，法起寺的三重塔隐约可见。不久后，法隆寺的五重塔带着那鲜艳的色泽出现在了松树林中。

节子在橿原神宫前站下了车。

出租车所行驶的道路特别冷清。

两侧是广阔的平原，只有星星点点的村落。过了冈寺，橘寺白色的围墙出现在眼前。节子告诉司机等候片刻，自己则沿着高耸的石阶拾级而上。

橘寺是一座小寺院。她喜欢"橘寺"这个名字。节子来到了本堂旁的接待窗口。那里也摆放着一些护身符和明信片之类的纪念品。

节子买了张明信片，环视周围，可是并没有发现芳名册。

"请问……"她鼓起勇气问道，"请问这边有芳名册吗？我想签名留个纪念……"

正在临摹字帖的僧人抬头看了看，从书桌边上拿起芳名册，默默递给节子。

节子赶忙翻到最后一页，可并没有发现"田中孝一"的名字。于是她写上了自己的名字。她担心自己错过，又翻了一遍，可终究还是没有出现"田中孝一"这四个字。

"谢谢。"节子将芳名册还给了僧人。

她走下石阶，回到了停在门口的出租车上。

"客人，接着上哪儿去啊？"司机回头问道。

"麻烦去安居院[1]。"

司机发动了汽车。沿途都是田园风光，方才在橘寺看见的森林越来越近了。节子在写着"安居院"字样的大门口下了车。她再次嘱咐司机留在原地等她出来。

走进安居院的大门，就能看见旁边的正殿了。一块基石一般的大石头在庭院的正当中。

正殿的本尊是飞鸟大佛，传说为止利法师[2]所作。这尊佛像经常出现在美术史类的书本中，然而节子并没有心情观赏佛像那"古拙的笑容"。她的首要目标，就是这儿的芳名册。

寺院的接待处没有人。这儿比起奈良的那些寺院要萧条得多。见节子站在接待处，一位五十来岁、身着白衣的老僧从里头走了出来。

---

1 别名飞鸟寺。位于日本奈良县明日香村，公元596年由苏我马子所建。寺庙内的本尊飞鸟大佛是日本最古老的佛像。
2 鞍作止利，飞鸟时期法师，善于雕刻佛像。其祖父司马达等是第一位把佛教带到日本的南梁渡来人。

"您要拜佛吗?"他探着头问道。

放在平时,节子定会参拜本尊,然而她现在更关心的是别的事情。她买了护身符和明信片。安居院的芳名册就放在接待处的窗口边上,不用问就已看见。

"是这样的……"节子对老僧说,"我是特意从东京来的,能否让我留个名字?"

老僧笑着对节子说:"当然可以,请吧!"

他还亲自为节子磨了墨。

节子打开了芳名册。趁老僧磨墨的时候,节子翻看了芳名册。最后一页上只有三个人的名字,前一页上也都是些陌生的名字。可再翻一页,节子险些叫出声来。

上头分明写着那似曾相识的"田中孝一"。字体也与唐招提寺的如出一辙,就像是印章印出来的一样。节子向正在磨墨的老僧问道:"请问……"她指着田中孝一的名字,"这位是哪天来的呀?"那口气就好像在打听熟人的消息一样。

老僧探出头看了看那个名字。"这……我也不清楚啊。因为来这儿参观的游客还挺多的。"他歪着脑袋,一边回忆一边说道,"是多久前来的啊?既然是写在那一页上的,那就是一个礼拜或十天前吧。"

节子听完,盯着老僧的脸问道:"请问,您还记得他的模样吗?"

老僧又歪起了脑袋:"这我就不记得了。莫非您认识他不成?"

"是的。"节子脱口而出,"看了这芳名册,我忽然想起了一位久未谋面的朋友,所以才会问您。"

"这……"老僧皱起了眉头,"我还真不记得了。我妻子[1]正好在,要不我去问问她吧?"

真是位热心的住持。他特意跑去问了问自己的妻子。

老僧与他妻子一起走了回来。只见老僧的妻子对节子点了点头,看了看芳名册上的"田中孝一"。

"这……我也记不清了。"她也像丈夫一样歪着脑袋。

节子又将视线投向了芳名册上的签名,真的太像舅舅的字迹了。

节子手上有好几张舅舅的书法作品。那时节子还小,上面写的并非艰深难懂的汉诗。舅舅总喜欢在红毛毡上铺上宣纸,让舅母帮着磨墨,用大号毛笔写汉字。要是她随身带着舅舅的墨宝,她还真想拿来和"田中孝一"的笔迹做个对比。

傍晚时分,节子抵达奈良。路灯已经亮了。她在车站前打了个车。黄昏时,公园大道上早已没有了喧闹的人群。兴福寺的宝塔被下方的灯光照得通明。

她与丈夫商量之后,事先预订了飞火野附近的旅馆。节子到达旅馆时,发现丈夫亮一已经到了,连澡都泡好了。

"对不起,我来迟了。"节子赶忙道歉。丈夫近来稍有发福,他穿着宽袖棉袍,正蜷缩着身子看报纸。

丈夫见节子进屋,开口问道:"泡澡吗?"

"等会儿再说吧。"

"那就先吃饭吧。我都饿了。"丈夫像个孩子似的拍了拍

---

[1] 日本的和尚允许结婚。

肚皮。

节子马上吩咐女服务生准备晚餐。

"京都的会这么早就结束了啊？"节子问道。

"是啊，很早就结束了。几个朋友开完会还准备去聚一聚，可我又喝不了酒，而且也不能让你一个人在这儿等我啊，就提前回来了。"

听到这儿，节子越发内疚起来："真对不起。"

"没事啦。对了……"亮一笑眯眯地看着节子说，"夫人古寺之行怎么样啊？"他一直拿节子的这个爱好开玩笑。

饭菜来了。

亮一喝不了酒，自然也不用节子帮忙斟酒。他就着米饭，迅速扫荡了盘子里的菜肴。

"哎呀，你真的饿坏了！"看到丈夫狼吞虎咽的样子，节子有点忍俊不禁。

"是啊，今天的学术会真是累死人了，而且从京都坐电车过来要一个多小时，确实快饿死了。"

丈夫亮一是T大的病理学副教授。

"对了，你的古寺巡礼一定是心满意足吧？"

"嗯……"节子含糊其辞。毕竟她今天没有按照之前和丈夫说过的计划走。

"佐保路那边怎么样？"丈夫问道。他这么问是有原因的：他特别喜欢"佐保路"的名字，因为它念起来语感不错。而且他还经常炫耀自己能背诵《万叶集》中大伴坂上郎女[1]的诗句："汝

---

[1] 奈良前期的女歌人，也是《万叶集》中的代表性歌人。

见佐保道，妾折青柳枝。"亮一年轻时常看这类书籍。

"我没去那儿。"节子回答。

"为什么？"亮一看了她一眼，问道，"你不是很想去那儿的吗？"

"是啊，不过我最后还是没去，只去了橘寺和安居院。"

"怎么跑那儿去了啊，"丈夫说道，"心血来潮？"

节子一咬牙，决定把真正的理由告诉他。

"我去唐招提寺的时候，在芳名册里看见一个人的字迹和舅舅的实在太像了。我就想其他寺院的芳名册里会不会也有相同的名字……"

"舅舅？"丈夫抬眼问道。

亮一和节子刚订婚的时候曾见过野上显一郎一面，婚后也多次上门做客，与这位舅舅相谈甚欢。

"那笔迹和舅舅的实在太像了，让我想起了好多以前的事情呢。"

"原来如此，毕竟你是因为你舅舅才喜欢上古寺的呢！"

丈夫爽朗地笑了起来。

"然后你就去其他寺院翻芳名册，看看有没有同样的名字是吧？可你为什么不去法华寺、秋筱寺之类的地方呢？何必径直跑去飞鸟那边的寺院呢？"

"舅舅特别喜欢那儿的寺院。从我小时候起他就一直在国外工作，常在家书里提到呢。"

"喂……"丈夫插嘴道，"这话可就怪了。你又不是在找你舅舅，是在找很像你舅舅的笔迹不是吗？"

"话是这么说，毕竟舅舅十七年前就病死了，可是我还真在安居院看见了同样的字迹。"

"唉……"丈夫不禁感叹,"女人的直觉真是太可怕了。然后呢?那位被舅舅的笔迹之魂附体的人叫什么名字?"

"田中孝一。那字迹真的好像啊。舅舅临摹的一直是中国北宋米芾的字帖,很独特的,一眼就能看出来。"

"那个田中孝一要是也恰好学过同一个书法家的字,那可真是作了孽啊。害得你临时改变计划,大老远跑去了安居院。"丈夫喝了一口茶笑着说道,"不过舅舅九泉之下肯定会很高兴的。真是辛苦你了。"

旅馆旁边就是飞火野,安静的夜空下起了雨,拍打在防雨板上。

节子虽然被丈夫嘲笑了一番,但"田中孝一"这四个字,仿佛还停留在她眼前。

她从未像今天这般频频回忆起在欧洲病死的舅舅。

2

回到东京的第二天,节子拜访了舅母家。

舅母家位于杉并区深处,那里至今仍分布着一些颇有武藏野遗风的栎树林。舅母家附近还有某位旧贵族的别墅,几乎被树林所包围。节子很喜欢在那一带的小路上行走。

新房子越来越多了,节子喜欢的树林也相应地少了。不过旧贵族别墅附近还留着许多栎树、橡树、榉树、枞树……一棵棵高耸入云。

秋日里的树林尤其美丽。篱笆深处的一些人家还保留着武藏野残留的树林。

舅母家就在那片地区的一角。周围的房子都有些年岁了,狭窄的道路穿插在花柏形成的围墙之间。一到初冬,小路两旁就会堆满落叶,为节子的路途多添了几分乐趣。

节子来到一栋小房子门口,按响了门铃。舅母孝子很快开了门。

"哎呀,你来啦。"舅母比节子开口得更早,"奈良的明信片已经寄到啦。什么时候回来的呀？"

"前天。"

"这样啊……来，进屋吧。"

舅母先节子一步进了日式房间。

这位舅母嫁给舅舅的那一天，节子记忆犹新。

婚宴是在舅舅前往中国天津担任副领事之前不久举行的。节子还记得婚后一年，舅舅、舅母曾联名写信给自己的母亲。节子没有忘记，自己也收到过舅母从中国寄来的明信片，上面画满了中国的美景。舅母的字也很漂亮。

舅舅酷爱书法，总对自己的姐姐，也就是节子的母亲说："我瞧不起写不好字的女人。当我的妻子一定要满足写字好看这个条件。"

舅母能进门，肯定是因为舅舅对这一条很满意吧。

舅舅的笔迹十分古怪，虽说是从中国古帖里学来的，可少女时代的节子，对此根本就瞧不上眼。所有的横都往右上方斜去，显得个性张扬奇特。

"在奈良待了几天呀？"舅母一边倒茶一边问道。

"就住了一个晚上。"节子掏出奈良买的纪念品回答。

"那可真是太遗憾了，就不能多玩儿两天吗？"

"没办法，亮一他们学校另有安排，没法久留呀。"

"这样啊……"

"我一个人一大早就到了奈良，到了那儿后马上就去了唐招提寺和药师寺。原来准备走佐保路，看看秋筱寺和法华寺的，结果碰上了点怪事，就往飞鸟那儿去了。"

"什么事啊？"舅母盯着节子问道。

节子犹豫了。她不知该不该把笔迹的事情告诉舅母。换作寻常小事，她也许会津津乐道一番。可她又觉得"田中孝一"的笔迹是如此逼真，让她难以沉默不语。

舅舅在二战结束前不久病死异乡。舅母一直没有再嫁，过着平静简朴的生活。这教节子如何说得出口。

然而，这事不能不说。

"我去唐招提寺的时候……"节子终于开口了，"在寺院的芳名册里，看见了一个名字，那笔迹和舅舅的一模一样……"

"哦……"舅母的表情并没有太大变化，仅仅只是眼神变得好奇了一些，"那还真是怪了。会那么写字的人应该很少见吧。"

"舅母，那字真是一模一样啊……"

可能的话，节子真想把那本芳名册借回来给舅母看看。

"舅舅的字迹我见得多了，记得很清楚。名字虽然不一样，可我看见那字迹吓了一跳，差点儿喊出声来呢！"

舅母依然平静地笑着。

"于是我就跑去飞鸟那儿寻找那个和舅舅字迹一模一样的田中孝一，因为舅舅老说他很喜欢飞鸟路的古寺。"

"然后呢？"舅母终于露出了兴致勃勃的表情。

"还真的找到了！安居院的芳名册上果然有田中孝一的笔迹！"

"哎呀！"舅母忍俊不禁，"你是不是太想你舅舅了，所以才会越看越像啊？"

"可能吧。"节子并没有反驳，"可是，真的很像，我甚至想拿舅舅的笔迹去比比看呢。"

"节子,你有这份心我就很感动了。"

"舅母,要是咱们住得近,我都想带您一块儿去看看呢!"

"看了又能怎么样呀……"舅母摇了摇头,"他早就不在了,去看了也是徒增烦恼。要是他还活着也就算了……我可不想被相同的笔迹扰乱了心思。"

"啊,亮一也是这么说的。"节子顺势说道,"后来我回到奈良的旅馆和亮一会合,他还说我今天一整天就被舅舅的笔迹之魂牵着鼻子走了呢。"

"亮一说得一点儿没错。"舅母说道,"以后别挂念这件事了。"

舅母丧夫之后,一直过着简朴的生活。她娘家是官吏世家,但资产并不雄厚。因为舅舅的关系,女儿久美子也在政府部门工作。舅母天生丽质,曾有不少人给她介绍对象,可舅母都拒绝了。

"久美子妹妹呢?"节子换了个话题,"工作还好吧?"

"嗯,还算顺利。"舅母微笑着回答。

"那就好。"节子想着好久不见的表妹说道,"舅母您也真不容易。不过苦日子快熬出头啦,等久美子出嫁就轻松了。"

"我也想啊,"舅母又倒了杯茶,"不过怕是得等好一阵子了。"

"久美子几岁了呀?"

"已经二十三啦。"

"有中意的人吗?"节子想知道,久美子是不是在自己找结婚对象,而不是通过相亲。

"这事儿啊……"孝子望着茶杯回答,"我原本打算过两天就告诉你的。"

节子顿时兴致勃勃地望向舅母:"哎呀,莫非久美子有动静了?"

"嗯,她呀,"舅母低下头说道,"好像有个关系挺好的男性朋友,已经来我们家玩过两三次啦。"

"是吗?是个什么样的人啊?"

"他在报社工作,说是朋友的哥哥。我看那孩子挺开朗的,是个好青年。"

"是吗?"久美子究竟选中了怎样一位青年?节子好奇不已。

"节子啊,有机会你也见见他吧?"舅母说道。

"嗯,我也有这个意思。下次见到久美子的时候我跟她说说,等他再来家里做客的时候,把我也叫来。舅母,您意下如何呀?"

"我也说不清楚。"

舅母嘴上这么说,其实心里好像并不反对久美子和那位青年交往。

"这日子过得真快啊……"节子遥想过去,不禁感叹,"舅舅走的时候,久美子多大来着?"

"才六岁。"

"舅舅要是还在人世,该有多高兴啊。"

暂且不论那名青年能否与久美子步入婚姻殿堂,久美子也到了谈婚论嫁的年纪——这让节子感慨万千。

节子一直很疼爱这位表妹。她们有不少美好的回忆,不过每当这种时候,节子总会想起久美子小的时候……

有一回她带着久美子去江之岛玩,那年久美子才四岁吧。她在海边专心致志地玩沙子，到了该回去的时候也不肯听节子的话，害得节子差点儿哭出来。蹲在沙滩上的久美子穿着红色小洋装，围着白色围裙，那模样至今历历在目。

"是啊，他可疼久美子了。去了国外，写信也是久美子长久美子短的。最后一封信也是。我给你看过的吧？"孝子说道。

"嗯，不过内容都不记得了。真想再看一看啊。"

节子之所以会这么说，不仅是想重温一下舅舅的家书，更是想确认他的笔迹。

舅母立即起身去了卧室。此刻，她竟显得兴冲冲的。想必是对亡夫的回忆鼓舞了她的情绪。舅母把书信插在衣襟里走了回来。

"就是这封。"

信封上贴满了外国邮票。邮戳是一九四四年六月三日的。这封信好像已经被拿出来过很多次了，那厚厚的信封也磨损了不少。节子抽出信纸。她的确记得这封信。信纸上又多了不少褶皱。

当时在赴任的中立国染上肺病的舅舅，住进了瑞士的医院。这封信就是在医院里写的：

  人在异乡，反而更了解日本的处境。正所谓旁观者清，当局者迷。就好像目睹自杀的旁观者，比动手自杀的人更加感到恐惧一样。我现在在瑞士的一家医院里。身处中立国的我，每日都在担心远在日本的你们。这样的担忧，以前从未有过。

  这边的报纸每天都会报道日本遭到的空袭。每每看到这样的报道，我都会担心起久美子的安危。虽然，在这种时候只一心牵挂自己的家人，或许欠妥。

然而，我必须尽快让全日本走向和平。当我躺在病床上闭目养神的时候，每一个瞬间都有几百人，甚至上千人命丧黄泉。想到这儿，我不禁感到阵阵恐惧。

和煦的阳光洒在我身旁的病床上。想必你们定是无法看见如此和平的阳光。想必你们定是终日躲在防空洞中，躲避美军的空袭。

久美子还是个孩子，你带着她肯定很不方便，可我希望你能熬过来。我会在远方祈祷你们的平安。

希望日本能够早日迎来和平，也希望久美子能平安无事地长大成人。

战时对信件的审查非常严格，舅舅写下这样的文字需要极大的勇气。而这份勇气，定是源于对女儿久美子和妻子孝子的思念。

节子转而分析起字迹来。信虽然是用钢笔写的，但每一横都是往右上斜的，这个特征并没有改变。在古寺见到的那毛笔字的运笔习惯，在钢笔字中也有所体现。

"既然看了舅舅的信，就让我给舅舅上炷香吧。"

节子将信放回信封，还给了舅母。信封背后写着瑞士疗养所的名称和地址。

"是吗？谢谢。"

舅母孝子带节子走到隔壁房间的佛龛前。上面摆着的照片，是野上显一郎当一等书记官时拍下的，脸上带着一丝微笑。他总是眯着细眼，好像阳光很刺眼一样。

"当年是谁把舅舅的骨灰带回来的呀？"节子问道。

"是村尾芳生先生。当时他在同一座公使馆里当副书记官。"

"他现在在哪儿高就呀?"

当时的公使因病回了日本,身为一等书记官的舅舅几乎成了代理公使。所以战争结束之后,那位村尾副书记官就把他的骨灰带了回来。

"村尾先生现在是欧亚局某课的课长。"舅母回答。

"原来如此。对了,舅母,在那之后您见过村尾先生吗?"

"没有,我最近一直没见过他。以前倒是来过家里两三次,给孩子他爸上过香来着……"

村尾毕竟是把上司的骨灰带回国的人,所以来家中拜访过几次,但随着岁月流逝,渐渐地也就不再联系了。也许是升迁让他的工作忙碌了起来吧。

这位村尾副书记官在把骨灰交给舅母的时候,也把舅舅临终时的模样告诉了舅母。节子听舅母提起过一二。

当时日本败局已定,野上显一郎在中立国为日本的外交四处奔走。轴心国中的意大利已向同盟国投降,德军在苏联面前也是节节败退。在如此情势之下,日本想赢得战争简直如痴人说梦。

节子对当时的外交并不了解。不过她听说舅舅的工作是说服中立国,让日本以较好的结局结束战争。他希望通过中立国做一做同盟国的工作,以达成目的。

然而,当时中立国方面毫不同情日本,或者不如说,中立国干脆是站在同盟国一边的。舅舅的任务之难可想而知。艰难的工作让舅舅患上了肺病。他的身体原本非常健壮,可节子听说他去瑞士住院的时候,已经瘦得不成人样了。

医院发出的死亡通知书通过外务省[1]转到了公使馆。副书记官村尾负责前往瑞士的医院领回遗体，然而当时正值战时，路上花了不少时日，抵达医院时，遗体已经被火化了。

村尾听医院的人说，舅舅走得很平静，唯一放不下的就是日本的命运。医院委托村尾将舅舅的遗书转交给舅母，于是他便将遗书与骨灰一同带了回来。

遗书主要谈的还是久美子的养育问题，舅舅在信中一再建议妻子再婚。节子自己没有读过遗书，是母亲读过后，把内容告诉了节子。

节子带着奈良买的纪念品拜访舅母家之后，四五天时间过去了。白天丈夫不在家中，屋子里非常安静。这时，久美子打了个电话过来。

"姐姐，是我。"

虽然是表姐妹，可久美子一直管节子叫姐姐。

"哎呀，你这是从哪儿打来的？"

"单位门口的公用电话。"久美子回答。

"怪了，干吗不从单位直接打啊？啊，难道你正好在散步？"

"不是啦，有些事没法在单位说。"久美子娇嗔地说道。

"什么事儿啊？"

"姐姐，你前一阵子去奈良了是不是？我回家之后，妈妈就把姐姐买的礼物给我了。"

---

[1] 日本政府负责对外关系事务的最高机关，相当于我国外交部。

"是啊，那时候你正好不在。"

"姐姐，妈妈还跟我说，你在奈良的寺院里看见了和爸爸的字迹很像的字是不是？"久美子的声音里透着执着。

"嗯，是啊。"节子微笑着说道。看来久美子就是来问这事儿的。

"那件事能不能跟我详细说说呀？"久美子问道。

"行啊，不过我把该说的都告诉你妈妈了。"

节子心想，不能勾起久美子对亡父的思念，这样只会让她更加失落而已。

"我知道。"久美子停顿片刻后说道，"明天是礼拜天，我能去你家坐坐吗？啊，姐夫是不是在家啊？"

"哦，他说学校里有事儿，明天正好不在。"

节子刚要接着说，只听见久美子大喊一声："太好啦！姐夫不在正好。有件事有些难为情。"

"啊？什么事儿啊？"

"我想带个朋友一块儿去。他在报社工作，我把这件事告诉了他，结果他好像很有兴趣。"

"报社的人？"

"哎呀！姐姐你真讨厌，妈妈不是都告诉你了嘛！"

久美子的声音变轻了。节子挂了电话之后，不由得担心起来：为什么久美子的记者男朋友会对神似舅舅的笔迹产生兴趣？

当晚，节子便把这件事告诉了丈夫亮一。

"瞧瞧，都怪你说些无聊的事儿。"

他解开领带，皱起了眉。

"这年头的记者为了抓新闻，对什么都有兴趣。"

可是节子并不觉得这事儿能写出报道来。

"不过……久美子也到了交男朋友的年纪了啊。"丈夫立刻开始感叹起这件事来了。

3

星期天是个大晴天。微风拂过,天空万里无云。丈夫亮一因为学校工作的关系,一大早就出门去了。

"今天久美子会带报社记者到家里来?"

丈夫临走时,又想起了昨天晚上妻子说的话。

"嗯,你也尽量早点回来吧!"

"嗯。"丈夫蹲着穿起了鞋,"机会难得,可我今晚可能会晚些回来。你就帮我问个好吧。"

丈夫挟起破旧的公文包出门去了。

十一点多,表妹久美子打来了电话。

"姐姐?"久美子活泼开朗的声音从听筒那头传来,"我们一点多过来行吗?"

"哎呀,干吗不早点来呀?"节子说道,"我们家虽然破了点儿,招待你们吃顿午饭还是行的嘛。"

"所以才要一点多过来嘛,"久美子回答,"要是一起来你家吃饭,感觉怪怪的……"

节子倒也能理解久美子的感受。第一次带上男朋友到表姐家吃午饭，总感觉就是承认了男女朋友这层关系，怪难为情的。虽说当下的年轻人对这一套早就不在乎了，不过久美子在这方面还是比较传统的。

"有什么关系呀，"节子说道，"我都准备好了，虽然不是什么山珍海味。"

"真是对不起……"久美子道了歉，"不过姐姐你别费心了，我们吃完饭就来拜访。"

"哎呀，在你家吃和在我家吃有什么不一样啊？"

"不是啦。添田先生还没在我家吃过饭呢。"

久美子说完节子才明白——她的意思是，两人在外头碰面，找个地方一起吃午饭，然后再去节子家。对两个年轻人说，这样会更轻松些。同时，节子也知道了久美子的男朋友姓添田。

"对不起，"久美子对着电话道了歉，"真是给你添麻烦了。"

"那就只能这样啦。你们可得早点儿来啊！"

从挂断电话到下午一点，节子心里就一直惦记着这件事儿。她十分好奇久美子会带来怎样一位男友。昨晚，丈夫也提过这事。不过节子从小看着久美子长大，所以内心怀着的感觉和丈夫又还不完全一样。

烈日当空，花园里树木的影子也变短了。这时，久美子带着一位年轻人来到了节子家中。

初次见面的添田，颠覆了节子对报社记者的印象。他怎么看都与平凡的公司职员无异。唯一有些"记者气"的，就是那一头乱糟糟的头发。年轻人很懂礼貌，也不多话。

他取出名片递给节子。节子一看,上面写着"添田彰一"四个字,工作单位是一家一流报社。

他身上穿的衣服很朴素,颜色也好,花纹也罢,都不张扬。高高的个子,稍稍凸出的颊骨给人留下了深刻印象。

两人果然已经吃了午饭,节子就吩咐女佣准备了咖啡和水果。添田彰一客气地接过杯子,没有一点记者盛气凌人的嚣张,反而像个小心翼翼的工薪族。

今天的久美子好像特别客气,不时和添田交谈两句。节子也在一旁听着,感觉久美子虽然客气,但语气还是很活泼的。

昨晚丈夫说过最近的报社记者为了抓头条,什么消息都不放过,可从眼前的这位年轻人身上并不能看出这种态度来。添田彰一真是一点儿也不像报社的人。

三人拉了会儿家常之后,久美子终于谈到了今天上门拜访的目的。当然,这话应该由添田彰一开口,久美子只是做了个铺垫而已。

"姐姐,之前我在电话里跟你提过,添田先生啊,对姐姐在奈良碰到的事情很感兴趣,能不能请你再给我们讲一讲啊?"

"哎呀,"节子对添田彰一微微一笑,"让您见笑了吧?"

节子瞥了久美子一眼,眼神里多多少少有些责怪她多嘴的意思。久美子腼腆地笑了笑,低下了头。

"不不,我对这件事真的挺感兴趣的。"

添田彰一认真地看着节子。

节子从刚见面时就发现,他的眼睛很大,但并不会给人带来不快,那眼神反而很招人喜欢。

"久美子小姐常在我面前提起她的父亲。"添田彰一的口气依旧彬彬有礼，"当然，根据公报所言，野上先生二战中在国外过世应为事实。不过听久美子小姐说，您在奈良发现了和她父亲非常相似的笔迹，这件事让我产生了一种很奇妙的感觉……"

"奇妙的感觉？"节子平静地反问道。

"也没有什么特别的原因，"添田彰一老实说道，"只是这相似的笔迹，恰巧是在久美子小姐的父亲生前非常喜欢的地方发现的，这一点让我很是奇怪。所以我想从您口中再打听打听详细情况。"

节子心想，为何这位年轻的记者会对舅舅野上显一郎的事情产生兴趣？也许是因为他在和久美子谈恋爱，想多了解一下久美子的父亲。可是倘若真是如此，他又何必跑来节子家，打听在奈良发现相似笔迹的事情呢？他完全可以找久美子或是久美子的母亲问啊。

"您为什么会对这事儿感兴趣啊？"节子问道。

添田回答："目前，只要是关于人生的事情，我全都很感兴趣。"

这话有些装模作样，但不可思议的是，从添田嘴里说出来就没有那么让人讨厌了。也许是因为添田彰一诚实的态度吧，不过最主要的原因还是他说话时那认真的表情。

也是，报社的记者要是不对所有事情感兴趣，还怎么工作呢？然而节子觉得，自己发现与舅舅的笔迹相似的文字时，心中那种"不可思议"的真正含义，正被这位年轻人通过更冷静的分析察觉出。当然她并没有什么根据。只是看着眼前的添田彰一，她就会有这样的感觉。

大致情况久美子肯定已经告诉添田了。节子就把奈良旅行中发生的事情一五一十地再说了一遍。添田兴致勃勃地听着，还不时拿出笔记本写两句，看来这报社记者不是白干的。事情的来龙去脉很简单，没多久她就说完了。

"听说久美子小姐父亲的笔迹有很明显的特征？"听完节子的叙述，添田问道。

"是的，舅舅年轻时一直临摹中国一位叫米芾的书法家的字帖，特征很明显。"节子点点头回答。

"米芾的字我也略知一二，"青年说道，"现在会写那种字的人非常少。想必那本芳名册上的字肯定和久美子父亲的字很像，这才让您立刻联想到了他吧？"添田再次确认。

"没错，可是会写这种字的人，不一定只有他一个吧。"

"这话不错。"添田彰一平静地回答。

"只是，"他接着说道，"这字是在久美子小姐的父亲最喜欢的奈良古寺发现的，这一点让我非常感兴趣。虽然这么说，可我并不觉得她的父亲还活着。我只是想借这机缘巧合，多了解一下她父亲临终时的情况，所以才斗胆前来拜访了。"

"这话怎么说？"

节子盯着年轻人，表情都僵硬了。她以为这位记者在打什么主意。

"不不，不是什么大事……"

添田彰一诚恳而平静地否定了节子的疑虑。

"我是个记者。之所以会犯职业病，是想多积累些有关战时日本外交的知识。"

节子这才知道，添田彰一感兴趣的并非野上显一郎这个人，而是战时的日本外交。

"几乎没人报道过战时的日本外交官在中立国开展了怎样的外交。战争结束已经十六年了,我觉得应该趁见证人尚在人世的时候采访一下他们,把当时发生的事情记录下来。"

节子放心了。自己周围那紧张的空气顿时轻松了下来。

"好主意,"节子夸奖道,"我十分期待您的报道。"

"不不,"添田彰一第一次低下头,"我资历还浅,难以担当这么重要的工作。"

"没有的事,"节子摇了摇头说,"您一定能够胜任。"

两人对话的时候,久美子脸上一直带着笑容。她本就是个乖巧的姑娘,今天又是第一次带添田彰一来节子家,话就更少了。她一直在注意着节子与添田彰一之间的对话。

"我想去采访一下外务省的村尾先生。"添田彰一一边喝茶一边说道,"久美子小姐的母亲说,这位欧亚局某课课长对这些情况最了解了。"

"嗯,他应该是最合适的人选。"节子也表示同意。

野上显一郎担任一等书记官的时候,欧亚局某课课长村尾先生正好是副书记官。舅舅的骨灰也是他带回来的。要了解情况,找他最合适。

"不过,真是太遗憾了。"添田彰一的语气还是那么有礼貌,"久美子小姐的父亲是在战争结束前不久去世的吧。要是能在临终前回到日本,心中的遗憾也会少那么几分。"

平日里节子也时常这么感叹。她看了看久美子,发现她仍低着头。

两个年轻人在三点多离开了节子家。

秋日斜阳拉长了庭院里树木的影子。两人缓缓走过种着红色雁来红的墙角。节子站在庭院里,目送着两人离开,唯有雁来红的颜色鲜艳地留在眼底。

次日,添田彰一便请求与外务省欧亚局的某课课长村尾芳生会面。他先打了个电话,接电话的是个男秘书,对方反问:"您有什么事吗?"

添田回答:"我想见村尾课长一面,请问课长是否有时间。"

"课长很忙,请先告诉我您有什么事,我会转达的。之后我们这边会另行通知您会面时间。"

添田彰一说,他想亲自与课长说几句话。在添田不断的强烈请求下,课长本人接起了电话。与之前的男秘书不同,那是个沉稳的中年男子的声音。

"我是村尾,"对方例行公事地说道,"请问找我有什么事?"

添田彰一再次报出自己的名字与单位,说道:"我想采访一下身为外务省课长的您,可否请您赏光?"

"关于那些复杂的外交政策我懂得很少,您还是去采访更高层的领导吧。"

"不不,不是那方面的。"添田回答。

"那是哪方面的?"

电话那头的村尾课长的声音并不热情。虽然很礼貌,但却冷冰冰的,仿佛拒人于千里之外。这也是所有官僚的惯有腔调。

"是这样的,"添田解释道,"我想写一本《战时外交故事》,听说村尾课长您当时正好在中立国任职是吧?"

"是的。"

"我觉得您是采访的最佳人选,请您务必赏脸。"添田再次请求。

"是吗……"

电话那头的村尾课长好像在思索着什么。他的语气不像刚才那般冷漠了,听着好像有戏。

"我也说不出什么东西来……"课长终于答应了。

"今天下午三点我有空。"他想了半天才说出三点这个时间,想必是翻阅笔记本确认了日程,"不过最多只能给你十分钟。"

"十分钟足够了,太感谢您了!"添田彰一道了谢,挂了电话。

下午三点,添田彰一走进了位于霞关[1]的外务省。

欧亚局在四楼,他上了电梯。

无论是电梯还是四楼的走廊,都挤满了访客。估计是来陈情的人。他撞见了好几个十二三人一组的陈情团,走廊和马路一样热闹。

接待处的小姐带他来到了会客室。

添田在会客室里等了许久。他走到窗边眺望,只见秋日的阳光照耀着楼下宽阔的马路,路上车水马龙,两旁的七叶树伸展开美丽的叶片。

脚步声传来,添田彰一赶忙离开窗边。

---

1 地名,位于日本东京都千代田区。多个日本中央行政机关总部坐落于此,为日本的行政中枢。

进屋的是个发福的男子,体格与身上的双排扣西装很是相配。他的气色很好,就是头发稀疏了些——这是记者眼中的第一印象。

"敝姓村尾。"课长单手接过添田的名片,"请坐。"

"那我就不客气了。"

添田彰一与村尾课长对面而坐。接待员端来茶水后离开了房间。

"你想问我些什么啊?"

他不仅头发稀疏,连胡须也很稀疏。嘴角带着极具绅士风度的稳重微笑。因为发福的关系,他的身体把椅子塞得满满的。

"课长您在中立国的工作是不是一直持续到战争结束?"

添田彰一其实知道问题的答案,只是在这种场合,必须先向当事人确认一下。村尾课长回答:"不错。"

"您一定吃了不少苦吧。"

战争结束后日本的外交有多么困难,着实不难想象。

"那是当然,毕竟当时那个状况……"课长一脸平和。

"当时的公使正好回国了是吧?"

"是的。"课长收了收下巴,表示同意。

"成为代理公使的,或者说是代理公使完成职务的,是不是一等书记官野上显一郎先生?"

"没错,正是野上先生。"

"他是在中立国过世的吧?"

"是的,真是太遗憾了。"课长平静地说道。

"野上先生想必也吃了不少苦吧。"

"那是当然。"村尾课长掏出一根烟,"我们都说是工作折了野上先生的寿。当时我还是副书记官,就在野上先生手下工作,大家为了战时外交的事情,真是耗尽了心血。"

"当时是课长您把野上先生的遗骨带回国的吧?"

添田彰一的问题,让村尾课长的脸上第一次露出阴霾。

"你知道得还真清楚。"课长朝记者望去。

"哪里哪里,我只是查了查当时的报道罢了。报上说您抱着野上先生的骨灰盒回了国。"

"没错。"课长又吐了口烟。

"听说野上先生学生时代很喜欢运动,尤其是柔道?"

"他是三段。"

"对对,是三段。听说他的体格也很健壮。"

"这才是最要命的。年轻时运动过头了,反而更容易得肺病。"

"哦?那野上先生是因为肺病过世的吗?"

"没错。我记得是一九四四年初吧……他的肺病越来越严重,医生建议他去别处疗养一段时间。就像我刚才说的,战争期间日本的外交工作非常困难,而艰难的工作损害了他的健康。可野上先生就是不答应。在我们其他馆员的强烈要求下,他才勉强同意去了瑞士。"

课长缓缓道来,眯起眼睛,追忆起当时的往事来。

"那他是在瑞士的医院病故的吗?"

"嗯。我接到通知,前去领回骨灰。当时去一趟也不容易。"

"您有没有见到那家医院的医生,向他打听到野上先生临终时的情况呢?"

村尾课长的脸上没了笑容。原本挂在嘴边的从容表情，突然转化成了某种冷冰冰的东西。不过这一变化并不明显，要是添田观察得不那么仔细，也许就无法发现。

课长没有立刻作答。他的视线依然投向远方。

"我当然问了。"过了好一阵子，他才回答。

"野上先生住院了三个多月，终究还是成了不归人。和当时的日本不同，那儿药品很丰富，只能说是天命吧。我也觉得他的家属很可怜，可我们能做的也只是把骨灰送回去了。"村尾课长看着地面说道。

"您抵达医院的时候，遗体已经火化了吗？"

"是的，因为他是在我到达前两个星期去世的。骨灰是那边的院长亲手交给我的，不过他叫什么名字我已经不记得了。"

这回轮到添田沉默了。他望着挂在房间墙壁上的画，画中描绘的是富士山。这幅画系著名油画家所作，山的轮廓是用朱色勾勒的。

"可否给我说说野上先生临终时的样子？"

记者将视线转回课长。

"听说他走得非常平静。咽气之前，意识一直很清楚，总说自己在如此紧要的时刻病倒，真是太对不起大家了。也难怪啊，当时的日本也危在旦夕啊！"

村尾课长玩了个双关语，然而课长自己也好，添田也好，都没有露出笑容。

"当时的报纸上说，"添田说道，"野上先生身处中立国，在欧洲复杂的政局之下，辅佐公使，为推进日本的战时外交鞠躬尽瘁。那他具体做了些什么事呢？"

"这……"

村尾课长一瞬间露出迷茫的表情,而那种不想回答问题时装出的暧昧微笑,也重返脸上。

"这我也不清楚。"

"可是课长您当时是副书记官啊,您不是他的下属吗?"

"这话没错,可是说实话,那些工作几乎是野上先生独自完成的。战时外交与和平时代的外交不同。因为同盟国的阻拦,我们要联系本国也是非常困难的,所以我们没办法一一请示上头。有很多事情是野上先生独自拍板、独自行动的。他也不会向我们汇报每一件事。"

"可是,"添田没有放弃,"课长,您是他的直属部下,您应该知道他做了哪些外交工作啊。我想问的就是这些,不用很详细,麻烦您给我讲个大概就可以了。"

"这就难办了。"这一回,村尾课长立刻回答,"这些事情还没到公开的时候。战争已经过去很久了,但要发表这些还存在很多难处。"

"已经过去十六年了,还不行吗?"

"不行。当时的那批人还活着,这会让他们为难的。"

村尾课长的话语戛然而止,脸上没有了微笑,连眼神也变了——那是说漏嘴之后悔不当初的表情。

"有人不愿意公开事实?"

添田彰一紧咬不放,就好像对方正要关门的时候,他迅速把脚插进了门缝里,打算撬开门一样。

"您所说的究竟是谁?事到如今,还有什么不能公开的吗?莫非当时的外交秘密还会影响现在的时局不成?"

添田用的是激将法。

而村尾课长并没有表现出愤怒,他平静地起身。这时,事务官出现在了会客室门口——他是来叫课长回去的。

"时间到了,我就先告辞了。"他故意掏出怀表看了看。

"课长!"添田彰一喊住了村尾,"公开野上先生当时的外交工作,究竟会让谁为难?请您务必告诉我。"

"如果我把他的名字告诉了你,你是不是准备去采访他?"

村尾课长望着添田,眯起双眼,嘴角仿佛带着一缕笑容。

"是的,视情况而定。"

"那我就告诉你吧。如果他愿意见你,你就去采访吧。"

"您愿意说了吗?"

"当然。去问温斯顿·丘吉尔吧。"

添田彰一目送着村尾课长宽阔的背脊消失在会客室门口,眼底留下的只有课长嘴角那带有讽刺意味的笑容。

4

添田彰一火冒三丈,离开了外务省。

让我去问温斯顿·丘吉尔?——他也太瞧不起人了。

村尾课长的表情还历历在目。无论是表情还是语气,都透着一股典型的官僚主义风格。他走的是从一高[1]到东大的精英路线,难怪那讽刺之中充满了精英的傲慢。

添田在外务省旁的人行道上走着。一辆插着社旗的车从他身后开了过来。

添田想一个人走一会儿。可他已经让司机等了很久了,不好意思现在打发他回去。

"接下来去哪儿啊?"司机从背后问道。

"嗯……"他并不打算立刻回报社,"去上野吧。"

他只想找个地方走走而已,上野也是随口说出来的。当车辆驶上上野的缓坡时,司机又问道:"去上野的哪儿啊?"

---

[1] 第一高等学校,即当时东大的预科。

这辆车是从忙碌的运输部借来的。添田自然不好意思说自己是来散步的。

他看见了树林尽头的青瓷色鱼尾脊瓦——那是博物馆的屋顶。

"麻烦开去图书馆大道那儿吧。"他随口说道。

添田在学生时代常去上野的图书馆借书。从学校毕业进入报社之后,已经好几年没有来过了。他很喜欢从图书馆门口到国电莺谷站的这条路,因为沿途有古祠堂和墓地。

车开过博物馆,朝右侧转去。

图书馆越来越近了,一切与以前并无二致。车在老旧的建筑物门前停下。

"要我在这儿等您吗?"

"嗯。"添田下车说道,"您先回去吧,我要待很长时间。"

司机把社旗翻了个面,开了回去。

添田站在入口的石阶上。他并不需要去图书馆办事。周围的景色一点儿都没变,视线中只有四五个学生在路上走着。

添田准备沿着这条路走走。从外务省的村尾课长那儿受到的屈辱,在他胸口堵成一摊黑色的印记。他想在这条令人怀念的路上走一走,散散心。今天天气很好,阳光也令人心旷神怡。

添田正要迈开步子,忽然想起自己正站在图书馆门口。这让他产生了一个新主意。

走进历史悠久的图书馆,就好像让自己沉浸在过往的回忆中一样。他有多少年没有在昏暗的房间里领过入馆券了?隔着小小的窗口,年老的馆员默不作声地把券递给他。这位馆员在添田的学生时代便在这里工作,怀念之情顿时涌了上来。

借书的手续多多少少有了些变化，不过建筑物还是一样的破旧。添田混进学生堆里，走进了放有索引卡的房间。房间比当年大了不少。

工作人员就在房间正面的窗口那儿，可以向他询问要找的书属于哪个分类。

"一九四四年的职员名录？"

工作人员还穿着学生服。添田上学时熟知的那名员工不在那扇昏暗的小窗口里，也许是调去了其他岗位，也许是辞职了。

"请看××号分类。"

添田走去相应的盒子前。同往常一样，几个人轻手轻脚地在装着无数卡片的架子间缓缓走动。

添田填好借书票，去另一间房领书。那间房没有任何变化，里面也没有添田认识的工作人员，出纳工作都由年轻的馆员负责。

他坐在长椅上，等候工作人员取出他要的书。一位前来借书的老人也老老实实地等候着，添田当年也见过这样的老人。在一群年轻人中，总有那么一两个老人来借书。图书馆中的一切都是那么昏暗，弥漫着一股霉味。

添田彰一捧着厚重的职员名录，走进了阅览室。他在一群学生中找到了一个空位，翻开名录。他要找野上显一郎所在的中立国的公使馆馆员名单。

由于正值战时，当时日本的驻外公使馆屈指可数，在欧洲就只有五处。添田不费吹灰之力就找到了下面这份名单。

公使 寺岛康正
一等书记官 野上显一郎

副书记官 村尾芳生

书记生 门田源一郎

公使馆武官、陆军中校 伊东忠介

  添田将这些名字抄在笔记本上。那是一九四四年三月的名单。馆员的人数之少，也反映出当时的情势。

  其中，寺岛公使已经去世。野上一等书记官也不在人世了。村尾副书记官当然就是现在的欧亚局某课课长。添田的知识库里还空白的就是门田书记生与伊东中校的消息。村尾课长既然不愿提及野上显一郎去世前后的情况，那添田就只能向这位书记生与公使馆武官打听了。

  村尾课长的那句"去问温斯顿·丘吉尔吧"，仿佛一根芒刺扎在添田胸口。添田调查的初衷，的确是为了了解野上书记官临终时的情况，而村尾课长的讽刺，则进一步煽动了添田，让他执着起来。

  添田离开了昏暗的图书馆。刚一出门，竟感觉温暖的秋日阳光有些刺眼。

  添田沿着长长的围墙走了起来。这一带比起他当年经常来图书馆的时候几乎纹丝未变。倒塌的围墙还是倒在那儿，将军墓的一片废墟也不过是稍稍打扫了一下。一路走来，看不见一个行色匆匆的路人，让人心情平静不少。这条路上的学生很多，其中不乏成双成对的校园情侣。银杏叶在高高的枝头随风起舞。

  添田开始计划自己接下来的工作。门田书记生的情况，只要去外务省就能打听到。麻烦的是如何查清伊东武官的去向。要找到他，可能要花很长时间。

添田心想，自己准备做的事情，也许毫无意义。为什么他对野上显一郎如此执着？这位一等书记官的确是在瑞士病死的，外务省也公布了他过世的消息。

添田追查野上之死的动机，是久美子提起的芦村节子遇到的一段轶事。她在奈良古寺中发现的笔迹，与久美子的父亲野上显一郎的极为相似。一开始他并没有想太多，然而过了一段时间，他总觉得这件事不能听之任之。他自己也不知道该如何解释这种心情。

唯一可以确定的是，在奈良发现的与久美子父亲相似的笔迹，成了添田调查野上一等书记官临终情况的一大动机。

之后，添田彰一四处奔走，调查了一九四四年某中立国公使馆馆员的情况。结果显示，寺岛公使、野上一等书记官、门田书记生均已过世，而公使馆武官伊东中校行踪不明。

寺岛公使与野上书记官的死，添田早已心中有数，然而在调查过程中，他又发现门田书记生也病故了。

"门田源一郎吗？他已经死了。战后撤回日本不久，就在老家佐贺市病死了。"

外务省的某位官员如此回答了添田的问题。

于是，添田的线索又少了一条。剩下的只有公使馆武官伊东忠介中校了。

至于这位伊东中校，目前行踪不明，生死未卜。当时的军人的行踪，是最难追查的了。

添田为了调查他的去向，查了查他的大致履历。伊东中校出身大阪府东大阪市，于是添田就与报社的大阪总公司取得了联系，委托他们去东大阪市市政局查一查伊东中校的情况。然而户籍上并没有他的死亡记录，也没有目前的住址。

添田大失所望。仅剩的两位证人一个病死，一个行踪不明。外务省的村尾课长又不愿透露与野上显一郎之死有关的详细情况，再说了，添田也不打算再次拜访他。他下定决心，一定要通过村尾以外的渠道查个水落石出，好争一口气。

这几天，添田一直在郁闷的心情中度过。有关野上显一郎的线索，在撞到村尾芳生这堵高墙之后戛然而止。

最后一缕希望，就是那位行踪不明的伊东武官。添田心想，也许从旧军人这条线能查出些什么，便向熟悉这一领域的记者打听了不少情况，然而，结果却令人失望。谁都不知道一个普通中校的下落。

见添田在专心致志调查着些什么，他的一位挚友开口问道："你究竟在查什么？"

添田没有说出野上显一郎的名字，只是说自己想收集战时外交的资料，所以想查一查某国公使馆的情况。

那位朋友给他提了个建议。

"我有个主意，"他说道，"你问问当时在那个国家的其他日本人吧。你只考虑了使馆的馆员，不妨找找普通的海外侨民啊。"

可是普通的海外侨民又怎会知道野上显一郎之死的真相？他们根本无缘问津公使馆这样的政府驻外机构。

"要是有人经常和公使馆接触就好了……"

"是啊，要是有这样的人就好了……"朋友又帮他出起了主意，"对了，我又想到了。"

"什么?"

"记者啊!记者虽然不是公使馆馆员,但肯定会经常出入公使馆收集情报。所以他们肯定熟知内情。"

朋友指的是报社的特派员。然而一九四四年前后,报社真的会派记者前往欧洲吗?

"有啊,还挺有名的呢。"朋友打消了添田的疑虑。

"谁啊?"添田眼神里写满疑惑。

"泷先生啊!泷良精!"

"泷良精……"添田哑口无言。

泷良精是添田所在报社的前任总编。原来如此,朋友说得对,泷良精的确是战时驻某国特派员,之后逃离该国,在瑞士逗留了一段时间。

泷回国之后,从外报部长升任总编,之后又成为报社评论员。五年前退休,现任世界文化交流联盟常任理事。

"泷先生的确是……"

添田没想到这件事居然是自己的好朋友提醒自己的。泷良精离自己太近了,反而难以想到。

"怎么样?他应该会告诉你的吧。他本来就是你的前辈,现在又是文化团体的理事长,悠闲得很,想说什么就能说什么。"

"太好了!"添田说道,"我这就去见见泷先生。"

添田彰一并不认识泷良精,也没有见过他,只知道泷良精是他们报社的一大名人而已。

添田不过是个普通的记者,而对方则是从总编跃居报社评论员的著名人士。虽说是添田的前辈,可两人之间的地位天差地别。如果是因为公事拜访也就罢了,去找他打听野上显一郎,着实唐突了些。

换作平时，添田会递上名片，装作采访的样子上门拜访。可对方是泷良精，他显得有些底气不足，只得求助他人。

报社里有许多泷良精的直系弟子。添田在其中找到了一位与自己关系比较近的人，就是现任的调查部长。

在添田的请求下，调查部长帮他写了封介绍信——其实就是在名片背后草草写了两句话。

"你要去问什么啊？"调查部长姑且问了一句。

"战时泷先生在欧洲的一些经历。"

调查部长是个温厚的人。他告诉添田，世界文化交流联盟常任理事泷良精先生常去世界文化会馆。

会馆位于高台上的宁静一角，附近有许多外国公使馆与领事馆，非常僻静。土丘缓缓地上下起伏，小路也有些坡度，铺着石板。

爬满蔓生植物的围墙年代久远，连绵不绝，各家宅邸内都种着枝繁叶茂的树木。而这一带的树林里，也有些星星点点的洋房，外国的国旗随风起舞，颇有些异域风情。

一进世界文化会馆，简直就像来到了国外，住在这儿的客人都是外国人。这里原本是旧财阀的别墅，限制非常严格，只有身份显赫的外国名流才能使用。

添田走过旋转门，来到前台，发现三位接待员正在与外国人交谈，一番忙碌景象。

"请问您有什么事吗？"好不容易接待完一位客人的工作人员朝等候已久的添田问道。

"我想见见泷先生。"

添田将自己的名片与写有介绍信的调查部长的名片一起递给了工作人员。对方打了电话询问了一下,就指着大堂说道:"请去大堂等候。"

大堂在二楼,能够俯视一个日式的回游庭院[1]。硕大的石块,是这座院子原先的主人斥资收集来的。

大堂里坐的也几乎全是外国人。

添田等候了足足三十分钟,泷良精才姗姗来到。百无聊赖的添田差点就开始在这大理石的地面上来回踱步了。

泷良精体格健壮,身材高大,戴着副眼镜,五官凹凸分明。半白的头发一看便知经过精心打理,看上去反而不太像个日本人。添田站起身与他面对面时,泷的态度要比他坦荡得多。也许只有这样的人才能在外国人面前做到不卑不亢吧。

"敝姓泷。"理事在接过添田的名片时说道。

等添田寒暄完毕,他便用手指了指椅子说:"请坐。"

举手投足都透着威严。

"请问有何贵干?"

他没有说任何废话。这一点也很像外国人。

"我想采访您在日内瓦时的经历。"添田直视着对方的脸回答道。

"哦?你是来翻旧账的啊。"

无框眼镜后的泷缓缓皱起眉头。他的气色和外国人一样好,大概是平时吃的东西和普通日本人不一样的关系。

"您不会刚好认识一九四四年在日内瓦的医院里去世的野上

---

[1] 庭院形式的一种,在池塘周围造路,配置小桥、灯笼等等,游客可以一边绕圈一边欣赏景色。

一等书记官吧?"

无框眼镜后的眼睛好像闪了一下。也许只是添田的错觉,那双细细的眼睛,顿时露出尖锐的眼神。

对方沉默了片刻,从口袋里缓缓掏出一支卷烟。

"泷先生,您当时正好在瑞士吧?请问您认识野上书记官吗?"

理事低下头,用打火机点了火。

"这名字我有印象,但我并不认识他。"理事吐出一口烟后回答。

"但您一定知道野上先生是在日内瓦的医院病故的吧?"

"这事我的确知道。"

这一回答也不是立刻就有的,中间隔了很长的停顿。

"野上先生临终时是什么样子的呢?听说他在国外的工作非常困难,他是不是因为操劳过度去世的呢?"

"应该是吧。"理事冷淡地说道。

"那时公使因病回国,野上先生成为代理公使。所以他不得不周旋于同盟国与轴心国之间,展开困难的外交工作。您是当时驻欧洲的特派员,并且就在瑞士,对此不会一无所知吧?"

"没错,野上先生是战争结束一年前去世的。之所以会病死,肯定是因为工作太辛苦了。"

漠不关心的口气。

"泷先生,您在日内瓦时就没有听说野上先生临终时的情况吗?"

"没有。"这次倒回答得很快,"我怎么会知道啊。我只是报社的特派员,负责通过中立国把战争的情况发回本部而已。我对某个外交官的死没有兴趣，况且公使馆也不会通知我啊。"

添田发现，自己又碰了壁。无论他说什么，对方都会把话原封不动地弹回来。泷良精靠着椅背，跷着二郎腿，悠哉得很。从这种姿势中，甚至能读出几分对添田的蔑视。

一见到泷，添田就察觉到自己太天真了。他本以为泷是自己的前辈，还对他颇有亲切感。他本以为，一看是自家报社的记者上门采访，泷定会知无不言，言无不尽。

然而，泷的态度从一开始就是冷冰冰的，甚至有些故意难为添田的意思。无论添田问什么，都不愿给出令人满意的回答。不，如果他是不知道该如何作答也就罢了，可从他的语气里完全读不出对后辈的体谅与关怀。泷良精退休五年了，已经摆脱了"报社人"的包袱，以国际文化人的身份，成了举国皆知的名人。莫非这才是他采取这种态度的原因？添田不时在综合类杂志上读到泷的强硬派文章，看来真是文如其人。

添田后悔了：真不该来找泷，实在是太失策了。他把原本准备掏出来的笔记本塞回了口袋里。

"打扰了。"

这句话并不是以后辈身份对前辈说的，而是以记者身份对采访对象说的。

"我说你啊，"原本靠在靠垫上的泷良精叼着卷烟，坐直了身子，"你问那些打算干什么？写成报道么？"

他的态度突然变温和了，连声音都不一样了。添田本想说是个人问题，可既然对方采取了官僚主义的态度，那他也绝不能示弱。谁让他还是个年少气盛的小记者。

好在这事只要集齐了材料，也的确能写出篇报道来，有足够的空间可供添田发挥。

"是的,我想多调查些资料,一定能写出一篇有趣的报道来。"

"准备写什么内容啊?"泷盯着添田的脸问道。

"'战时日本外交回顾'一类的东西吧。"

"这样啊。"

泷又叼起一根烟,眼镜背后的眼睛闭了起来。这短暂的几秒钟,让添田瞥见了几许前任总编的风姿。

"勇气可嘉,可我觉得你这是白费工夫。"

泷良精完全粉碎了小记者的愿望。

"为什么?"

"事到如今这些已经没有任何意义了,都是些生锈发霉的旧事。"

添田心里的怒气再也压不住了。如果对方不是泷,不,如果对方不是报社的前辈,他早就出言反驳了。

"您的意见很有参考价值。"

说完,添田就从弹簧靠垫上站起了身。周围都是外国人:有一对老夫妻正说着悄悄话,年轻夫妇放任自己的孩子到处乱跑。这样的氛围,对添田来说是完全陌生的。

地板打磨得非常光滑。添田走出了大门。他打了辆车,打道回府。突然,心里的怒气又涌了上来。泷就像这一带的建筑物一样,很懂礼貌,但却是冷冰冰的。这样的人竟是同一家报社的前辈?简直难以想象。如果添田要见的是一位官僚出身的理事,他多多少少会有些心理准备。可一想到对方是自己的前辈,他就沉不住气了。

不过,坐在车里的添田察觉到了一件事:外务省的村尾课长也好,刚才见到的泷理事长也罢,都十分默契,闭口不提野上显一郎之死。村尾课长用讽刺与揶揄打发了他,而泷理事长则像那大理石地板一样,用久经磨炼的态度,冰冷地拒绝了他。

为什么他们不愿意提及野上一等书记官的死?真相究竟是什么?添田追查真相的决心,从没有像现在这样坚定过。

5

添田彰一往久美子家打了个电话。接电话的是久美子的母亲。

"哎呀,是添田先生啊,好久不见了。"

孝子的声音不大,但透着一股高兴劲儿。

"久疏问候,实在是对不起。啊,对了,前些日子多谢款待。"添田道了谢。

"哎呀,没什么大不了。之后一直没你的消息,我挺挂念你呢。"

"报社的工作比较忙,所以……"

"工作忙是好事。可惜今天久美子不在家。"孝子主动告诉添田。

"要很晚才回来吗?"

"大概吧,朋友请她到家里做客去,不过应该不会太晚回来的。"

"这样啊……"

"有什么急事吗?"

"不,没什么要紧事。"

"如果方便的话,傍晚就来我们家吧?久美子应该很快就回来。"

"嗯。"

添田也想见见久美子。

既然决定要查清久美子的父亲——野上显一郎之死的真相,他就情不自禁地想见见久美子,虽然见了也没法从她嘴里问出些什么来。

"来吧?"孝子又问了一句。

添田也有了去意:"那就叨扰了。"

"太好了,那我就等你来啦。"

傍晚时分,添田在约好的时间来到了久美子家。

久美子家位于杉并区一条僻静的小路上,附近有许多高大的树木。那是一片用花柏围墙围起来的住宅区,其中一堵围墙后,就是久美子家历史悠久的房子。

门口的牌子上写着"野上寓"三个字。周围天色已晚,不过因为孝子在等待添田的关系,房里明亮的灯光漏了出来。

添田彰一在小小的玄关那儿刚站住,孝子就出来开门了。家里没有女佣,她背对门灯,笑着把添田迎进了门。

"欢迎欢迎,等你好久啦,来来来,请进。"

添田脱了鞋。

孝子带他去了六叠[1]大的客厅。房子虽小,但房间的摆设与家具显得非常典雅。

---

[1] 日本计量单位。一叠约合1.62平方米。

"好久不见啦。"孝子对添田说道。

那是一张细长清静的脸庞。久美子和母亲长得很像,不过要更古朴一些。久美子常说,母亲年轻时很漂亮。

墙上挂着一幅挂轴,上面写着添田看不太懂的汉诗。那还是野上显一郎在世时,一位受过他照顾的老政治家赠送的墨宝。线香的烟雾袅袅盘旋。

"久美子还没回来呢。"孝子一边放下茶杯一边说道。

"是吗,她平时都这么晚回来吗?"添田尴尬地问道。

"怎么会啊,平时都很早回来的,今天怎么这么晚……"

孝子笑了笑。

"要不是你打电话来,我还以为你陪她出去了呢。"

"没有没有,从上次以来我就没见过她了。"添田老实回答道。

之前添田也来这儿做过客,可在夜里拜访还是第一次,况且家里只有孝子一个人,气氛自然尴尬。

"你随便坐坐,久美子应该快回来了。"

"好……"

添田用僵硬的动作喝了口茶。

"其实我今晚上门打扰,不是找久美子小姐,而是找伯母您有事……"

添田从久美子的角度出发,称孝子为伯母。称她"夫人"总觉得有点不靠边,称"野上太太"就更奇怪了。

"哦?是吗?什么事呀?"

孝子原本也在喝茶,一听这话就放下了手中的茶杯。她的眼角露出笑意,稍稍歪着脑袋。

"之前我从久美子小姐那儿听说,芦村夫人在奈良见到了和野上先生非常相似的笔迹。"

"啊,是节子那事儿啊。"孝子露出微笑,鼻翼挤出了皱纹,"的确有那么回事。好像是寺院的芳名册吧?那件事久美子好像也很感兴趣来着。"

"是的,实不相瞒,我听完了也觉得很有意思。"

添田说完,看着孝子的脸。

他本以为这件事涉及她的丈夫,会让她的表情有所变化,可她的脸色非常平静,并没有出现添田预期的反应。她果然是位恬静的女士。

"为什么连添田先生都这么说呢?"

孝子扬起嘴角,笑了起来。

"我听说野上先生的笔迹非常特别,是效仿中国书法家米芾的写法,是吧?"

"是啊,是一种很奇怪的字。"

"世上居然有人能写出一模一样的字来,不是很有意思吗?反正我是没想到现在还有人去临摹那么老的字帖。"

"是吗?米芾这个人说不定还挺有名的呢。不过我知道,那种笔法的确很奇怪。我的外甥女节子一看那字,还以为她舅舅还活着似的,去各个寺院到处找呢。"

"我能理解芦村夫人的心情,"添田说道,"肯定是勾起了对往事的回忆吧。我十分感动。如果您手头有野上先生的笔迹,能否借我看上一看呢?"

其实这正是添田拜访的目的,但如果唐突提出看字的要求,就会显得很不礼貌,于是就只能采用这种婉转的方法。最终,他还是只能实话实说。

"有啊。实不相瞒,他啊,最喜欢铺一张红毛毡,摆上宣纸,让我帮他磨墨练字呢。他就喜欢这些。"

孝子露出高兴的神情。

"我去拿给你看。"

她离开了房间,没多久就回来了,手里还拿着个大纸包。

"就是这些。写得不好看,请多包涵啊。"

解开纸包一看,里头有好几个纸筒。孝子小心翼翼地解开捆纸筒的绳子,仿佛在缓缓展开与丈夫之间的美好回忆。

添田看了看纸上的字,果然很怪。这种字体平时可不多见。

"他就擅长写这种字,"孝子在观察字迹的添田身边说道,"一点儿也不好看吧?"

"不,这字体虽然奇怪,却很吸引人。要是太工整了,反而没有亲切感。"

"这可不是他的本事,"孝子说道,"是因为师父水平高吧。他常说之所以会临摹这种奇怪的字体,都是因为从字里感受到了一种'禅意'。当然,这些都是我从他那儿听来的。反正我是看不出来,他还老说我没眼光呢。"

孝子的语气里还带着追忆的愉悦。

"不过添田先生,你为什么这么关心久美子她爸爸的事情啊?"孝子问道。

"战争结束前,野上先生作为中立国的外交官肯定受了不少苦。我对那段历史很感兴趣,要是他平安归来,我们一定能从他那里听到许多奇闻异事。"

"是啊,他这人啊,一有空就会去逛古寺,所以他对文学多多少少有些爱好吧。他说他在学生时代还当过校刊编辑呢。"孝子兴高采烈地说着,"所以他的笔头还是很勤快的,要是他能从国外活着回来,说不定还会把当时的见闻写成手记呢。"

"那可不得了,要是真出版了,一定会成为很珍贵的记录!"

目前极少有驻中立国官员写就的有关战败前日本外交情况的手记。

"野上先生在那种情况下过世真是太可惜了,真不知道他生前吃了多少苦,一定是那些操劳渐渐透支了他的身体。听说他在学生时代一直热心于运动,体格非常健壮是不是?"

"是的,他年轻时就像那些登山迷一样壮。"

"真是太可惜了……野上先生的事情让我产生了一个想法,我想调查一下战争结束前后日本外交官的工作,我觉得这还是很有意义的。"

他并没有提及村尾课长和泷先生对这一问题避之唯恐不及的态度。

为什么他们不愿意提及这件事呢?事情一旦涉及野上显一郎,了解当时情况的人都会不可思议地保持沉默,而且个个都阴沉着脸。

坐在眼前的正是野上显一郎的遗孀。然而,她的表情却很明朗。添田感觉,这就是知道和不知道野上显一郎之死真相的区别吧。

"久美子怎么这么慢啊……"孝子看了看钟,"难得你来一趟,真是对不住啊。"

"不不,没关系。"添田有些脸红了,"我要见久美子小姐还是很方便的。今晚能让我见到野上先生的笔迹，我就很满足了。"

添田决定，总有一天要查清野上之死的真相，但他并不能把这件事告诉孝子。野上的病故伴随着某些阴暗的隐情，其中一定别有内幕。

"先别说这些了。"孝子突然盯着添田看了起来，"添田先生，你喜欢看戏吗？"

"啊？"

"歌舞伎。正好有人送了我两张票，要不你和久美子一起去看吧？是后天晚上的，你有时间吗？"

毕竟是久美子的母亲，对两人的事情比较上心。她还是很满意久美子找的这个未来女婿的。

"两三天前外务省的人突然送来的。以前从没有过这种事，吓了我一跳呢。不过久美子还挺高兴的，让我陪她一起去。可我不太喜欢歌舞伎，添田先生，如果你方便的话，能不能带我家久美子一起去啊？"

"啊，这……"添田刚一张口，忽然察觉到了什么，"您刚才说之前从没人送戏票给您？"

"是啊，还是第一次碰到这种事哪。"

"送票的是外务省的哪一位先生啊？"

"信封上虽然写了名字，可我并不认识他。也许是久美子她爸爸的老部下吧。以前也有人突然接济我们，我一开始不知道是谁，后来他才说以前受过久美子她爸爸的照顾，是他的老部下。"

"您不介意的话，能否把那送票人的名字告诉我？"

"当然,没关系。"

孝子站起身取来了信封。

"就是这个。"

添田将信封翻了个身,发现上面写着"外务省井上三郎"这几个字,非常漂亮的钢笔字。

"信封里除了戏票,还有信吗?"添田问道。

"没有,只有两张票。"

"这就怪了,光送票,连一点说明都没有吗?"

"我以前也收到过突如其来的大礼,也不知道是谁送来的。要是写了信,就必须解释自己姓甚名谁了,所以大家才会光送东西吧。"

添田心想,原来还有这么送礼的啊。也许是生前受过野上显一郎照顾的人故意隐瞒自己的身份,悄悄给遗孀送了礼。不写信表明身份,也是为了不让夫人多操心。

然而这两张戏票总让添田放心不下。

"您认识这位井上三郎先生吗?"

"不认识,没见过,也没有通过信。我猜可能是久美子她爸爸的老熟人吧。"

"感谢您的好意,不过这票我不能收。"

"哎呀,为什么呀?"

孝子瞪大双眼。

"还是您和久美子小姐一起去吧,这样才能遂了送票人的心愿,也算是接受了他的一番好意啊。"

孝子思索了片刻回答:"也许你说得对。"

她轻轻点了点头。

"那就这么办吧,我跟久美子一起去。"

"那真是太好了。我以后可以另找机会陪久美子小姐看戏。"

添田笑了笑。

"对了,能否让我看看那两张票?"添田从孝子手中接过了戏票。

座位号是3号门的5排24座与25座。添田本想把座位号写在笔记本上,可如果在孝子面前这么做,会被误会是别有用意,于是他暗自记住了号码。

"这可是好位子啊!应该是正中间的座位,看起来肯定最清楚。"

"是吗?那真是太好了。"

3号门的5排24座与25座——添田在口中喃喃道。

"久美子怎么回事啊,今天晚上怎么弄得这么晚?"

孝子面带愁容,她多多少少顾虑到了添田的感受。

正说着,电话铃响了。孝子赶忙站起身去接,果然是久美子。

"哎呀,久美子啊,你在哪儿啊?"

客厅里的添田听到了孝子的声音。

"是吗,在节子家啊。那就好,可你怎么不早点打电话回来啊。添田先生一直在家里等你呢。"

孝子的声音戛然而止,应该是电话那头的久美子在说话。

"是吗,那你等等啊。"

孝子走了回来。

"真拿久美子没办法。她去我外甥女节子家了,节子的丈夫请她出去吃饭啦。添田先生,麻烦您去接一下电话行吗?"

"好。"

添田站起身。

"添田先生,真是对不起。"久美子的声音从电话那头传来。

"啊,没事,只怪我突然来打搅。你现在在芦村夫人那儿吗?"添田问道。

"嗯,姐夫说要请我吃饭,我就过去了。估计还要吃一会儿,没法立刻回去……"

久美子的语气很是快活。

"没关系,我也准备告辞了。啊,对了,麻烦你转告芦村夫人,上次多谢款待!"

"我知道了。真是对不起啊,那我们回头见!"

那天晚上,添田彰一去了歌舞伎座[1]。

他早早完成了报社的工作。好不容易买到一张二等席的票,而且还是侧面最后一排,离门最近的座位。

3号门的5排24座与25座在前方靠近中央的位置。

仔细一看,只见孝子与久美子并排坐在那里。

今天的久美子穿着红色西装,朝气蓬勃。孝子则披着一件黑色外褂。遗憾的是,今晚的添田无法接近二人,因为不能让她们发现自己。

从添田的座位能看见一楼大部分客人。幕布已经拉开,所有客人自然把视线投向了舞台。

添田心想,会不会有某位观众不看舞台上的表演,而是盯着

---

[1] 指位于日本东京银座四丁目的歌舞伎剧场。

孝子母女呢？

昨天添田花了一整天时间浏览外务省的名册，也问了问经常出入外务省的记者。结果是，外务省的所有课室都没有叫"井上三郎"的人。他对此并不吃惊。一切都在他的预料之中。

他对今晚也做了预测。会不会有人凝视着坐席上的孝子与久美子？会不会有人与这对母女搭话？他关注的只有这些。

添田进歌舞伎座的时候，第一幕已经开演了。华丽的剧目，台下座无虚席。观众们无一例外，都专注地看着舞台上的表演。其间没有一个人东张西望。添田的座位在最后排，能监视到整个一层。但遗憾的是，二楼与三楼并不在他的视线范围内。左右两侧的二楼与二楼还能看到一些，但头顶正上方的座位，他无论怎么看都是看不到的。

第一幕顺利结束，孝子与久美子一直全神贯注地看戏，还不时看着节目单窃窃私语。

她们看起来很开心。

接下来是十分钟的中场休息。许多客人站起身来到走廊。孝子与久美子也不例外，朝添田所在的门口走去。他赶忙离席，躲去了角落里。

母女在走廊尽头的沙发上度过了十分钟的休息时间。有许多客人来来往往，时站时停，为在远处监视的添田提供了掩护。

没有人与孝子母女搭话，也没有人在她们面前停下脚步。

添田不动声色地环视四周的客人。歌舞伎座的客人都有一种奢侈的气场。有携家带口的，也有带着艺伎来享受的。他看见一群身着华丽长袖和服的年轻女子，还有一些胸前别着丝带的客人，也许是某家公司请来的团体客吧。

添田就在各种各样的客人身后注视着母女二人。他又看了看周围，发现从远处凝视她们二人的只有自己。大多数人都在自顾自地聊天、抽烟，或是看节目单。

开幕的铃声响起。孝子母女与人群一同进了门。添田只得再次藏在暗处。

第二幕与第一幕的情况相同。添田一直在后方监视着，发现并没有人朝身着红色西装的久美子与身着黑色外褂的孝子看去。添田无心观赏热闹的舞台，而是一个劲儿地注意这对母女周围以及观众席中人们的一举一动。

添田开始后悔了。因为舞台的照明虽然很亮，可观众席却很昏暗。不仅如此，从添田所处的位置来看，二楼与三楼的座位都是盲点。如果添田料想的人物正好坐在他的头顶上方，那这场费尽心思的监视就白费工夫了。

添田着急了。他真想在幕中离开座位，去二楼和三楼转转。然而演出期间，是不允许随意走动的。

总之，在第二幕上演的过程中，添田的视野里并没有出现特别大的变化。帷幕落下，又是十分钟的休息时间。场内的灯光变亮了，观众们又开始纷纷离席。

添田见孝子与久美子又走了过来，只能再次躲藏。她们并不知道添田正在暗中守护。这虽然让添田有些遗憾，可也让他颇为欣慰。

母女二人再次来到走廊。添田用人群隐藏自己，跟了过去。这一回，她们好像要去食堂那儿喝杯茶。食堂很小。换作平时，他肯定会跟进去，可今天他只得在入口找了个能看见里面情况的地方站着。走廊里到处都是精心打扮的妇女、衣着光鲜的男子、艺伎与团体客。

添田点了烟,在一张能看见入口的沙发上坐下,眼睛并没有歇着。

五分钟过后,久美子的红色西装出现在食堂门口。添田只得回避。

就在这时……

"是你啊!"

有人上前搭话了。原来是同一家报社的记者,不过并不是同一个部门的。

"你好啊。"

添田只能无可奈何地打了招呼。

最麻烦的是,这位同事特别健谈。添田不耐烦地听着对方滔滔不绝的讲话,视线则追随着孝子与久美子。渐渐地,母女两人消失在了走廊的转角处。添田随便打发走了同事,赶忙追了上去。

然而,添田的目标——穿红色西装的久美子不见了。他不知该如何是好。她们回座位去了吗?打开门一看,发现两人并不在剧场里。哪儿都不见她们的身影。

添田来到走廊,大步流星地朝另一个转角走去。走到一半,他突然停住了——他看见久美子的红西装就在眼前的走廊上,身着典雅和服的孝子也在一旁。不过这一回她们并不是在相互交谈。有第三者在场。添田抬眼一看,站在母女对面的,正是外务省欧亚局的村尾课长!

添田换了个位置,把自己藏在朱红色大柱子后面,保证不会被他们看见。只见村尾课长的表情与接受自己采访时截然不同,没有冷冰冰的讽刺,反而显得非常圆滑。

村尾课长手持香烟，与孝子交谈甚欢。那和蔼可亲的表情，与添田见到的村尾截然不同，然而仔细想想也是理所当然。对村尾课长而言，孝子是老前辈的夫人，而且正是他把野上一等书记官的骨灰从日内瓦带回来的。有这些缘分，两人自然能够畅谈。

村尾课长也是来看戏的。不过他好像是一个人来的，并没有人陪伴。也许他的同伴去了别处，或是留在座位上没有出来。总之，他与孝子母女在走廊偶然相遇，正在寒暄。

添田听说孝子已经很久没有见过村尾课长了，两人想必是好几年未曾谋面。添田也能从孝子的表情中读出一丝怀念。

村尾课长满脸笑容。添田与三人之间总有其他客人来回走动，但在添田看来，眼前的那一幕光景，不过就是几年未见的老友偶然相遇而已。久美子乖巧地站在母亲身旁，微笑着倾听两人的谈话。

三人站着聊了五分钟左右。开幕的铃声响起，课长毕恭毕敬地向孝子点头告别。添田听不见他们说话的内容。不过从他们的一举一动可以推测，课长仅仅是偶然相遇故人，很有礼貌地寒暄了几句而已。

走廊上的人越来越少，添田也不得不离开了。

母女二人与村尾课长分别之后，朝添田所在的方向走来，害得他不得不赶紧躲到别处。孝子与久美子的脸上，还留着与久未谋面的老友重逢的微笑。偶遇课长，定会勾起孝子过往的回忆。

最后一幕开演了。

添田依旧没有放松对母女二人的注视。然而，眼前一切如常。添田几乎没有看舞台一眼，光顾着看观众席了。在他能看见的范围里，终究还是没有出现他所预期的状况。

添田望着热闹的舞台，陷入沉思。村尾课长出现在剧场，是否真是偶然？

他突然想到，"外务省井上三郎"这个名字，会不会是村尾课长的假名？然而，如果寄信人真是村尾课长，他何不堂堂正正地写自己的名字呢？也许是刚才撞见了课长，就不由自主地联系到了他身上。可能是自己想多了。

望着望着，他忽然察觉到自己的视野中看不见村尾课长的背影。看来他很有可能坐在添田正上方。添田真想上去看一看。

虽然表演还没结束，可他还是站起了身，弯着腰走过走廊，推开了大门。

他走楼梯去了二楼。

轻轻推开正面的大门。从那个位置能一览二楼的所有座位，舞台在座位下方。添田靠在门上，四下扫视着二楼的情况。

这里的观众也与楼下的一样，聚精会神盯着舞台。从这个位置，也能俯瞰到孝子与久美子。添田仔细观察，发现所有观众都在专心致志地看戏，并没有他所期待的人物。

终于，他发现了村尾课长的背影。那是正面最前排的座位。他左边是一位年轻的女子，旁边好像还坐着她的丈夫，两人不时窃窃私语。另一边则是一位精心打扮过的年轻女子，和身旁的男伴颇为般配，也会不时交谈。唯有课长独自一人，不与任何人说话。也就是说，他真的是一个人来的。

这时，身着深蓝色制服的少女走到添田身边说道："这位客人，能否请您回座位上去呢？"

"我在找人，能不能让我在这儿站一会儿？"

"这可不行啊……"手持手电筒的少女照章回答道，"按规定,开演过程中是不能站着的。实在是非常抱歉。"

添田无可奈何,只得开门离开。

他走下了楼,可并不想就此回到自己的座位上。走廊上没几个人,只有角落里的沙发上坐着几个人在抽烟交谈。添田沿着走廊,来到了休息室。他并没有特别的目的。演出还有十分钟或十五分钟就结束了。他准备等散场了再跟踪孝子母女。

添田所到之处也没多少人。那好像是个小小的展示场,摆放着演员的肖像画与照片。添田找了个宽敞的地方,抽起了烟。

这时,一群外国人走了进来。他们是一对对夫妻。添田在远处呆呆地望着那十多个外国人。

6

东京都世田谷区××町。

这地名听起来很是繁华,其实是一片田园地区,遗留着武藏野过去的风貌。东京都的人口不断膨胀,城区的范围渐渐延伸至郊外,不过周边还有不少地方保留着原本的田园风光。这片地区也是其中之一。附近随处可见苍郁的杂树林。

连接京王线芦花公园站与小田急线祖师谷大藏站的白色大道,就在这田园之中穿行。

十月十三日早上八点。路过这一带的农夫在距离国道五百米的田间小路上,发现了一具男尸。

男子俯卧在地,身着黑色上衣,一看材质就知道并非上等货。男子剃的板寸头,一半头发都白了。

接到报案,警视厅搜查一课立刻派人赶往现场。鉴识课的调查结果显示,死亡时间为前一天(十二日)晚上九点到十点之间,也就是说尸体发现时间为死后十到十一小时。死因是绞杀。凶器类似麻绳,在颈部留下了深深的勒痕。死者的年龄为五十二三岁,体格较为健壮。他身着西装加外套,但衣服都穿旧了,可见生活并不宽裕。衬衫也很破旧,领带皱巴巴的,甚至有些褪色。

钱包就放在衣服的内侧口袋里,里面所装的现金一万三千多日元安然无恙。调查当局由此排除了抢劫杀人的可能性,转而从仇杀这条线展开调查。

警方原本希望能在衣服中发现名牌[1],然而这套衣服不是订做的,并没有名牌,而且布料与剪裁非常粗糙,好像是十多年前的旧衣服,口袋里也没有死者本人的名片夹或文件等物。

尸体被送去解剖。结果显示,死因确为绞杀,现场调查时推测的死亡时间也没有问题。警视厅在当地警察署设置了搜查本部,立刻展开了调查。

这一带被杂树林与田地所包围,人迹罕至。夜里九十点钟一般不会有人经过。

不过一旁的国道上总有车辆来往。然而陈尸现场的田间小路与国道尚有一段距离,而且与国道之间还隔着许多树木,阻拦了视野,有目击者的可能性不大。

调查人员的首要任务是查清被害者的身份。

警视厅将此事通报媒体,请求协助。有时报刊为了争得头条,也许会妨碍调查,但在这种时候也会成为警方的好帮手。果不其然,当天的晚报一刊登这条消息,就立刻有人提供了线索。

报警人是品川站附近的一家小旅店的老板。旅店名叫"筒井屋",并不是什么高级旅馆。老板筒井源三郎声称,晚报上登出

---

[1] 旧时日本订做的外套的领子内侧会有名字。

的被害者，极有可能是自己店里的住客。

于是搜查本部立刻将这位老板带来认尸。一见尸首，老板当即确认，就是他！他说这位客人在两天前，也就是十月十一日晚上在店里住了一宿。

警方马上调查了登记簿。被害人如此写道：

奈良县大和郡山市 ×× 町 杂货商 伊东忠介 五十一岁

被害者的身份查清了。

搜查本部欢欣雀跃，立即致电郡山警署，向被害者家属求证。

一小时后，郡山警署来电称，辖区内的确有一位名叫伊东忠介的杂货商，年龄也吻合。他的妻子已经亡故，和养子夫妇住在一起。

养子夫妇称，伊东忠介于十月十日夜里突然说要去东京一趟，便离开了家。问他有什么事，他只回答说"要去见一个人"，并没有和家里交代详细情况。

警视厅委托郡山警署调查被害者的家庭情况与交友关系。次日十月十四日的早报简单报道了警方查明被害者身份的消息。

那天早晨，添田彰一醒来后翻了翻早报。昨晚他一直在歌舞伎座暗中保护孝子与久美子，可最终母女周围并没有发生他所预期的情况。

他有些失望，可也放心了不少。

他很想把这次秘密行动告诉久美子，不过最后还是作罢了。那一夜，他很晚才回到家中休息。

添田看早报的时候，总会仔细阅读政治版，毕竟那和他的工作息息相关。看完了政治版，再看社会版时，他无意间浏览到了一条标题：

世田谷男尸的身份已被查明

昨晚他看晚报的时候就得知世田谷发现了一具被绞杀的男尸。所以看到早报上的标题，也不过就是知道警方查明了身份，仅此而已。不过他还是看了看报道的内容。

报道称，被害者为奈良县大和郡山市××町的杂货商伊东忠介（五十一岁）。

添田彰一将报纸放回枕边。

起床吧，添田心想。忽然，他觉得有些不对劲。刚才看到的"伊东忠介"这个名字，好像以前在哪儿见过。

因为工作的关系，添田会见到各种各样的人，自然会收到许多名片。不过他并不擅长记人名。他还以为自己之所以对这个名字有印象，是因为收过他的名片。

然而，他怎么想都想不起来。他思索了许久，还是放弃了。

他起床去了洗手间。一路上还是没能想起自己究竟是在哪儿见过这个名字，为此烦躁不已。

他洗了脸，拿起毛巾擦脸。就在这时，百思不得其解的名字之谜终于解开了。

伊东忠介——那是他在上野图书馆所查的职员名录里的一个名字！

陆军中校伊东忠介，不正是一等书记官野上显一郎所在的中立国公使馆的武官么!

添田彰一惊叫出声,脸色大变。

添田彰一坐车赶往世田谷区××町的案发现场。

秋高气爽。附近一带满是杂树林与田地,白色的道路穿过田间,两旁有些零星的人家。这是东京仅剩的田园一角。

向街坊一打听,就问到了案发现场的位置,是在距离马路五百米左右的地方。那里离芦花公园的杂树林很近,杂树林中的树叶已经开始泛红了。

昨天警方调查时拦的警戒线还没拆。大马路分岔出来的小路一直延伸到树林深处,中途被草丛挡住了。

附近也不是没有人家,但房屋离现场都有一定距离,而且分布非常松散。站在现场,能看见远处新建的公共公寓,还有许多新造的民居。也就是说这一带既有老农家,也有新住宅。

被害的伊东忠介究竟是怎么来这里的?如果他坐的是电车,那就有几种可能:坐电车到京王线的芦花公园站,再换乘巴士;或是坐小田急线,在祖师谷大藏站下车;如果是坐轿车,从东京任何地方出发都有可能。案发现场一头连着甲州街道,另一头则是通往经堂方向的国道。

也就是说,五十一岁的伊东忠介在被人勒死之前,通过电车、巴士、出租车三种方式之一来到了这里。他下榻的旅馆在品川,最方便的方法就是走经堂方向的国道,然而要从交通路线推测被害者的行动是非常困难的。

还有一个问题:为什么伊东忠介会死在这里?陈尸此处,是有其犯罪必然性,还是单纯因为这儿是个人烟稀少的地方?

如果这个地方与被害者有必然联系，那就说明伊东忠介要拜访的人就住在这附近，或是犯人与这一带有所联系。还是说只是犯人比较熟悉这一带？可能性有很多。

犯案时间在晚上，而不是白天。

添田彰一站在现场，想象着这一带夜晚的风景。一定是个冷清黑暗的地方。如果没有原因，伊东忠介是不会老老实实跟犯人来这种地方的。他不太可能是被犯人硬拽来的。这就说明，无论是犯人还是伊东忠介，都有步行前来此地的目的。

还有一种可能是，伊东忠介并不是在这儿遇害的，而是有人开车将他的尸体搬来了现场。轿车可以开到大马路，但无论什么车，都无法开进狭窄的田间小路。如果真是死后搬运尸体，那就只能把车开到大马路，再用人力搬到现场。

添田彰一陷入了沉思。后一种情况反而更为自然。正是因为这一带夜里十分僻静，犯人才会选择在此处弃尸。

添田在原地站了一会儿。一位农夫走过，回头望了添田一眼。添田沿着田间小路走回大马路，坐上了等候已久的车。

"去哪儿啊？"司机问道。

"品川。"

汽车与巴士擦身而过。

也许伊东忠介就是沿着这条路来的。添田自然而然将视线投向窗外的风景。

品川站前的筒井屋是一家便宜的小旅馆。虽说是站前，但旅馆位于大道后方一条不起眼的小弄堂里。

四十七八岁的店老板身材消瘦，穿着看起来很廉价的外套从屋里走了出来。

"哎呀，请进。"添田表明来意之后，店主殷勤地说道。

虽然是家小旅店，不过它与近来的其他旅店一样，一进门的左边就是一间用来招待客人的会客室。添田跟着店主走了进去。一位两颊发红的肥嘟嘟的女服务生给他泡了杯苦茶。

"警察也来打听了很多有关那位死去的客人的事情。"店主筒井源三郎苦笑着说道。他长着一对浓眉，颊骨很高。

"伊东先生在这儿住了几天啊？"

记者这一身份在这种时候就显得非常方便了，即使与被害者没有任何关系，也能自由提问。

"两天吧。"

店主一对浓眉下的两只大眼睛转动着。

"住店的时候他有什么不对劲吗？"添田尽可能礼貌地问道。

"他说他是来东京拜访熟人的，一整天都在外头。他老家好像是大和的郡山，为了见人特意跑来的。"

这一回答也出现在了报道中。

"您知不知道他是来拜访谁的？"

"不，这就没听说了。毕竟他总是很晚回来。第一晚是十点多回来的。当时看他好像很累的样子。"

"那您知道他大概去了哪个地区吗？"

"嗯……他好像说去了青山。"

"青山？"

添田赶紧把这条线索记在笔记本上。

"可青山一个地方用得着去一天吗？他一早出门，很晚才回来，在外面跑了很长时间啊。"

"是啊，他的事儿好像办得不太顺利，回来时脸色很不好看。他还说第二天也去找人,要是不早点出门,对方就上班去了,不在家。"

"这样啊。"

这倒是第一次听说。也就是说伊东忠介要拜访的其中一个人很有可能是个上班族。

"那您有没有听说他要拜访的人住在哪儿?"

"没有……不过他倒是问过女服务生坐哪条线去田园调布最近,但我不确定那人就住在田园调布。"

田园调布……青山与田园调布。

住在青山与田园调布的人究竟是谁?那个上班族又是谁?

添田彰一向报社请了两天假。

从东京发车,前往大阪的急行列车"彗星号"于二十二点发车。添田在上车之前,又去世田谷的杀人现场看了看。那时是夜里七点左右。

他故意选择晚上前去,就是为了看一看白天与晚上有何不同。因为杀人事件发生在夜晚,所以才想看看夜晚的现场是什么样子。

他让车在大马路等他,自己则沿着田间小路走了过去。

果不其然,夜晚与白天截然不同。杂树林竟成一片漆黑,盘踞在原野之上。周围都是农田,只能在农田尽头依稀见到人家的灯火。

附近的农家的黑影中,透着几丝从门缝里露出的微弱灯光。放在白天,还觉得现场与人家之间的距离并不太远,可一到晚上就不同了。远处的公共公寓的灯光,就好像漂浮在夜晚海上的汽船一样，层层叠叠。

那是一条空无人烟的小路。远处的大马路上倒是有些车，车灯会不时划破黑暗。在如此昏暗的情况下，伊东忠介凭自己的意志走过来的可能性极小。不过来这一趟之后添田感到，被害者即使大声呼救，遥远的人家怕是也难以听见。即使这里离大马路只有五百米的距离，可一到晚上，这段距离就会变得分外遥远。况且这一带的人家很早就会把挡雨窗关得死死的。

添田看了看小道深处。那里也是一片漆黑的树林，只能看见一两盏农户家中的灯。远处有公寓的灯光，但肯定无法照亮这里。伊东忠介如果没有特殊原因，是绝不会主动走来这里的。

添田彰一按原计划从东京站坐上了前往大阪的急行列车。他没能买到卧铺车票，没法睡个好觉。他天生就是没法在交通工具里熟睡的人。不过列车开过热海灯塔的时候，他开始打盹了，还做了梦……

昏暗的原野。远处有些许灯光。添田与一名老人并肩行走。他们没有交谈。不，好像交谈了，只是不知道说了些什么。老人弓着背，但腿脚和年轻人一样快。他们在昏暗的田间小路上走着，走着……梦醒了。真是个奇怪的梦。

醒来的添田心想也许梦中身边的老人是伊东忠介，可是他并不知道伊东忠介长什么样子。只是黑暗中快步行走的老人的身影，依旧鲜明地留在脑中。

九点前，列车抵达大阪站。

添田立刻换乘了前往奈良的电车。他已经很久没来过关西了。河内平原上，割下的稻谷堆放在田地里。过了生驹隧道一看,菖蒲池附近的山林也开始泛红了。抵达西大寺站之后,他又换了趟车。

列车开到郡山附近,车窗外开始出现城池的石墙。好几个四方形的池塘在人家与人家之间映出天空的颜色。那是金鱼养殖场。每次来到这一带,他都会想起许六[1]的诗句:"油菜花丛中,郡山有座城。"放眼望去,尽是具有地方特色的人字形屋顶与白色墙壁。

四五个女学生在道口等待。添田忽然想起了久美子。

他从站前出发,朝商店街的方向走去。

马路上开着前往奈良和法隆寺的巴士。看见站牌,他突然有一种旅途漂泊之感。

伊东忠介的家位于商店街冷清的一角。这家杂货店一看就没什么生意。牌子上写着"伊东商店"四个大字,非常好找。

添田彰一一进店,就发现店门口坐着个三十多岁、身材矮小的女性。她脸色苍白,一脸阴沉地望着马路。添田猜想,她一定是伊东忠介养子的妻子。

添田递出名片,表明来意,只见她瞪大双眼问道:"您是特意从东京过来的吗?"

报社的名片能让添田的行为显得不是那么突兀,不过最让她吃惊的是,东京的记者居然会为了这次的事件千里迢迢跑来郡山这穷乡僻壤打听情况。

"这样啊……可惜我家那口子跑去东京料理后事了。具体情况我也不是很清楚……"面对添田的问题,她断断续续地回答

---

[1] 森川许六(1656—1715),江户前中期的俳句诗人。

道,"该说的我都告诉警方了。公公去东京之前,说是要见什么人,可激动了。我们就问要见谁啊,他就说是熟人,但不能说是谁,等回来了再告诉我们,所以我们也不清楚。公公是个好人,但以前参过军,顽固得不得了……"

"他是突然决定去东京的吗?"添田问道。

"是的,说走就走!"

"那您知不知道伊东先生为什么会突然想去东京找熟人呢?"添田积极地问道。

"嗯……"养子的妻子歪着圆圆的脸说道,"话说回来,公公说要去东京的两天前,好像去附近的寺院逛过。"

"什么?寺院?"

"是啊,公公就喜欢去那些地方,还常去奈良那儿玩呢。对了对了,去东京前的那阵子逛得最勤快了!那天傍晚他一回家,就一副有心事的模样,还把自己关在房间里呢。过了一会儿就突然说,他必须去东京一趟。"

"您知道他去了奈良的哪个寺院吗?"

"各处都去吧。他很喜欢古寺,但并没有特别喜欢的某一处。"

"这样啊……我再顺便问一句,您刚才说伊东先生以前是个军人,他是不是在外国当过武官啊?"

"您连这事儿都打听到了呀?当是当过,不过公公很少跟我们提以前的事情。"

这时,媳妇突然想起了什么:"我们和公公没有血缘关系。我家那口子是他的养子,我也是别家来的媳妇。所以他很少提过去的事情,我们夫妻俩也不知道他当兵那会儿出过什么事。"

"原来如此。"

添田彰一仔细听着。秋日暖阳洒在茶杯的边缘。草席上有一只米糠般大的小虫。

"伊东先生这次不幸丧命,您有什么线索?"

"这……警官也问我来着,"媳妇低着头说道,"可我实在没线索啊。公公是个好人,没做过什么招人怨恨的事情,这消息就跟晴天霹雳似的。"

添田彰一打车来到唐招提寺。

无论何时,这条道路都是那么安静。通往树林深处的小路上没有一个行人。走着走着,脚底踩到的松果就发出了响声。

前面有一间卖明信片和护身符等纪念品的小房子。添田走进去看了看,发现里头没有人。前面摆放着明信片、烟灰缸等礼品。芳名册也许放在里间了,并没有摆出来。来参拜的游客很少,管理人也不知去向。

添田想要找管理人打听打听,可半天也没找到人,他就随便逛到了正殿旁。宽宽的屋檐下有些昏暗,散落了一地黑色的果子。寺院内清幽无比,听不见任何声音。鼓楼与讲堂是令人心旷神怡的朱红色,反射着柔和的秋日阳光,就连地面上的影子也是如此柔软。

一个学美术的学生坐在鉴真堂的石阶前,正在写生。

添田在寺内闲庭信步,还是没有碰见一个和尚。当他走到正殿正面的柱子附近时,突然看见了一抹醒目的颜色——原来是三位西洋妇女身着艳丽的衣裳走了过来。

天气晴朗,没了叶片的树枝与常青树重叠在一起,在湛蓝的天空中描绘出一派寂寥的景象。

不知何处传来一阵桂花的香味。唐招提寺是一座以朱色与白色为主色调的寺院。它被未经打理的郁郁树林所包围，那美丽的色彩宛如一曲沉稳的和弦。

添田彰一缓缓走着。除了不时传来的电车响声，寺内一片寂静。他自然而然地想起了伊东忠介。他究竟去东京见了谁？

伊东忠介并没有把自己上东京的目的告诉养子夫妇。据说出门两天前去奈良寺院的一次游玩，让他产生了去东京的念头。也许，奈良之行与他前往东京并没有直接联系。然而添田认为，伊东忠介前往东京的原因，就在奈良的寺院里。伊东忠介在游览寺院的过程中，是不是看见了什么人？他是不是为了见这个人，才下定决心到东京去的呢？

若明若暗中，添田隐隐已感觉到了这个人是谁。

他再次来到那间小屋前。

这一回，屋里出现的是一位老管理员。他顶着一张干瘪的脸，抱着火盆木然而坐。咽喉下方层层叠叠的白色衣襟，让人感觉到了秋日的丝丝寒意。

添田要了一张明信片。

"可是远道而来？"老人主动问道。

"是东京来的。"添田热情地回答。

"哎呀，那可真是太有心了。"老人一边取出明信片一边说道，"东京来的客人还挺多的呢。"

添田环视四周，并没有发现芳名册。

"不好意思，我想在芳名册上留个纪念，能否麻烦您把芳名册拿出来呢？"

"好，请稍等！"

老人从膝下看不见的地方取出了芳名册，还拿出了砚台。

添田翻开了沾满污垢的绸缎封面，里头写着各种各样的人名。

添田一页页往前翻，不久就发现了"芦村节子"这几个娟秀的字，仿佛看见久美子的表姐就站在自己面前一样。

添田激动了起来，又往前翻了两三页，可并没有看见他所期待的名字——芦村节子看见的"田中孝一"。他有些措手不及，只得再翻了一遍。还是没有。也许是自己看漏了，他又往前翻了翻。然而，无论翻几次，都没能找到田中孝一的名字。

添田不顾老人一脸狐疑地望着自己，忘情地检查着芳名册。

突然，他险些喊了出来。某一页纸被人用剃刀切了下来。被切断的那页纸还有一小部分留在接缝处。从切口的光滑程度来看，使用的应该是安全剃刀。

很明显，有人将有"田中孝一"签名的那一页撕去了。

添田彰一抬眼一看，老人仍然在打量着自己。然而，即使问他，估计他也说不出个所以然来。把这件事告诉老人，只会让他惊愕不已，手忙脚乱。添田决定，还是不告诉他了。

添田写上了自己的名字留作纪念，向老人道了谢之后便离开了。一路走向在寺门口等候自己的出租车，脚下的松果嘎吱作响。添田钻进了出租车。

"接下来去哪儿啊？"司机问道。

添田一时之间难以下定决心。可最终，他还是鼓起勇气说道："麻烦去安居院。"

大方向定了。

出租车在平原上飞驰。

撕掉芳名册那一页的人究竟是谁？添田心中已经有了答案。

生驹山脉绵延在平原的尽头。出租车与电车轨道并行，一路南下，深藏在松树林中的法隆寺塔一掠而过。

出租车在中途驶离了国道。路越来越窄，车渐渐开进了一座村庄。房屋的墙壁都是白色的。小河流淌，孩子们在溪边钓鱼。公所前写着"明日香村"几个字。

开过这座小村庄，道路的尽头再次出现一座寺院。破落的围墙上，瓦片杂草丛生。那正是安居院的大门。

路又开阔了起来。出租车沿着马路往山上开去。

在秋色渐浓的高山正面，渐渐出现了高筑于石基之上的橘寺白墙。

添田彰一折回了大阪。

他坐上了当晚十一点发车的急行列车"月光号"。他在一等车厢的座位上坐下，透过昏暗的车窗，眺望大阪街头的灯火。

安居院的结果与唐招提寺相同。然而，这个结果并未出乎他的意料。他在安居院让寺务所小屋的年轻和尚拿出了芳名册。添田翻开一看，立刻找到了芦村节子的名字。然而，写着"田中孝一"的那一页，果然也被撕去了。

添田同样没有把这件事告诉安居院的和尚。年轻的和尚万万不会想到，居然会有人打起芳名册的主意。

两座寺院的情况完全一致。芦村节子游览的时候所见到的"田中孝一"的笔迹被人故意撕去了。

添田彰一认为，在昏暗的杂树林所包围的那片田地中被害的人，正是取走那两页纸的人。

退伍军人、杂货商伊东忠介平日里喜欢参观寺院。最近的某一天，他在寺院的芳名册上偶然发现了"田中孝一"的签名。这笔迹，与他难以忘怀的某人如出一辙。不仅如此，他在前往东京之前，恐怕在某处撞见过笔迹的主人。

　　添田在摇晃的列车中想：伊东忠介急于再见他一次。然而，对方已经从奈良回到了东京。对伊东忠介而言，他绝对是个值得自己奔赴东京去见的人物。

　　于是，伊东忠介就偷偷撕下了那人具有明显特征的签名。养子的妻子曾说，伊东忠介前往东京之前，去寺院去得特别勤快，这一证词也能佐证添田的猜想。

　　那么，来到东京的伊东忠介，究竟有没有立刻去找那位人物？品川的旅馆老板称，伊东忠介提到了青山与田园调布这两处地名。

　　谁住在青山？田园调布住着的又是谁？那"上班族"究竟在哪家公司工作？

　　不知不觉中，列车驶过了京都。大津的灯光隐约可见。添田开始打盹了。

　　醒来的时候，车已经开到沼津附近了。抬表一看，七点多。早晨的大海被一层薄雾笼罩。

　　添田慢条斯理地洗了把脸，回到座位。这时列车正好驶进隧道。

　　他取出一根烟，点了火。再过两个小时就能到东京了。七点半，列车停在了热海站的月台。

　　就在这时，睡醒了的乘客们开始纷纷起床洗漱。

　　放眼望去，早晨的阳光让热海的小屋顶闪闪发光。

一群乘客涌进了车厢。十多个人，有一半扛着高尔夫球具。

在添田眺望景色的时候，其中一个人走到了他对面的空位旁。他把高尔夫球袋往行李架上一摆，缓缓坐了下来。

添田与新上车的客人对视的一瞬间，双方的脸上划过一丝惊愕。

"您是……"

添田站起了身。对方虽然已经退休了，可毕竟是前任干部，而且他前两天刚去采访过他。

"早上好，没想到会在这儿遇见您。前些日子多谢您接受采访。"添田彬彬有礼地问候道。

世界文化交流联盟常任理事、前任总编泷良精先生露出一副发愁的表情。他还记得前些日子添田上门拜访的时候，自己是如何冷冰冰地对待他的。梳理得整整齐齐的白发与红扑扑的脸颊，一点儿也不输给外国绅士。那轮廓分明的脸上，露出敷衍的微笑。

"你好。"

连点头也甚为勉强。他的眼睛反射出一丝光亮，立刻就把头转向了窗外。

"这么早出门啊？"添田望着他端正的侧脸说道。

"是啊。"

一副没有兴致的口吻。

"是川奈吗？"

"嗯，是吧。"

一如既往，泷从口袋里掏出卷烟，叼在嘴上。添田立刻取出打火机，在泷眼前打了火。

"谢谢。"

泷无可奈何地从添田那儿借了火。

"打完高尔夫之后即使休息了一晚上,这么早出门也肯定没睡好吧?"添田继续搭话。

"没那么夸张。"

冷淡的回答。

"是不是工作太忙,只能坐这么早的列车呀?"

"是啊。"

回答依旧生硬。对方明显不想与添田交谈。

泷开始缓缓观察其他座位,可惜其他座位上都有人了。泷只得作罢,把头转了回来。这一回,他为了防止添田继续搭话,一边抽烟一边看起了书,还是本外文书。

添田默默观察着常任理事低垂的头。他曾是野上显一郎所在的中立国的特派记者。

泷吞云吐雾,免得添田开口。前些日子添田曾上门打听野上书记官之死,他还在为这件事心存戒备。

然而,泷良精的书好像看不下去了。坐在添田对面,泷的心怎么也静不下来。他抬起眼说了句"失陪了"便站起身走了。

仔细一看,他走去朋友们所在的座位,把身子靠在扶手上,微笑着聊起了天。

当天下午,添田彰一拜访了位于杉并的野上家。

开门的正好是久美子。

"哎呀,欢迎呀。"一看来人是添田,她满脸欣喜,"上一次真是对不起。"

添田上次拜访的时候,她去节子家做客了,没能见着添田。

她并不知道自己与母亲前往歌舞伎座看戏的时候，添田曾在远处凝视着自己。

"来，进来吧，妈妈正好在家。"

久美子跑进屋里，红色的连衣裙翩翩起舞。

添田正要脱鞋，母亲孝子来到了门口。

"哎呀，请进请进。"

她把添田迎进了屋。

添田还是被带去了之前的那间客厅。久美子并不在屋里，也许是在准备茶水。

"今天久美子小姐休假吗？"添田对孝子问道。

"是啊，上个星期天太忙，让她加班去了，今天调休。"

"啊，是这样啊。"

添田故意没有把自己去奈良的事情告诉这对母女。现在说显得太突兀了。

"添田先生，今天可得多坐会儿啊。"

孝子柔和的脸上露出和蔼的微笑。

"嗯，那我就留到傍晚好了。"

"哎呀，再多坐会儿嘛。我们家什么都没有，可一顿晚饭还是能招待得起的嘛。"

孝子已经开始挽留添田了。

久美子把咖啡端了过来。

"对了对了，"孝子说道，"上次的那场歌舞伎，我和久美子一起去看啦。"

孝子想起了歌舞伎的事情。

"是吗，那真是太好了。"

添田觉得有些心虚。

"可精彩了。我已经好久没去看过歌舞伎啦。位子也很好。"

久美子插嘴道:"妈妈,还没查清送票来的井上先生是谁吗?"

"是啊,井上三郎好像是个假名。"

孝子好像真的不知道谁是送票人。

"这可真奇怪。他应该是爸爸的老相识吧?难得一番好意,却不知道对方是谁,总觉得怪难为情的。"

久美子露出一丝不安的神色。

"应该是野上先生的熟人吧。也许他以前受过野上先生的照顾。"

"肯定不是什么大恩,难为人家能一直记着。"

在一旁听孝子感慨的久美子说:"爸爸是爸爸,我们是我们。我们总不能一直这样接受人家的好意,连人家姓甚名谁都不知道啊。就像在接受匿名人士的援助一样……"

添田也不是不能理解久美子的心情。

听着母女俩的对话,添田察觉到,她们还没有从报上看见伊东忠介的死讯。然而,不知道她们是没有看见那篇报道,还是对伊东忠介这个名字没有印象。

"不好意思,请允许我问一个很唐突的问题,"添田说道,"伯母,您听说过伊东忠介这个人吗?"

"伊东忠介先生?"

"是的,他是野上先生以前所在的公使馆的武官。"

"这……我还真不认识。久美子她爸爸在信里不太提起这些。那位伊东忠介先生怎么了？"

"哦，没什么。"

添田中断了对话。

7

翌日,总务课发下了新的社员名册。

社员名册上的信息截止到十月一日。见到新的名册,大家都会很稀罕地拿起来翻看一番。也有人喜欢先找自己的名字。

这本社员名册中收录了R报社的所有员工,上至董事,下至非正式员工,无不包含。卷末还有已经退休、享受客座待遇的老员工的名单。

名册一年更新一次,体现出一年时间里的各种人事变动。有人从总部调去了地方支局,也有人换了部门。翻看手中的名册,仿佛能读出人事变动后的感慨。

添田彰一也随意翻看着名册。他手头正好没什么工作。有的部门与去年完全一样,可有的部门变化非常大。能在同一本册子里看见前辈与同事们的名字,还是觉得格外亲切。

添田把名册翻了一遍,随手翻到了卷末的客座名单。他本来打算顺便看看。

客座待遇,是对以部长以上的身份退休的人的礼遇,其中不少人在社会上也是小有名气。

添田看着名单，忽然发现最近自己经常接触到的一个名字——泷良精。看着这三个字，他不禁想起之前在电车里偶遇时，对方那张写满不悦的脸。他在外国当了很多年特派员，穿着打扮都很讲究，就连五官长相也不太像日本人。混杂着银丝的头发打理得干干净净，立体的五官和无框眼镜很是搭调。嘴唇很薄，嘴角总是紧紧抿着。

"泷良精 世界文化交流联盟常任理事"后，写着他的最新住址：

东京都大田区田园调布3 571

添田彰一心想，原来他住在田园调布啊。

然而没过多久，他就在心里大喊一声，又看了一遍名册上的字。

"田园调布！"

这不正是伊东忠介在品川旅馆里提到的两个目的地之一吗？那家旅馆的老板筒井源三郎说，伊东忠介曾说自己要去"田园调布和青山"。

从田园调布联想到泷良精家也许有些跳跃。然而，添田的直觉告诉他，伊东忠介拜访的正是泷家。

他这么想是有根据的。战争末期，泷良精是欧洲中立国的特派员。而伊东忠介也是该国公使馆的武官，两人肯定认识，甚至可能每天见面，交换信息。说不定还时常一起吃饭呢。

没错，伊东忠介肯定去了泷良精家！他离开奈良的家，在抵达东京的次日，立刻去了田园调布。除了见泷良精，不会有其他可能。

如果伊东忠介有亲戚朋友住在田园调布，那他出门之前应该会告诉家里人一声，况且他可以直接投宿亲戚家，何必住旅店呢。这说明田园调布的那位熟人与他的关系还不至于那么亲密，而且他有非常重要的事找他，所以他才会一到东京就上门拜访。

而那件"重要的事"，与伊东忠介上京的目的有着密不可分的联系。他在奈良的古寺发现了与野上显一郎非常相似的笔迹。不只是笔迹，也许他甚至见到了与野上显一郎很像的人。所以他上京的目的，也许正是寻找这个人。

然而，伊东忠介并不知道此人的住处。于是他就拜访了自己与那人都认识的一位朋友——泷良精。这一假设并不牵强。泷良精与伊东忠介在国外有过一段交情，但两人的关系并没有好到能够留宿伊东忠介一宿。泷良精定是与伊东忠介保持着一定的距离。以泷良精的性格，这点并不难想象。

添田兴奋不已。

他站起身，不停地踱起步来。

事已至此，他需要另一条证据。他走进了调查室。

"我想看看最近的职员名录。"他对调查部的工作人员说道。对方立刻拿出一本厚重的书。

添田走去角落，打开书检索。那是外务省的名录。他立刻翻到了欧亚局的那一部分。

　　欧亚局某课课长村尾芳生
　　家庭住址：港区赤坂青山南町6-741

他猜中了。

伊东忠介去的是"田园调布与青山",这正是泷良精与村尾课长家的所在地。

村尾芳生是当时的中立国副书记官,与公使馆武官伊东忠介自然是同事,而且他也认识泷良精。他们团结在野上显一郎一等书记官周围,冒着生命危险完成工作,也算是同甘共苦过。伊东忠介拜访村尾芳生的目的与意义,与拜访泷良精的无异。

添田彰一走出调查室,难以抑制心中的兴奋。

他马上想到,自己可以拜访泷与村尾课长,当面质问:"您与退伍武官伊东忠介见过面吧?"

然而,这样虽然能试出两人的反应,可对方正面回答的可能性极小。所以现在还不是甩底牌的时机,轻举妄动反而容易打草惊蛇。现在提起这件事,定是收效甚微。最好选一个更有利的时机。添田彰一改了主意。

伊东忠介上京之后立刻拜访了两人。至于他们谈了些什么,添田彰一觉得自己已经大致掌握了一二。

问题是,泷与村尾课长肯定已经在报上看到了伊东忠介丧命的消息。恐怕他们都不会主动协助搜查本部的工作。

伊东忠介来找过他们,这一点绝对没错。

添田并不清楚当时他们具体谈了些什么,总之,伊东忠介见过两人之后,就成了世田谷区××町草丛里的一具死尸。他的死与两人的会面有无直接联系尚不明了,然而,要说两者毫无关联,这种可能性并不大。至少,伊东忠介上京的目的,与他的惨死有着一定的因果关系。

添田彰一拜访了品川的筒井屋旅馆。

凉风阵阵，把地上的灰尘都吹了起来。一位女服务生正在筒井屋门口用抹布擦地板。

"请问老板在吗？"添田问道。

女服务生还记得添田："在！"

她把抹布丢在水桶里，往里屋走去。

不一会儿，她说"请进"，将添田迎了进去。同上次一样，他来到了楼梯旁的会客室。

店主很快就出来了，不过他今天穿了一身西装。

"不好意思，又来打搅了。"添田打了声招呼。

"欢迎欢迎。"

店主筒井源三郎毕竟是做旅店生意的，态度很好。他没有露出一丝不快，而是让女服务生端来了茶水和糕点。

"您要出门去吗？"见店主穿着西装，添田开口问道。

"哦，旅馆工会要开大会，我正要去呢。"

"那我来得真不是时候，您要是赶时间，那就坐我的车去，在车里能跟您聊一下也成啊。"

"没事没事，还有好些工夫呢，没关系。今天有什么事吗？"

店主笑了，脸上挤出些皱纹来。

"实在是不好意思，其实还是伊东先生的那件事。"

"哦，不愧是记者，调查得真仔细。其实我们也为这事头疼呢。"

店主的脸上没了笑容，反而皱起了眉头。

"刑警也总来了解情况，问这问那的。而且那位伊东先生的儿子还从关西赶了过来,搞得店里鸡飞狗跳的。虽然他不是在我们这儿死的,可毕竟是店里的客人,总是有点……"

"不好意思,我又要提这件令您心烦的事儿了。"添田说道,"您之前说过,伊东先生在住店的第二天去了田园调布和青山,这两个地点没错吧?"

事关重大,添田必须再次确认。

"是的,肯定没错。当班的女服务生听得清清楚楚。"

"啊,这样啊。"

添田得到了确凿的证据。

"那伊东先生住店的时候,有没有做出什么可疑的举动呢?"

"嗯……我没有直接见过伊东先生,所以不是很清楚。不过当班的女服务生说,他没做什么奇怪的事情。警方也老问这个呢。"

"他有没有在沉思,或是想事情呢?"

"我刚才已经说了,当时我一直在里间,对这些事实在是不清楚。要不我把当班的女服务生叫来吧?"店主说道。

"啊,那可真是太好了。"

"不过警方也找她问过话,可什么都没问出来啊。"

也许事实的确如此。警方希望通过被害者的行为举止来推测犯人究竟是谁。正如店主所言,伊东忠介真有什么可疑举动,他们早就告诉警方了。既然没有问出什么,那就说明女服务生的证词正如店主所言。

不过添田还是想见见那位女服务生。店主一口答应。

"那我这就叫她来。我还要去开会,就先失陪了。"

"您赶紧去吧,打扰您这么久真是不好意思。"

"欢迎您下次再来。"

头发半白的店主筒井源三郎毕恭毕敬地鞠了一躬,离开了。不愧是服务业的人。

筒井所说的那位当班服务生,正是刚才在擦地板的那位又矮又胖的女服务生。

"原来负责那位过世客人的是你啊?"添田微笑着问道。

"是的。"女服务生低下头,双颊绯红。

"刚才你们老板说,警方来找你了解过情况。那位伊东先生真的没做什么奇怪的事情吗?"

"反正我是没发现……"女服务生没有看添田的脸,"而且他一直在外头,晚饭也是在外头吃的,没做过什么奇怪的事情。"

"有没有打过电话?或是有电话找他?"

"没有。只是他让我买过一张东京的地图。"

"地图?"

这还是头一回听说。

"然后你就去买了给他。当时他看的是地图的哪一部分呢?"

"这……我把地图递给他之后就下楼了,也不清楚他怎么看的。"

伊东忠介好像并不了解东京的地形。之所以让女服务生去买地图,很有可能是为了查找青山与田园调布。

真奇怪。并不了解东京地形的伊东忠介,为何会死在世田谷那片僻静的农田中呢?他不可能是单独过去的。添田感到,自己的推测正越发明朗。

"你去客人房里的时候,他有没有拿出几张纸片?"

"纸片?"

女服务生一脸不解。

"不,说纸片你当然不明白了,就是那种用毛笔写过字的纸。是从芳名册那类东西上撕下来的。去寺院参拜的人不是会把自己的名字写上去吗?就是那种纸。"

"这……"

女服务生低下头,思索了片刻。

"不,没见着。只是,吃过晚饭以后,他让我给他拿晚报过去。"

添田一边抽烟一边思考,心想自己已经没有更多问题问她了。

"谢谢。"

添田给她硬塞了些小费,离开了会客室。

回到报社之后,添田找上了社会部的朋友。

"你要去外国人住的酒店调查?"

朋友的表情仿佛在说:到底出了什么事儿?

"我想想……东京有十二三家吧。你要查什么?"朋友问道。

"住客的名字。从十月十日到十四、十五日这段时间的。"

"这……"

朋友露出思索的神色。

"这就麻烦了。天知道酒店会不会把登记簿给记者看。毕竟是服务业,那些可都是商业机密啊。"

"可我就是想看看,"添田说道,"能不能想想办法啊?"

"嗯……你是准备单枪匹马一家家问过来吧？可你要是找不对人，他们是不会给你看的。"

"那该找谁？"

"比如警察。这是最快的方法。"

添田沉下了脸。

"警察可不行。就没有别的方法吗？"添田说道，"酒店都会有工会的吧？如果找到工会事务所的人帮我打声招呼，是不是就有戏了？"

"嗯，这主意不错。"朋友表示同意，"你认识工会里的人吗？"

"不认识。"添田摇了摇头。

"你可以问问外报部的小A。那家伙是专门负责采访外国人的，一有领导来他就会出动，说不定在酒店也挺吃得开的。"

添田并不认识外报部的小A。朋友立刻帮他打了电话。

"他说等见了面再说。"

"谢谢。"

外报部在四楼。添田上了楼，发现小A正在办公桌前等候。

"刚才他在电话里跟我说了。"

高高的小A长着张跟外国人一样的脸。

"你知道住客叫什么名字吧？"

"我还真不知道……但肯定是个外国来的日本人。"

"不知道他叫什么？"小A惊愕不已，"你都不知道名字，看登记簿有什么用？"

"我也不知道该怎么回答，总之只要让我看一看，我就能找到。"

添田也觉得自己回答得太过可疑。恐怕那人并没有使用真名。他也不知道对方会使用怎样的假名。

"那你先去问问K酒店的经理吧。"

小A帮他在名片上写了几句话。

"麻烦了。"

添田拿着名片走出了外报部。

报社离K酒店很近。只是添田知道自己不会只去K酒店一家，所以要了辆车。

K酒店的经理姓山川，是个刚步入老年的绅士。小A的名片兼介绍信起了作用，他立刻让添田进了自己的办公室。

"我实在不方便把名册给您看。"经理抱歉地说道，"这毕竟关乎客人的隐私，我们的职业操守不允许我们把这些信息透露给第三方。"

经理的语气还是很诚恳的。

"而且，如果您光问某个人是不是住在我们酒店也就罢了，为什么要看所有的住客名单呢？"

添田很清楚自己在强人所难，然而他只能寄希望于经理的通融。

"我不知道那个外国来的日本人叫什么名字，他大概六十岁，请问这段时间里有没有这样的客人入住呢？"

"哦……是美国来的客人吗？"

"不，不一定，也许是英国，也许是比利时，我也不确定。"

"原来如此。六十岁左右的日本人，而且是从外国来的，是吧？"

经理用指尖敲着书桌。

"他是和家人一起来的？"经理反问道。

"不，不清楚。大概是一个人来的。"

"不知道名字，看名册又有什么用呢？"

这话一点儿没错。添田觉得自己只要能看见名册，就能大致推测出些什么，然而他也明白，目前他无法说出具体的缘由。

"直接问前台的人也许比看名单更快。"经理建议道，"因为他们一直看着客人们进进出出。不过前台是两班倒的，光问今天当班的人也许不行。"

服务生走了进来，放下一杯红茶。

经理喊住他说："你有没有见过……"

经理把添田告诉他的人物特征说了一遍，可服务生说没有印象。

"总之先给前台打个电话吧。"经理说道。

"外国来的日本人，年龄六十岁上下，凭这两个特征也许能问出点什么。"

经理拿起桌上的听筒。

走进屋里的年轻员工听完经理的描述，思索了片刻。

"这……我好像没有印象啊。"

他想了一段时间后如此回答。

"那位客人住店的时间长吗？"

"不，不清楚。"添田插嘴道，"我觉得应该不会住太久。也许他去日本各处走了走，比如奈良之类的。"

"那他大概长什么样子呢？"

"这……"

添田犯了愁。他还依稀记得在久美子家中见到的野上显一郎的遗像，只得凭模糊的记忆描述了一下。

"我好像没见过那样的客人。比起我们，各个楼层的服务员也许知道得更清楚，我去问问他们吧。"

"麻烦你了。"

添田很是过意不去。

"您为什么要打听这人？"员工走出房间之后，经理向添田问道。

"呃……有些事情要查。"

"哦，是什么坏事吗？"

"不不，不是坏事。很遗憾，我不能把事情的来龙去脉告诉您。"

"不是坏事就好。我们酒店有个酒店协会，如果某个客人在一家酒店里做了坏事，其他酒店也会立刻得到通知，一同采取防范对策。"

"原来是这样……"添田顺势问道，"如果我要找的这个人不住在贵酒店，我能不能拜托这个酒店协会帮我找呢？"

"可以是可以，只是您不知道名字就比较麻烦了。不过您要找的是个六十岁上下的日本人，这是很重要的线索。也算是一个特征吧。"

"东京有多少家外国人常去的酒店啊？"

添田之所以会这么问，是基于"此人有个外国同伴"的假设。

"一流酒店有个六七家。各家酒店的客人都不太一样。比如T酒店是首脑、大使馆相关人士经常入住的酒店。M酒店的英国人和澳大利亚人比较多。S酒店则是体育人士，D酒店是东南亚人士，N酒店是演艺界人士，每个酒店都有相应的圈子，而我们酒店比较多的就是美国人和采购员。"

就在这时，刚才的那位员工回来了。

"我打电话问了问各个楼层的服务站，他们都说不记得有这么个人。恐怕您要找的这位客人并没有住在我们酒店。"

最后为了确保万无一失，添田抛出了"田中孝一"与"野上显一郎"这两个名字。果不其然，名单上并没有相同的名字。

添田离开这家酒店，又驱车去了别家。

热情的经理为他写了封介绍信，于是他就依次去了T酒店、N酒店、M酒店、S酒店、D酒店等一流酒店。

然而，每家酒店的结果都是令人失望的。

"这我就不清楚了，毕竟我们酒店有九百多间房间，实在是很难查……"有的酒店是这么回答的。

"没有见过这样的客人……"也有干脆否定的。

"要是没有名字，我们也没法查，如果凭记忆乱猜弄错了可就麻烦了。"还有这么说的。

"难得您跑一趟，可我们酒店规定客人的资料是不能外泄的。不，我们不是怀疑您，只是有些来打听的人居心叵测，会利用客人的信息。我们以前就吃过这样的亏，打那以后就再也不这么做了。"也有明确拒绝的。给出的"田中"与"野上"这两个名字也没有出现在名册中。

添田精疲力竭。

通过这次调查，他确定自己要找的人物住在东京一流酒店的可能性极小。

这项调查花了他将近四个小时，总共去了七家酒店。

回程经过银座，人行道被染成了夕阳的色彩。商店里灯火通明，好不热闹。

添田让疲劳的身躯靠在车座上，呆呆地望着窗外的街景。正好是下班高峰，行车速度十分缓慢。车在四丁目的转角处遇到了个红灯，只得在路上停了一会儿。窗外的人行道上，行人熙熙攘攘。这时，添田在人群中竟无意间看见了一个熟悉的身影。

那张似曾相识的侧脸在添田的注视下朝着对街走去。她不是芦村节子吗？

添田差点想从等待绿灯的车里跳下来。可是他当然不能这么做，必须等车开到下一条弄堂才行。这就是坐车不方便的地方了。他的车被其他轿车、卡车团团围住。

他焦急地等待红灯变色。

轿车开动之后，添田的眼睛也一直盯着芦村节子，生怕跟丢了她。而节子并不知道添田的存在，只是在人群中继续走着。

"麻烦停车！"

车开过好长一段路，添田才下令停车。不开到这儿是没法停车的。

他立刻下车沿着人行道往回走去。这样一定能见到她。

添田在无数行人中搜寻着节子，可迟迟没能发现她的身影。不知不觉中，他已经走到了四丁目的转角。

添田有些手足无措。方才在车里看见节子之后，他突然想和节子说说话。见到节子虽是偶然，可想要与她交谈的冲动已经难以抑制了。越是找不到她，这种冲动就越是强烈。

添田又折了回去，眼睛则搜寻着节子的背影。

他走到远处，又陷入了失望，可并没有放弃，再次折返，好不容易捕捉到了节子的声音。原来她在路旁商业街的一家店里。店里卖的是陶器，芦村节子就在店面深处。难怪找了半天都没有看见。

添田没有在店门口喊她，而是站在门口等她买完东西出来。只见她正在挑选陶盘。一位女店员站在她身旁推荐着各种盘子。

添田避开人群站着，抽了根烟。

足足二十分钟后，节子才买完东西，迈着轻柔的步子从店里缓缓走了出来。

"哎呀！"

芦村节子见到添田，脸上写满了惊讶，接着露出了亲切的微笑。

"好久不见了，没想到会在这儿遇见您。"

添田也鞠了一躬。

"我也是在车里见着您的。"

"哎呀，您一直在门口等我吗？"

添田忽然觉得自己简直像个埋伏在门口的不良少年一样，不由得脸红了。

"见您正在买东西就……"

"您直接喊我不就好了嘛。"节子说道，"对了对了，上次久美子来我家玩的时候，您正好去她家了吧？"

"是的。"

"久美子打完电话跟我说了。"

"我有些事想跟您说。"添田鼓起勇气开口说道，"能否占用您三十分钟时间？"

节子望了添田一眼回答："行啊，那找个地方喝杯茶吧。"

两人并肩走了起来。

"只有芳名册的……那部分……？"

芦村节子听添田彰一说完，目瞪口呆地盯着他的脸。

那是一家典雅的咖啡厅。红砖架子上摆放着悬崖菊。店里的灯光很昏暗，但菊花的色泽让人眼前一亮。唱片中传来的低吟浅唱仿佛渗进了花瓣里。

"是的，"添田点点头，"只有田中孝一签名的那一页被人用剃刀撕掉了，唐招提寺和安居院都是如此。"

节子大惊失色，依然盯着添田。

"寺院的人也没有发现。究竟是谁撕的，为什么要撕，想必夫人您也不知道吧？"

芦村节子轻轻吸了口气，脸上依然是惊愕的表情。

"我一点儿头绪也没有，这究竟是怎么回事？听您这么一说，我只是感到惊奇。"

"芳名册上的某一页被人撕去本身就是件怪事，而且两座寺院的芳名册的那一页都不见了，就像是事先商量好的一样。如果只有一所寺院是这样，倒还有可能是偶然，也许是对其他名字感兴趣的人干的，可两座寺院的那一页上都有田中孝一的名字。这绝非偶然，肯定是冲着田中孝一的笔迹来的。"

节子面露惧色。

"添田先生，您是因为对这笔迹感兴趣，才特意去了趟奈良吗？"

"实不相瞒，我的确很感兴趣。久美子小姐把您的经历告诉我之后，我就突然有了去亲眼看一看的念头，没想到竟是这样的结果。"

"请问,您去奈良看笔迹是不是有什么打算?"

添田没有立刻作答,思索片刻之后他才说道:"田中孝一的字体与野上先生的很像,我对这一点产生了兴趣。然而实地一看,我才发现还有一个人与我有着同样的兴趣。他比我去得早,还把有签名的那一页撕去了。"

这回轮到节子沉默了。她把视线从添田脸上移开,眺望着远方。

视线的尽头,年轻漂亮的服务员们在为客人们端咖啡。

"添田先生,"她看着远处,缓缓地低声说道,"您是不是觉得我舅舅还活着?"

"是的。"添田不假思索地回答,"听完您的奇遇,我就有了这种感觉。夫人,当时您丈夫不是说您'被野上先生的笔迹之魂给附身了'吗?可我觉得那并非亡魂,而是真人回到了日本。"

节子没有接话茬。她死死盯着一旁架子上的朵朵悬崖菊。

"可是,"她突然将头转向添田,用严肃的口吻说道,"舅舅的死是有公报的。如果是军人战死沙场,公报倒也有出错的可能,可我舅舅是中立国的一等书记官,而且他住院的地方也是中立国。这样的公报怎么可能有错?他是个货真价实的外交官啊!传达外交官死讯的电报,怎么可能出错呢?"

"问题就出在这儿。"添田深深点了点头,"我也相信公报的真实性。您说得没错,野上先生不是士兵,也不是在战争中去世的,不可能是死而复生。可我就是觉得,野上先生还活着,而且回了日本。"

"不,"芦村节子嘴上带着笑容,可眼神却很犀利,"添田先生，您不能再想这些了。我们都相信政府的公报。舅舅是代表日本的外交官，而且他是在中立国去世的，这公报不可能有错，也不可能是虚假的。请您不要再胡思乱想了。"

"您说的这些，我已经反复思考过好几次了。一九四四年是战局最为激烈的时候。然而无论是中立国，还是日本政府，都没有理由去误报一个外交官的死。野上显一郎一等书记官的病逝是由政府发表的，当时的报上也有报道。我还把那篇报道带来了。"

"那您还……"

芦村节子一脸激动。

"是的，正因为如此，正因为我想要相信政府的公报，所以才想证明自己的想法是胡思乱想。"添田立刻说道，"然而，不可思议的事情实在太多了。野上先生的笔迹出现在了奈良的寺院。野上先生恰恰又一直很喜欢奈良的古寺。而且，芳名册上的签名又被人撕走了。我个人认为，'田中孝一'其人去的不只是唐招提寺和安居院，其他历史悠久的古寺说不定也有同样的笔迹。不，也许那些笔迹也被人撕走了。"

节子打断了添田。

"没人能保证世上就没有和舅舅笔迹相同的人。恕我冒昧，就凭这一点判断舅舅还活着，只是您的空想而已。"

"也许那的确是我的空想。可是蹊跷的事情不止于此。夫人，最近在世田谷发生了一起杀人案。而案件的被害者，是战争期间和野上先生一起在中立国公使馆工作的武官。"

芦村节子的脸上顿时没了血色。

8

"当模特?"

久美子一脸惊讶地望着母亲。

事出突然,始料未及。况且母亲实在不像是会说出这种事儿的人。

下班回家,母亲一张口就是这件事。

"说是模特,不过对方说只要你在那儿坐一会儿就行了。"

"对方"指的是著名西洋画家笹岛恭三。久美子也听说过此人。

"为什么会找我当模特啊?"久美子向母亲问道。

"那位画家好像在什么地方看见了你。"

"哎呀,真讨厌。"

"他说他要画的大作里需要少女像,所以想找个合适的人当模特,画个素描。可找了半天都没有合适的人,这时就撞见了你,觉得你和他的想象完全一致。反正泷先生是这么跟我说的。"

"是泷先生说的？"

泷先生，正是世界文化交流联盟常任理事泷良精。

"你爸爸在国外的时候，他正好在那个国家任报社特派员。我也好几年没见过他了，可今天他突然找上门来，跟我提了这件事。我有七八年没见过他了吧……真是吓了一跳。"

"妈妈，您已经答应了吗？"

久美子的眼中露出责备母亲轻率的神色，母亲显得有些尴尬。

"听到他和你爸爸一起工作过，我就不好意思拒绝啊。久美子啊，你要是实在不愿意，也没关系，我也是跟泷先生这么说的。不过泷先生很诚恳，他说就占用你三天时间，能不能答应下来呀？"

"那位泷先生和笹岛画家是什么关系啊？"

"他们好像是老乡。那位笹岛先生在电车里见到你之后啊，还特意下了车，跟在你后面一路跟到家门口呢。"

"哎呀，太可怕了，怎么跟坏人一样。"

久美子皱起眉头。

"不，艺术家都有些怪癖。一见到中意的模特，就会跟上去嘛。"

"可那是他一厢情愿，我都不知道有这么回事嘛！"

"话是这么说，可是泷先生特意上门来了，很诚恳地问你愿不愿意为了他的朋友在画架前坐个三天，我也不好意思拒绝呀。"

母亲一脸为难。

"可是，真的就三天时间吗？"

久美子总觉得没准要花更长时间。

"嗯，他说只是把你的脸用素描画下来而已。"

"这样啊。"

久美子低下头。

母亲几乎已经答应了泷先生的请求。久美子也不是不能理解母亲的心情。母亲一碰到和亡父有关的事情,就会变得特别积极。在国外同父亲有过交情的人,都是野上家的贵客,不难想象她面对泷先生的请求,定是一口答应。

"我考虑考虑吧。"

久美子没了辙。换作其他事情,她定会责怪母亲,可一想到母亲思念父亲的心情,她就不忍心让母亲失望了。母亲已经站在了泷那边。

"要晚上去吗?"

久美子白天要上班,她心想如果对方要求她晚上上门,她还能借故推脱。不料母亲连这一点都帮她想好了。

"你们单位不是有年假嘛,今年你还没休过吧?"

"嗯……"面对母亲排山倒海的攻势,久美子无力地抵抗道,"可是妈妈,那是为了今年冬天去滑雪特意攒着的啊。"

"算上礼拜天,只要请两天假就行了啊。这样就能凑出三天时间了。久美子啊,你能不能答应那位画家,不,答应泷先生的请求啊?"

"妈妈,您就这么希望我去?"

"毕竟他是你爸爸以前的朋友啊。"

"那好吧。"

久美子下了决心,点了点头。

"不过不用在那儿坐很久吧?"

"嗯,他说一天两小时就够了。"

母亲舒展眉头，露出放心的表情。一碰到和父亲有关的事情，母亲就会变得异常天真。见久美子答应了下来，她的脸色立刻明朗了起来。

"笹岛恭三这个名字，你应该也听说过吧？"

"嗯，不过也只是听说过名字而已。"

"听说他的画功一流。作品不多，但在专家中的评价非常高呢。"

母亲微笑着说起从泷先生那儿听来的事情。

久美子也曾在报刊上读到过类似的报道。她听说笹岛恭三好像是个极少妥协的画家，对他有些模糊的了解。他是个喜欢使用暗色调的画家，所以画风也非常独特。他的画在美国非常受欢迎，总有画商想买他的画，可他作画的速度非常缓慢。

久美子想起报道中的内容，又想起某本书中曾经提到，这位笹岛恭三还是单身。

画家笹岛从没有结过婚。他好像已经快五十岁了，一直保持单身。在杂志采访中，笹岛说，家庭会妨碍到艺术，所以他才没有结婚。

"妈妈……"久美子再次面露难色，"那位笹岛先生……是个单身汉吧？"

"嗯，这事儿泷先生也跟我说了。"母亲倒是一脸平静，"不过他让你别担心，他的人品绝对没问题。毕竟是个名人，况且就三天时间，我觉得也没问题。"

"是吗？既然妈妈都这么说了……"久美子说道，"那我就去吧。不过当模特……总觉得怪怪的。"

"不是那种正儿八经的模特啦，只是让他画个速写而已。反正画家也会把模特的脸按自己的想法改动的。"

笹岛恭三的家位于杉并区郊外,离三鹰台车站很近,和久美子家在同一个区,距离还是比较近的。

下了电车朝车站北侧走去,是一条上坡路。这一带有许多被围墙包围的房子。武藏野历史悠久的杂树林就在房子背后。

笹岛家离车站只有五分钟不到的路程。房子本身不大,可院子却不小。住家后的画室比正房还要大。

那天是星期六,久美子就选择了下午上门拜访。在久美子拜访前,母亲已经给泷良精打了电话,由他转告笹岛恭三。

跨过院子大门,走过种有竹子的小路,久美子来到了有些陈旧的房门前。一路上,她发现这座宅邸的占地面积很广,花园也很大,种着玫瑰等花草的花坛被分成了好几个区域。看来这是位喜欢园艺的画家。

久美子轻轻按下门铃。开门的正是笹岛本人。他一身便装,见到久美子后,笑着鞠了一躬。乱糟糟的头发盖住了额头。

"是野上小姐吧?"

他一笑,眼角就挤出了皱纹,脸颊上还出现了两个深深的酒窝。长发让瘦瘦的脸廓更加突出。他好像很喜欢抽烟,牙齿有些发黑,不过这样也显得他很可爱。

在久美子打招呼之前,他已经把久美子带去了会客室。

"喂,有客人来了。"画家朝屋里大喊一声。久美子后来才明白那是对一个五十多岁的女佣喊的——因为她给久美子送上了茶水。

会客室的墙上挂满了笹岛的画作,就像是画廊一样。然而,总觉得屋里有一种杂乱无章的感觉。看来没有家庭主妇的房子总会有些乱。或许是因为久美子是从主妇的角度观察这座屋子的吧。

久美子赶忙与笹岛画家寒暄起来,而画家也高高兴兴接受了久美子的问候。

"不好意思,突然向您提出了无理要求。事情的来龙去脉想必泷先生已经告诉您了吧?"

"是的。"

久美子的脸红了——画家正用他那审视人物时所特有的视线凝视着自己。

"您能一口答应真是太好了。您应该也听说了,说是模特,其实就是想画一画您的素描而已。请您不要想太多,就当是来这儿看看书什么的,在我面前坐一会儿就行。"画家用诚恳的声音说道。

他脸上一直挂着微笑,消瘦的脸颊上也一直带着酒窝。他的颊骨凸出,轮廓很是鲜明,但微笑时的皱纹却给人留下柔和的印象。

久美子放心了不少。说实话,来的一路上她都心乱如麻的,不过现在好多了。她觉得对这位画家不用太警惕。对艺术家朦胧的信赖与尊敬让她放了心。

"您哪天比较方便?"

久美子说,明天是星期天,就从星期天到星期二好了。画家诚惶诚恐地挠了挠头。

"哎呀,真是不好意思,我实在没想到您会这么快答应,而且我这儿也挺急的,您能明天来真是太好了。"

身材高大的女佣端来茶水,向久美子鞠了一躬离开了。

画家听着走廊里女佣的脚步声,腼腆地笑着说道:"我啊,没有娶老婆。想必有很多照顾不周的地方，还请多多包涵啊。那位女佣明天开始也不会来了。"

久美子险些变了脸色，盯着画家的脸。

画家的话让久美子担心了起来。走进屋里的时候，她看见了画室的玻璃屋顶。想到自己要和画家在画室里单独相处，好不容易平静下来的心情又七上八下起来。

"我这人就是不喜欢有人在作画的时候打扰我，这一直是我的行事方针。也许有很多招待不周的地方，不过咖啡什么的我还是会泡的。"

久美子无法抗议。对方是个画家，而且这事她已经答应下来了，事到如今再拒绝，也是对对方好意的侮辱。对方已经说了，每天只需要坐两个小时，而且她已经对画家产生了信任，并不想改变主意。

"那我们定个时间吧，挑您方便的时间就行。"

久美子想了想说："可能的话，我希望上午来。"

这样也比较安全。

"行，上午的光线也比较好。那真是太好了，一切都那么完美。"

画家依旧面带微笑。

"那就从十一点到下午一点吧？您明天就能过来？"画家凝视着久美子的脸确认道。

"嗯，是的。"

画家并没有多说什么。商定时间之后，他就立刻陷入了沉默，仿佛在告诉客人，你可以回去了。这种冷淡，反而让久美子放心了一些。

画家把久美子送到了门口。久美子道别之后,只见他双手插在宽腰带上,点头示意。

久美子沿原路回到车站,一路上不知在想些什么。直到上站台等车,她才回过神来。站台在高处,杂树林所在的山丘正好与视线持平。半山腰能看见各种各样的屋顶。笹岛家那别具特色的画室玻璃屋顶,在树林之中闪着光。

想到自己明天就要去那间画室里头了,久美子忽然觉得很不现实,就好像这件事不是发生在自己身上的一样。

她本以为画家会让她坐在画室里,可她想错了。笹岛画家让她坐在了走廊的藤椅上。

"先从速写开始吧。"

画家先打了招呼。他想让久美子保持自然状态,捕捉各种不同的表情与姿态。他还说,如果在画室画,可能会让她紧张。久美子也觉得这样会轻松得多。

那里是正屋的后侧,能看见宽阔的庭院。砖瓦围起的花坛中,分不同的区域种着不同的花草,可见他是一位喜爱花草的画家。秋菊、大波斯菊争奇斗艳,美不胜收。久美子心想,喜欢花的画家,一定是个心地善良的好人。

今天的笹岛与昨天不同,穿着格子花纹的亮色上衣。在久美子看来,这样才更像个充满活力的画家。画家在对面的藤椅上落座,膝盖上放着写生本,手握铅笔,脸上带着同昨天一样的微笑。干巴巴的头发没有油光,乱作一团。微笑时,他的眼睛简直眯成了一条缝。

阳光柔和地洒在画家的半张脸和一侧肩膀上。久美子心想,打在自己身上的光线肯定也是这样的。难怪昨天画家说上午的光线好。

久美子是第一次当模特，而且对方还是专业画家，她的身体自然有些僵硬。不知是画家眼光犀利呢，还是他感觉敏锐，只要在久美子紧张的状态下，他就绝不会动笔。他只是拿着铅笔，叼着烟斗，和久美子拉起了家常。

笹岛画家什么都懂一些。画家给她的第一印象是沉默寡言，可在交谈的过程中，久美子发现他不仅见识渊博，还很风趣。他的语气很平静，但说话让人十分开心。画家的声音在透明的空气中异常通透。

根据久美子的年纪，画家选择了年轻人比较感兴趣的话题。他的口气很随和，久美子也渐渐放松了下来。外国电影、咖啡、小说……他的世界不仅限于绘画。

然而，在谈话的过程中，画家的眼睛也一直注视着久美子的脸。依旧是观察人物时的那种犀利眼神。

"你的工作怎么样？有趣吗？"画家一边动笔一边问道。只在久美子的面部线条比较自然的时候，画家才会动笔。

"也不是那么有趣，朝九晚五罢了。"

"那是因为它是'工作'，所以你才会觉得没意思吧。整天闷在家里也很无聊啊。每天出门其实挺好的。不过惰性上来了，一天就会变得很无趣。"

交谈并未就此结束。他们本就在闲聊，这样久美子也会比较放松。

久美子还以为当模特就要根据画家的命令摆出各种姿势，变换脸的朝向。可笹岛画家并没有做出任何指示，只是从她自然的动作之中，捕捉他最为满意的瞬间，下笔作画。

"老师，您为什么不结婚呢？"聊了一段时间之后，久美子鼓起勇气问道。这是年轻女性都会产生的疑问，并不显得失礼。

画家忍俊不禁。

"年轻时光顾着画画了，画着画着，就错过了讨老婆的机会。到了这个年纪，又开始嫌麻烦了，还不如一个人待着方便。"

画家今天显得格外神清气爽。久美子早就知道他没有结婚，所以见他穿着便装出现，也没有觉得有什么不对劲。画家工作时的身姿，更显得非常年轻。不过仔细一看，画家的两鬓已经斑白。

画家是一种特殊的职业，久美子觉得画家至今保持单身也没什么值得奇怪的。久美子心想，也许他年轻时也谈过恋爱，但是结果不尽如人意，于是就放弃了结婚的念头。不过她还不好意思把这件事问出口。她会想这些事，也证明她已经渐渐习惯了坐在画家对面。

画家让她放松些，于是久美子就随意变换着姿势。她担心自己乱动会影响画家作画，就又决定静止不动，可画家反而说那样不好。他希望久美子把这儿当自己家一样轻松随意。

这时，久美子看见庭院的花坛之间有个人影在晃动。那是位老杂工，正在修剪花草。他一直背对着久美子，小心翼翼地干活，免得妨碍了画家作画。他戴着一顶脏兮兮的登山帽，穿着白衬衫，也许是画家送给他的旧衣服。

画家果然喜欢花草，还专门雇了人来打理。咔嚓咔嚓，不时传来剪刀的响声。

画家一提笔，不一会儿一幅画就画好了。画完一张速写之后，他马上翻了一页，开始画下一张。久美子坐在对面，自然看不见写生本上的画。不过她很想知道自己的脸在画家笔下会变成什么样子。等画家画完了,真想拿来瞧一瞧。想到这儿,她又不禁有些难为情。

画家手非常快,一小时里就画出了四五张画。

"我想先多画两张,然后再决定我最满意的姿势。明天会让您摆姿势的。"

画家放下铅笔,看了看表说:"已经到中午了,我去准备准备饭菜。您在这儿等会儿吧。"

"哎呀,让我来吧。"

"别客气,别看我这样,我做菜的技术还是很不错的。"

画家站起身。

"老师,要我帮忙吗?"

"不用不用,您毕竟是客人啊。"画家说道,"而且我也习惯一个人做了。您坐在那儿等我就好。"

笹岛画家朝里屋走去。

于是久美子就乖乖坐在椅子上发呆。画家的写生本就摆在椅子上。尽管觉得偷看不太好,久美子还是战战兢兢地拿起了本子。

她看见了画中的自己。虽然是铅笔画成的写生,但准确地把握住了久美子的特征。平日里在镜子中发现的面部特征,都用线条准确地表现了出来。真不愧是画家。

久美子翻开下一页。那是她的侧脸,是趁她把头转向花坛的时候画的。下一张是俯视时的脸。然后是正面说话时的脸,斜着的脸……不同的面部表情跃然纸上。无论哪一张,都用铅笔准确地勾勒出了线条。

有的画非常像,可有些并不那么像。不像自己的画,应该是画家有意识地加入了自己的想法。有的画上并不是整张脸,而是额头、眉毛、眼睛、鼻子、嘴唇等某一部分。

在久美子翻阅写生本的时候,花坛中还在不断传来剪刀的响声。

抬眼一看,戴着登山帽的老人在秋日的花丛中辛勤工作。花瓣反射着柔和的光线,在老人肩头形成阴影。

久美子很庆幸自己来这里。看见自己的脸变成画作虽然有些奇怪,但能在郊外的僻静之处休憩放松,也是人生中最为美妙的瞬间之一了。

"是吗?那可真是太好了。"

听完久美子的话,母亲露出放心的神色。

"笹岛老师是这样的人啊?"

母亲还想向久美子多打听些情况。

"嗯,我还以为他会很不好相处呢,没想到他人挺好的,而且他还给我做了美味的三明治!就像是大厨做的一样!"

"是吗?他可真能干啊。"

"毕竟他一直是一个人住的,厨艺自然而然就锻炼出来了吧。"

"是啊,比起女人,男人的厨艺也许更好。对了久美子,你一直坐着就不觉得尴尬吗?"

"完全不会啊,笹岛老师怕我无聊,一直在陪我说话呢。妈妈,这么好的人为什么不结婚呀?我还当面问了老师呢,结果他说,结婚太麻烦了。"

"有些画家就是这样。不过你问老师这种问题会不会很失礼啊?"

"不会,老师不介意这些的。他是个很随和的人。"

"是吗?不过久美子能高高兴兴的真是太好了,泷先生刚提起这件事的时候,我虽然答应下来了,可还是担心你会不开心。既然老师人这么好,明天开始就能开开心心地去啦。"

"嗯……"

母亲脸色明朗,好像很开心的样子。这自然不是因为久美子成了画家的模特,而是因为久美子答应了父亲老友的请求,让她放心了不少吧。一看母亲的表情,久美子就明白了。

第二天是星期一。久美子在十一点来到三鹰台的车站,朝笹岛老师家走去。她已经和单位请过假了。原本想攒着今年的年假,等着冬天请假去滑雪,不过她并不后悔把宝贵的假期花在当模特上。

同昨天一样,为久美子开门的正是笹岛本人,今天也穿着格子花纹的衬衫。

"欢迎欢迎。"画家又微笑着露出了一对酒窝,"我就猜您快来了,一直等着您呢。"

"昨天承蒙照顾了。"

久美子鞠了一躬。

"哪里哪里,我才该谢您呢。来,进来吧。"

同昨天一样的走廊。昨天还说今天会去画室,可画家仍然让她坐在了藤椅上。

"仔细想想,坐在这儿要比闷在画室里好多了。我家的花坛虽然不是很好看,可至少有些花可以看看,而且还能看见远处的森林呢。画室虽然大,可没办法看到外面的景色。"

久美子也觉得这样比较好。

今天天气很好。秋日暖阳洒在花坛上。背景是逐渐泛黄的杂树林。戴着旧登山帽的杂工还在花丛中静悄悄地干活。

"怎么样？令堂没有担心吧？"画家微笑着问道。

"没有，我一回家就和母亲说了，她也很开心呢。"

"是吗，那可真是太好了。"画家说道，"我还挺担心的呢，听您这么一说我就放心了。"

画家再次摊开大开本的写生本，像昨天那样拿起了铅笔，但他并没有立刻动笔，而是闲聊了一会儿。

"老师，您说以前在路上见过我，可您究竟是在哪儿见到的啊？"

久美子想起了母亲说过的话。

"是泷先生说的吧？"画家显得有些难为情，"是在电车里，是哪一站来着……我记不清了……"

画家看着天花板陷入沉思。

"那肯定是中央线，我总在荻洼下车。"

"啊，没错，那就应该是代代木那儿吧。"画家喃喃道。

怎么会是代代木呢？那肯定是画家记错了。久美子会坐地铁从霞关到新宿，然后换乘中央线的国铁。所以不可能有人在代代木看见她。不过久美子并没有纠正画家，她对此并不介意。

"久美子小姐，您家里只有您和令堂两个人，不觉得冷清吗？"画家握着铅笔问道。

"是啊，真的很冷清。"

久美子点了点头。

"听说令尊是在外国过世的吧？"

"是的，战争结束一年前，他在外国得了病，骨灰还是别人给带回国的。"

"那真是太可怜了。不过令堂有久美子小姐这样的好女儿，肯定很是欣慰吧。"

"我是家里的独生女，要是能多一两个兄弟姐妹，家里就不会那么冷清了。母亲常抱怨说，只有我一个女儿太冷清了呢。"

"是啊……"

聊天的时候，画家也不断注视着久美子的脸，铅笔在纸上飞舞。他一会儿看看久美子，一会儿看看画纸。久美子也习惯了当模特，没有昨天那么紧张了。

画家一直陪着久美子聊天，免得她觉得无聊。想到这儿，久美子反而有些过意不去了。

"老师，您一直说话不碍事吗？"久美子委婉地问道。她其实想说：您不用太顾及我，专心画画就好，我不会觉得无聊的。

"没事，一边说话一边画画效率更高。"画家说道，"别看我这个样子，我其实很认生的，所以对着讨厌的人，我一句话都不想说。不过对方要是久美子小姐这样美丽的姑娘，对话本身也是种乐趣啊。"

"老师您说笑了。"

久美子微笑着低下头。

"不，我说的都是真心话。并不是皱着眉头一脸严肃就能画出好画来的，愉快的心情是最重要的。心情好时画出来的画是最棒的。"

画家动笔的时候，的确一脸高兴的样子。光线也与昨天无异。画家的一侧面孔与一侧肩膀在光线的照耀下，显得异常明媚，些许白发还反射着光。

画家沉默的时候，铅笔在纸上沙沙作响。除了铅笔声，唯一的响声就是院子里传来的剪刀的咔嚓声。

蹲在花坛中缓缓修剪枝丫的老杂工，更是烘托出平静祥和的氛围。

那天回到家里一看，母亲早已等候多时。

"今天怎么样啊？"她立刻问道。

"嗯，很开心呢！"久美子微笑着回答道。

"老师的画有进展没有啊？"

"嗯，我也不是很清楚，不过他画了好多张呢。"

"是吗？那可真是太好了。真想看看画里的久美子是什么样的。"

"哎呀，那可不行。我趁老师不在的时候偷偷看了看写生本，看见上面有各种各样的表情和姿势呢。他在和我说话的时候还能把特征抓得这么准确，真是太厉害了。"

"人家毕竟是画家啊，况且还是这么有名的画家，自然能一边聊天一边画画啦。能不能问他要两张用不着的画啊？"

"不要啦妈妈……"

"反正是速写嘛，是给正式的画打的草稿，肯定有用不着的啊，等他画完了应该能要两张回来。况且我也得上门打声招呼不是？即使这事儿是泷先生介绍的……"

母亲说到这儿，忽然想到了什么，开口说道："对了对了，今天泷先生还给我打电话了呢。他说久美子去了笹岛先生那儿，帮了他大忙，笹岛也很开心，他还向你道谢了呢。"

"是吗……"

久美子心想，原来自己答应当模特，能让这么多人心满意足。那三天时间就真是太短了，再多当几天她也愿意。

"笹岛老师真是个好人，就是有点儿孩子气。"久美子笑了。

"今天中午吃了什么呀？"

"咖喱饭，真的很好吃呢！比普通家里做的要好吃得多！"

"是吗？有这么好吃吗？"

"就和餐厅做的一样。做菜水平这么高，倒真是用不着结婚了。"

"久美子，"母亲板起了脸，"可不能在人家背后说这种话。"

"可是真的很好吃嘛，比妈妈做的都好吃。"

"是吗？是不是有什么秘诀啊？人家是大画家，肯定是在云游天下的时候学会的吧。"

"可能吧……比起当模特，我更想吃老师做的菜呢。不知道明天他会做什么呀……"

第二天早晨。

久美子十点多出的门。好天气已经持续了四五天，可今天云层很厚，景色自然也变得昏暗起来。

她有些担心。天气不好，画家还能像往常那样工作吗？不过只是速写而已，之前已经画了两天了，今天应该也会照常进行吧。昨天还说今天要简单地上些水彩呢。

十一点，久美子来到笹岛先生家门口，轻轻按下门铃。照理说不用多久就会出现人影，帮她开门，可今天却半天没有反应。

久美子站了一会儿，见无人应门，就又按了一次门铃。

然而，还是没有人来开门。久美子心想，莫非画家手头有事走不开？昨天和前天都是他亲自来开门的。画家也知道久美子会在十一点多来，而且久美子已经按了两次门铃了，他还不出来，肯定有什么原因。

久美子又等了几分钟，接着再次按下门铃，可还是没有人来。

她想起了院子里的那个老杂工，于是离开门口，来到花园的墙边。围墙很低，能清楚地看见花园的一部分。她看了看花坛和树木，然而连续两天出现在花园里的老杂工竟不见踪影。

久美子只得作罢，回到门口。

这一回，她按了很长时间的门铃，可房里依旧没有动静。究竟是怎么回事啊？难道是画家不在家吗？不，不可能，笹岛画家知道久美子会来，肯定会在家里等候啊，怎么会不在家呢？

久美子还是不愿放弃，又按响了门铃，然而，并没有发生任何变化。这时，久美子发现房门还是反锁着的。

莫非画家还睡着？昨天工作到很晚，疲劳过度，所以睡过了头？门铃的声音应该够响了，这样都没能把他吵起来，看来他一定相当疲惫。

久美子犹豫了：是再等一会儿，还是回家，改日再来呢？

然而，久美子实在没有勇气再按门铃了。她不知所措，最终只能打道回府。

次日一早，前来上班的女佣在家中发现了笹岛恭三的尸体。

笹岛家中有一间四叠半大的西式房间，他一直把这间房用作卧室。女佣发现，笹岛躺在被窝里，已经没有了呼吸。床头柜上倒着一个安眠药的空瓶,旁边还有一个用来喝水的杯子。

警方调查显示,笹岛画家的大致死亡时间为两天前的深夜。

画家并未留下遗书。警方根据现场留下的安眠药空瓶,推测死者是由于服用过量安眠药丧命的,事后的解剖也证实了这一点。

由于画家没有留下遗书,警方也很难判断这究竟是自杀还是单纯的药物服用过量。

画家生前单身,没有其他家人。平时总是独自起居,不知其生活常态。女佣每天早上来,傍晚回去。所以在画家的死亡时间——深夜,家中的确只有他一个人。

警方立刻向这位女佣了解情况,然而并没有发现能与自杀联系起来的线索。女佣证明,画家的确有在睡前服用安眠药的习惯。看来他的死极有可能是服药过量导致的。

这时,负责勘察现场的警部补[1]无意间翻开了画家桌上的写生本。里头有一幅年轻女子的素描,画到一半还没有完工。

警部补歪着脑袋看得出神。画中人究竟是谁?他首先想到的便是,这位年轻的模特与笹岛画家的死也许有着千丝万缕的联系。

---

1 日本警衔之一。位居警部之下、巡查部长之上,一般负责警察实务与现场监督的工作。

9

笹岛画家的葬礼在翌日傍晚举行。

画家没有结过婚,于是几个画家朋友一手操办了葬礼。画家自杀的消息也出现在了报纸上,参加葬礼的人不在少数。

原来有不少人都仰慕笹岛画家。他的画很有个性,有许多与死者并不相识的画迷也来到了会场。

警方派来参加笹岛画家葬礼的警官是铃木警部补。警部补来到画家家中,偷偷观察着葬礼上的宾客。

他发现了一位二十一二岁的年轻女性。一看她的脸,他便不自觉地点了点头。她正是画中的少女!

"这位小姐,"铃木警部补走近这位年轻女性,轻声说道,"这是我的名片。"

他向对方出示了名片。

"我有些关于笹岛先生的问题想问问您,能否请您来这边一下?"

那位女性一看到名片,就老老实实地跟他去了另一间房间。

遗体告别仪式的会场是宽敞的画室，而这间房间与拥挤的画室不同，一个人也没有。警部补看着对面的女子，发现她毫无胆怯的神色，非常冷静，看来她的家教一定很好。

"您是笹岛先生的老朋友吗？"警部补对这位女性产生了好感，面带微笑地问道。

"不，我是最近才认识老师的。"

女子眼圈发红，怕是刚哭过。

"可否将您的姓名告诉我？"

"我叫野上久美子。"

她还说出了自己的地址和单位。

"啊，是这样啊，那您今天不用上班吗？"

"今天是老师的葬礼，我就和单位打了招呼，提早下班了。"

"您说您是最近才认识笹岛先生的，莫非和他的工作有关？"

"是的，老师这两天一直在画我的素描。"

铃木警部补早就预料到了这一回答，微笑着说道："那他是怎么联系上您的呢？"

"是笹岛老师的一位熟人跟我母亲提的。于是我在五天前去了老师家里。也许算不上当模特吧。"久美子回答。

"那就是说小姐您之前完全不认识笹岛先生吗？"

"是的，那是我和老师第一次见面。"

"笹岛先生突然提出这样的要求，想必您也很吃惊吧？"

"是的。"

久美子低下头。警部补一直看着她的表情。

"至于笹岛先生自杀的原因……"警部补平静地说道,"他没有留下遗书,警方也是一头雾水。您也知道他没有结婚,没有其他家人,要了解情况实在是很难。他家有一位女佣,每天来上班,并不住在家里,她也一无所知。您既然给老师当过模特,是不是知道些什么内情呢?"

"不,我什么都不知道……"

警部补觉得,她说的是实话。

"那笹岛先生为什么要找您当模特呢?"

"我也不是很清楚,只听说他要画一部大作,想要在画中加入一个和我比较像的人物,所以就找我去让他画素描了。"

"这件事是从令堂那儿听说的吗?"

"是的。母亲把这件事告诉我之后,我就请了假,和老师约好来三天的。"

"原来如此。那素描画得还顺利吗?"

"嗯,他每天都能画上好几幅呢。"

"好几幅?那几天下来肯定画了不少吧?"

"是的。"

"那他一共大概画了几张呢?"

"我记不清了,不过至少有个八张吧。"

"八张是吗?"

警部补陷入沉思。

"老师有没有说过他会把这些画送人,或是卖掉?"

"不会的,我听说那些都是为了他的新作画的。"

"实不相瞒,"警部补露出为难的神色,"笹岛先生家中的确留下了您的素描。可是只有一张,而且还是画到一半的。您说他至少画了八张，可我们一张都没有找到。画家总不会把画给撕了，或是丢进火里烧了吧？肯定是在某个地方……"

久美子还是第一次听说这件事。

她望向远处，陷入了沉思。八张画究竟上哪儿去了？如果真如那位警部补所言，落入了他人手中，那可真是太令人不快了。她和画家商量好的是"为作品中的人物做模特"，并没有同意他把画交给别人。

然而，八张画都不见了，而且那一定发生在画家自杀前。因为画家死后，肯定不会有人擅自带走画作。

"这件事连他的女佣也不知道，"警部补说道，"她每天早上八点左右去，傍晚就走。她已经在那儿干了四五年了，对画家的生活起居了如指掌。可她也不知道小姐您的素描到哪儿去了。"

警部补停顿了一下。

"不知道为什么，您去当模特的那三天时间，笹岛画家吩咐那名女佣不要来上班。"

久美子想起来了。第一次拜访笹岛老师家的时候，开门的就是画家本人。不过后来有一位五十多岁的女佣给她端来了茶水。当时画家告诉她，为了作画，他让女佣这两天不要到家里来。

"也就是说您是在女佣没去上班的那几天去当模特的？其间有没有发生什么奇怪的事情？"警部补盯着久美子的脸问道。

久美子陷入了沉思。

除了自己上门打招呼的那天，她其实只见过画家两次。原本说好要去三天的，可最后一天跑去画家家里一看，发现门是关着的。她只得打道回府。其实那个时候画家已经一命归西了。前一天分别的时候，画家还是高高兴兴，完全没有要自杀的迹象。他画画的时候也是一脸开心，分别时对待久美子的态度也与前一天如出一辙。他虽是单身，但并不阴郁，反而非常开朗。

久美子把这些事告诉了警部补，只见警官点了点头说："那画家在为您作画的时候，屋里只有你们两个人是吗？"

"是的。"

饭菜与红茶都是画家亲手准备的。屋里的确就只有他们两个人。

但是——久美子突然想起，屋里虽然只有两个人，可花坛那儿还有个杂工呢。她还记得他身上的白衬衫在耀眼的阳光下十分惹眼。

久美子把杂工的事情告诉了警部补。他对此表现出了浓厚的兴趣。

"那个杂工长什么样？大概多大年纪？"警官问道。

"嗯……我也不是很清楚，不过应该上了年纪了。"

"原来如此，那他长什么样呢？"

"这……"

久美子迷茫了。被警官这么一问，她发现自己还真想不起来。不，不是想不起来。那杂工一直背对着自己，她压根就没看见他的正脸，只能从他的动作中判断他上了年纪。

话说回来，那人还戴着一顶登山帽，好像是画家用旧了送给他的。在强烈的阳光下，宽宽的帽檐挡住了阳光，在他的脸上形成一道阴影。

"所以您没看清他长什么样子？"警部补听完之后反问道。

"是的，我没看清。"

"那位杂工和笹岛先生说过话吗？"

"没有，至少我在的时候他们从未交谈过。他一直在打理花坛。"

"那您和画家坐的位置，离那个杂工所在的位置比较远喽？他没走到画家跟前来过吗？"

"没有，一次也没有。"

警部补让久美子在屋里稍等片刻，自己则走出了屋子。二十分钟后他才回到了屋里。

"刚才我去问了那个女佣。"警部补为自己的失陪道歉之后说道，"她说家里并没有请杂工。您第一天来做模特的时候就见到他了吗？"

"是的，我到这儿的时候他已经在院子里了。"

"这样啊……也就是说笹岛画家在女佣没来上班的那几天，雇用了那位杂工。"

这句话并不是对久美子说的，而是他在喃喃自语。

久美子心想，为什么警部补要追问这些事情啊？难道笹岛画家的自杀存在疑点不成？

"我能问您一个问题吗？"久美子问道。

"请说。"

警部补将视线移回了久美子脸上。

"笹岛老师的死因有什么可疑之处吗？"

警部补露出犹豫的表情。然而，他还是决定把真相告诉久美子。

"笹岛画家是因为服用了过量安眠药去世的，解剖也证实了这一点。在他枕边还有一个安眠药的大空瓶，所以说他服用过量安眠药自杀也是说得通的。"警部补说道,"他是自己吃下了安眠药,枕边还有喝水时用过的水杯,上面清楚地留下了笹岛先生的指纹。而且安眠药的空瓶上也只有他的指纹。我们仔细鉴定过了,并没有发现其他的指纹。如果是别人让他吃下的,那就只有可能是混在啤酒或果汁里蒙混过关。可死者胃里并没有发现类似的东西,只发现了少量的水,很明显是吃药的时候喝的。这说明死者是自愿吃下这些安眠药的。"

"那老师是搞错了剂量才……"

"这种情况并不少见。平时吃安眠药的人,用药量会越来越大。女佣说画家每天要吃八九粒。可是……"警部补的表情变得严肃起来,"负责解剖的法医说,画家吃下的药远不止十粒或十五六粒,他胃里至少有一百粒的量。平时吃八九粒的人,偶然吃个十四五粒还是有可能的,可一下子吃一百多粒实在太不合情理了。所以我就产生了怀疑。"

久美子不知该如何作答才好。她和笹岛画家仅有三天的交情。他坐在久美子对面,不时眯起眼睛,用眺望远方的视线看着她的脸。可以说,她只认识手持铅笔作画的笹岛先生。警部补好像也察觉到了这点,于是改变了话题。

"那您是完全不记得那位杂工长什么样子吗?"

与其说是改变了话题,还不如说是再确认一次。

"是的,我真是不记得了。"久美子明确回答道。

"这可真是怪了。女佣说之前家里从没有雇过这样一个人。画家为什么偏偏在那三天里要给女佣放假,然后又雇用了那个杂工呢?"警部补凝视着久美子的脸说道。

久美子回家时，路灯已经亮了。她打开了玄关的栅栏门，听见动静的母亲赶忙走了出来。

"我回来了。"久美子说道。

"别动，别进来，回玄关外面去！"

母亲伸手阻止了她。久美子老老实实地退了回去。只见母亲抓了一把盐，撒在了久美子的肩膀上。母亲在这方面还是很传统的。

"辛苦啦。来，快进来吧。"

之后，母亲又告诉久美子说："节子来了。"

"是吗……"

一进里屋，久美子看见节子铺了张坐垫，坐在花园对面的走廊那儿。今天她穿的不是和服，而是洋装。

"姐姐来啦。"

"你好！"节子微笑着看着久美子说，"这次真是辛苦你了……"

"嗯。"

母亲在节子身旁坐下。三人自然而然地并排坐在了一起。

"你表姐说，"母亲告诉久美子，"她一看报纸吓了一大跳，立刻就赶来了。"

母亲之前告诉过节子，久美子会去笹岛画家家中当模特。所以听说了笹岛画家自杀的消息，她立刻就赶来了。

平日里她们三人一碰头总会笑声不断。可是今天，大家的表情都很严肃。

"怎么样啊？"母亲向久美子问道。

"嗯……葬礼来了很多人。"

久美子简单讲了讲葬礼的情况。

"这样啊……那就好……"

母亲长叹一口气。

"来了这么多朋友,都不知道他为什么要自杀吗?"

"是啊,大家都说不清楚。不过有个警察来找我了解情况了。"

"警察?"

母亲与节子不约而同地朝久美子望去。

"警方好像知道我去笹岛老师家里当过模特,问我有没有关于老师自杀的线索。"

久美子简单讲了讲她和铃木警部补之间的对话。母亲与节子都屏息凝神地听着。

"这样啊……那警方是不是觉得笹岛老师的自杀有疑点啊?"

母亲说着,把视线从久美子转移到节子身上。节子的脸色很难看。

"这我也不清楚。不过那位警官好像的确觉得老师的自杀有些不合情理的地方。啊,差点忘了,警官说老师家里只发现了一张素描,其他的画都不见了!警官再三问我老师究竟画了几张,我说大概八张吧。警方很在意那八张画的下落。"

"这究竟是怎么回事啊?"

母亲脸上也是阴云密布。

"警方也不知道画的去向。要是老师把画送给别人了可怎么办?上面画的毕竟是我的脸啊。想到自己的画在不认识的人手里,总觉得怪难受的,而且那也算是老师的绝笔吧,想到这儿我心里就更不踏实。"

"究竟会落到谁的手里啊?"

母亲的这句话不是对久美子说的,而是对节子说的,话里带着商量的口吻。只见节子的脸色比之前更糟糕了。

"久美子,你没看清那个杂工的长相吗?"母亲也询问了这件事。

"嗯,警察也问了我好几遍,可我真不记得了。他戴着顶登山帽一样的帽子,帽檐很宽,而且他一直蹲在花坛暗处,我根本看不清嘛。"

"他只是女佣不去上班的那几天才在那儿的吧?"节子第一次开口问道。

"嗯,警察是这么说的。女佣说从没有见过他。"

母亲与节子面面相觑。

节子沉默不语,而母亲则皱起了眉头。

"这究竟是怎么回事啊……"母亲喃喃自语道。

"舅母,"节子对久美子的母亲说道,"是泷先生介绍久美子给笹岛老师当模特的吧?"

"嗯,是的。"母亲抬眼说道。

"那您有没有给泷先生打电话,告诉他笹岛老师自杀的消息啊?"

"嗯,我打去他家了,可泷先生不在啊。"

"之后您就没有再打过电话了吗?"

"泷先生家里人说,他昨天早上出门旅行去了,所以我打了也无济于事。"

"昨天早上……那就是笹岛老师的遗体被发现的时候吧?"

"是啊。"

母亲疑惑地望着提问的节子。

"那就是说泷先生不知道笹岛老师的死讯吧？"

"应该是吧。"

昨晚的晚报刊登了笹岛画家自杀的消息。所以，如果没有人联系泷良精，他出门时应该还一无所知。不过他肯定会在目的地看报纸，现在应该也知道了画家的死讯——因为这条消息也会出现在地方的小报上。

"您不知道他去哪儿旅行了吗？"节子问道。

"我也问了，可接电话的是泷夫人，她也没有明说。"

"这样啊……真奇怪，难道连他夫人都不知道泷先生的去向吗？"

"不，我感觉是她不愿意说。所以我也没多问。"

"是他个人去旅行吗？还是世界文化交流联盟派他去出差啊？如果是出差，打电话给联盟事务所应该就能打听到了。"

"节子，"久美子的母亲说道，"你为什么那么想知道泷先生的去向啊？"

"因为……"节子看着舅母回答道，"把久美子介绍给笹岛老师的不正是泷先生吗？所以他要是在外地看见了笹岛老师自杀的消息，应该会打个长途电话来问一问啊。他是介绍人，这点责任还是要负的吧。"

节子的话合情合理。

"是啊……莫非泷先生还不知道这件事？"母亲说不过节子，幽幽地说道。

久美子默默听着两人的对话，总觉得节子对于泷不在家这件事异常关心。

久美子悄悄瞥了表姐一眼，竟发现节子的脸色已是惨白。

四天后，十月三十日。节子所担心的泷先生的消息终于来了。

当时久美子刚到单位不久，应该是十点多吧，母亲给久美子打了个电话。

"刚才啊，"母亲的声音有些急，"我收到了泷先生寄来的加急明信片。本来我想等你回家了以后再说的，可想来想去，还是打算早点告诉你，这才打了电话。"

"这样啊，上面写了些什么？"

久美子心中忐忑不安。

"那我念给你听啊。"母亲照着电话旁的加急明信片念道，"久疏问候。我在外地的报纸上看见了笹岛自杀的消息。这实在是太突然了。把久美子小姐介绍给笹岛当模特的人是我，想必这次的事件定是给久美子小姐造成了巨大的打击，实在抱歉。不过，笹岛的自杀定是另有原因，还请久美子小姐不要放在心上。"

母亲念到这儿，停下来说："就是这样。然后就写了'信州浅间温泉寄'。"

"信州浅间温泉？"久美子重复了一遍。

"嗯，就这些。也没有写旅馆的名字。"

听完泷的明信片，久美子一时间也不知道该如何回答。

"妈妈，谢谢您。"

"今天你会早点回来的吧？"母亲问道。

"嗯，我会尽量早点回来的，不过可能还得上别处一趟。"

久美子这么说，是因为她突然渴望去见见添田。这样一来，回家的时间就会变晚。不过她并不想把要和添田见面的事情告诉母亲。

"那你可得早点回来啊。"

母亲挂了电话。

之后很长一段时间里,久美子都没有心思工作。母亲为她念的那段话,迟迟无法从脑海中抹去。先前节子的一席话,也让她很是在意。

她的心情难以平静,想到要在这种状态下工作到傍晚,真是太痛苦了。久美子心神不定,干脆给报社打了个电话。添田正好在报社。

"前些日子多谢招待。"

添田先为前一阵子上她家做客道了谢。在那之后,他已经有两个多礼拜没有见过久美子了,所以他并不知道久美子去给笹岛画家当模特的事情。

"我有些事情要跟您说,想马上见您一面。我十二点到一点午休,如果您方便的话,我在我单位附近等您。"

"好,"添田回答,"正巧我也有事要到那儿去,抽时间聊个三十分钟还是没问题的。要不在你单位附近的咖啡厅碰头吧?"

"好,那就麻烦了。"

久美子报出咖啡厅的名字,挂断了电话。不用等到傍晚就能见到添田真是太好了。

十二点一过,久美子便离开单位,去了附近的咖啡厅。店门口停着一辆报社的车。

添田就坐在门口的包厢座上,喝着果汁。

"怎么了？有什么急事吗？"

见久美子神色不太对劲，添田脸上收住了笑容。

"添田先生，二十五号的晚报上不是登了画家笹岛自杀的消息吗？"久美子问道。

"嗯，你这么一说我好像有些印象。"

"是这样的……我一直没机会告诉您，其实我之前连续两天都去了那位画家家里，给他当模特来着。老师去世的前一天，不，其实是他去世的当天，我还去过他家呢……"

"哦？你说什么？"

添田松开嘴里的吸管，目瞪口呆。之后他便露出了分外关切的神情，让久美子把事情的来龙去脉再好好讲一遍。久美子说完之后，他又问了不少问题。

最后，久美子提到了泷良精寄到家里的加急明信片。添田露出严肃的表情。

"笹岛先生给你画的素描有八张，可是警方只在他家里发现了一张没有画完的？"他挠了挠头问道。

"是的，这件事警方也问了很多遍。"

"我也觉得笹岛先生应该不是对画不满意，把画撕了或烧了……肯定是落到其他人手里去了。这事有必要好好调查一下。"

"调查？"久美子吓了一跳，"我只是觉得自己的画跑到我不认识的人手里，很难受而已。没必要调查吧……"

"也许你觉得无所谓，不过我觉得这事儿最好仔细调查一下。"

"可是……"

"哦,是我想要查一查,你不用担心。"

添田没有给久美子回旋的余地。

"对了,那几张素描,画得像不像你啊?"

笹岛画家画的是具象画,风格写实。他经验丰富,以久美子为模特画出的素描,自然和久美子很像。

"嗯,"久美子点了点头,"我看过那素描,特征抓得可准了,我看着都怪不好意思的。"

"啊,我也想看一看呢……"

与久美子分别之后,添田立即驱车去了世界文化会馆。

会馆位于高台幽静的一角。这里常有世界各国的外宾到来,建筑物本身也很现代化,非常壮观。附近还有许多外国公使馆。

添田让车停在了门口。

他推开厚重的旋转门,宽敞的大堂映入眼帘,接待处就在角落里。那是个长长的柜台,就像酒店前台一样。

添田走向柜台。两名身着白色制服的服务员站在那里。还有一位打着蝴蝶领结的中年男人,弯腰坐在办公桌后。

添田掏出名片说道:"我是为了泷先生的事情来的。"

正在办公的男子比服务员的反应更快,立刻站起了身。

他戴着眼镜,留着短短的胡须,看上去四十岁上下。他看了看添田的名片,又看了看添田的脸。

"听说泷先生去旅行了?"

添田说着,而对方则露出惊愕的表情。

"是的……"

"我就是来了解这趟旅行的事的。"

没想到打着蝴蝶领结的男子随口说道:"消息真够灵通啊……"

听到这话,添田反倒一愣。事情不简单!——记者的直觉如此告诉他。他的职业本能也让他立马变得不动声色。

"能否接受我的采访?"

男子看了看名片,上面写着一流报社的名字。他一脸为难。

"我知道您很忙,可请您一定答应……"见男子没有立刻作答,添田赶忙补充道,"我也知道泷先生去了浅间温泉。要是直接采访泷先生,肯定要花些时间,所以想先问问会馆这边。"

添田的虚张声势奏效了。男子无可奈何地说道:"这里说话不方便,这边请。"

他走出了柜台。添田内心激动不已。

打蝴蝶领结的男子把添田带去了门廊,那儿能俯瞰到一个纯日式的宽敞庭院。泉水在阳光下泛着光,附近的桌边围坐着几个外国人,看上去是一家子。周围绿意盎然,衬得人脸都有些发绿了。

"请。"男子示意添田坐下。

"您的消息可真够灵通的。"男子再次感叹道。

消息灵通——添田在脑中飞速分析着这句话的意义。肯定是出事了!而且是泷良精身上发生的变化。做出这个推测用不了他多少时间。

"泷先生为什么辞职了?"

添田豪赌了一把,不过他对自己的推论信心十足。

对方果然上钩了。

"我们也想不明白。"他一脸困惑地道出实情,"毕竟他是在旅游的时候寄来了辞呈。"

"啊！？"添田反倒一时惊讶得结巴起来，"那他、他辞职的原因是……？"

"说是健康出了问题，想要休息休息，而且还是写信辞的，我们都没法追问……"

"恕我冒昧，"添田忽然想起了什么，"请问您是？"

"我是总务课的主任。"

"是这样啊，真是失礼了。那您收到泷先生寄来的辞呈之后，有没有立刻打电报或是长途电话确认他的意向呢？"

"问题是，我们就是联系不上他。"总务课主任的表情越发困惑了，"信上只说他在信州浅间温泉，也没说在哪家旅馆，想发电报也没法发啊。"

添田听到这儿，意识到泷的辞呈与寄到久美子家的明信片是用同一种方法寄出来的，上面都没有写他入住的旅馆。

"泷先生以前流露过辞职的意思吗？"

"不，他以前从没提过这事儿，所以我们也觉得很突然，都不知道该怎么办才好。"

"他的健康情况怎么样？"

"嗯……泷先生的身体还挺好的，我从没见他生过病，实在难以想象他会因为健康原因辞职。"

"如果健康问题只是借口，那泷先生辞职的真正原因又是什么呢？您有头绪吗？"

"完全没有啊，泷先生来我们这儿之后，我们联盟的业绩上去了不少。我们也希望他能继续领导我们联盟。这次的事情真是晴天霹雳，这该如何是好啊。"

打听到这么多就足够了。添田谢过主任，站起身。

"添田先生,"总务主任在他身后说道,"我们还不想把这件事公开,在泷先生去留的处理决定下来之前,我们不希望这件事见报。还请您体谅。"

"我知道了。请您放心,我不会立刻公开的。"

添田露出微笑,让对方放心。

他的眼前浮现出厌恶自己的泷良精的脸庞。

10

添田彰一回到了报社。

泷良精辞去了世界文化交流联盟的理事一职——这件事本身并不足以成为新闻。联盟只是个文化团体,并没有很重要的社会地位。只是泷良精本是这家报社的总编,与报社多多少少有些关联。然而,即使这条消息有那么些新闻价值,添田也不准备把它告诉任何人。

添田想要查清泷究竟住在浅间温泉的哪家旅馆。信封上写着的温泉的名字应该不是假的。

添田走去通信部,让他们联系松本分部。十分钟后电话就接通了。

他并不认识接电话的人,不过从声音推测,对方还很年轻。对方说自己姓黑田。

"我有件挺麻烦的事情想拜托您。"添田打了个预防针。

"请说,是什么事啊?"

"我想找一个住在浅间温泉的人。"

"好，浅间温泉不远，而且联系起来很方便，没问题。请问他住在哪家旅馆？"分部的人问道。

"麻烦的就是我不知道旅馆的名字，要是有名字就方便多了，可我一点儿头绪都没有。浅间温泉大概有多少间旅馆啊？"

"嗯……二三十家吧。"

"这么多啊？"

"不过一流旅馆没有那么多，您要找的人平时会住好旅馆吗？"

平时肯定会。然而从东京仓皇逃至浅间温泉的泷良精也有可能故意选择二三流旅馆。

"这……我也不清楚。"

"是吗。请问那人叫什么名字？"

泷良精——这个名字差点就说出口了，可添田还是把话吞了回去。他毕竟是报社的前任总编，即便是年轻的分部员工肯定也听说过。这时说出这个名字就麻烦了，况且他也不觉得泷会用真名住宿。

"我觉得他应该会用假名，至于他用的是什么假名就不清楚了。能不能请您根据他的长相来找？"

对方有些发愁，默不作声。

"我知道您很忙，可能不能帮我这个忙啊？"

"哦……帮忙是可以，但是又不知道旅馆，又不知道名字，查起来会很麻烦啊。"名叫黑田的分部员工头疼地说道。

"实在对不起。"添田道了个歉，"可我真的有急事要找这个人。我会把他的长相特征告诉您的，能不能帮我跟旅馆那边打听打听？"

"嗯……好吧，您请说，我会尽力的。"

"那就拜托了，他的特征是……"

添田说了说泷良精的年龄、面部轮廓、发型、眼睛、眉毛、鼻子、嘴巴、整体印象等等。对方好像在拿笔记录，回答的声音越来越轻。

"我知道了，"分部员工的声音又变响了，"那找到之后要我立刻通知您吗？还是需要我们这边做些什么？"

"找到了之后千万不要让他本人发现，直接通知我就行。"

"好的，那我这就打电话问问。有了结果我会立刻通知您的。"

分部员工再次确认了添田的姓名后，挂断了电话。

添田回到了自己的办公桌。想到也许要两三个小时才能等到松本分部的回电，他有点坐立不安。

政治部长正在自己的办公桌前和客人说笑着。这位部长是泷良精的得意弟子，这次的事情要是被部长知道了可就糟了。添田故意去通信部打电话，正是为了避免电话的内容被部长听见。

前一阵子部长刚提醒过添田。他听说添田在采访战时外交的奇闻异事，明确表示最好不要继续进行了。添田觉得，这绝非部长个人的意见。他见过泷良精之后不久，部长就发表了意见，也许是自己的采访让泷感到了不快，于是泷就联系了部长，让他阻止添田。

泷良精明显不想提及在中立国病死的一等书记官野上显一郎。见添田前来采访此事，他便起了戒心。添田总觉得部长是在泷的示意下提醒自己的。

部长突然大声笑了起来。客人正要站起身，突然，通信部的年轻员工来到添田身后说道:"松本分部有人找。"

添田正要朝通信部走去,只见部长的脸突然转了过来。添田感觉到了部长灼人的视线,可部长不可能知道这通电话意味着什么。

拿起通信部的听筒,对方就立刻说了起来。还是刚才那个人。

"找到您要找的那个人了。"

"是吗,太谢谢了!"

添田激动不已。

"我也不确定究竟是不是那个人,不过我一说大致特征,对方就说有个从六天前开始入住的人很像。"

一个人——听到这儿,添田确定,那就是泷良精,绝对没错。

"是哪一家旅馆?"

"叫'杉之汤'。在浅间温泉虽然算不上数一数二,可也算是一流的了。"

"原来如此,那他是用什么名字登记的啊?"

"山城静一,年龄写的是五十五岁,职业是公司职员,地址是横滨市鹤见区××町。"年轻员工说道。

中午十二点三十分,添田抵达松本。

添田没有去分部,而是直接从车站打车去了浅间温泉。

秋高气爽。穗高的山脉覆盖着厚厚的新雪,在阳光照射下闪闪发光。稻田里只剩谷茬。从车窗往外看去,沿途是一望无垠的苹果园,红色的果实挂在枝头。

浅间温泉位于缓坡上方。整座小镇沿着这条坡道而建,呈细长形。旅馆的名字各有特色,井筒之汤、梅之汤、玉之汤等等,而杉之汤位于温泉最深处,再往里走就是山坡了。

添田在旅馆门口下了车。

走进大门，女服务生们立刻迎了出来。添田让她们喊来了账房的负责人。

"请问是不是有一位山城静一先生住在这儿？"

出面的是一位三十多岁的掌柜。

"哦，山城先生是吧，他今天早上退房了。"

糟了——添田心想。昨天对方在电话里说，泷良精已经住了六天了，他曾考虑过他退房的可能性，果不其然……早知如此，就该让分部的年轻人帮忙盯着才是。

"他直接回东京去了吗？"添田失望地问道。

"这……他没说他要去哪儿。"

"他是什么时候出发的？"

"嗯……应该是七点半前后吧。"

添田看了看贴在柜台后的列车时刻表。松本有一班新宿方向的慢车，八点十三分发车，也许泷良精坐的就是这一班。

"这是我的名片。"添田取出名片，递了过去。

"请问那位客人出什么事了吗？"

见对方是报社记者，掌柜立刻表现出了兴趣。

"哦，没什么大事，只是我在找这个人而已。请问他住店之后有没有寄过信？"

"啊，寄过！当班的女服务生还向我拿过邮票，我记得很清楚。"

肯定没错。那个"山城静一"正是泷良精。那封信，肯定是寄给世界文化交流联盟事务局的辞呈。

添田这才掏出泷良精的照片。

"请问是不是这个人?这是他以前的照片,比现在年轻一些,请您仔细看看。"

掌柜接过照片一看就说:"就是他,错不了。以防万一,我去把当班的女服务生叫来吧?"

不一会儿,女服务生就来了。二十七八岁的样子,个子很矮,胖嘟嘟的,声音有些沙哑。

"啊,是他,不过照片上的他好年轻啊。"她仔细看过照片说道。

"那位客人,"添田向她问道,"来旅馆时,是怎样的境况?"

"你是指什么?"女服务生睡眼惺忪地望着添田说道。

"就是……怎么说呢,他有没有做出什么奇怪的举动?"

"嗯……没有啊,他很少说话,每天泡泡澡,看看书什么的,还去周围散个步。感觉很沉稳,很绅士。"

"这样啊……那他住店期间有没有打过电话?"

"没有,没打过,也没有人给他打电话。"

"那肯定也没有人来拜访他吧?"

"您是问从外头来的客人吗?"这时,女服务生脸上出现了添田始料未及的表情,"有啊,有客人来找过他。"

"哦?有人来过?"

"是的,就是昨天晚上,有两位男性客人来找过他。"

添田大惊失色。

"能不能跟我详细说说?"

掌柜见两人要谈上一段时间,就建议道:"您请进吧!"

他把添田带去了大门旁的会客室。

这里是专门为等候的客人准备的,还放着一台电视。墙上挂着风景照片。

"太打搅了!"

添田明明不是客人,还受到如此礼遇,着实让他有些诚惶诚恐。坐在对面的女服务生也显得有些不自在。

"是昨晚八点多吧,"女服务生说道,"我正好在门口摆鞋,这时有两位男客人进门。他们都是三十岁左右,体格特别壮。他们跟您一样,描述了一下我们店里那位客人的特征,问店里有没有这么个人。"

"什么?他们也描述了特征?没有直接说出客人的名字吗?"

"是的,他们说自己的朋友可能隐姓埋名住在这里,我知道就是那位客人,就说请二位稍等,我去问问,就跑到那位客人的房里去了。"

"原来如此……"

"然后那位客人一脸惊讶,思考了很长时间。最后好像下了决心,说,我直接去门口见见他们吧。然后他就真的自己去门口找他们了。"

"他们互相认识吗?"

"不,住在我们店的客人好像不认识那两位客人,可对方好像认识我们店的客人。那两位客人毕恭毕敬地鞠了躬,说有事要谈,请让他们进去吧。我们店的客人就说,请进,把他们带去了房间。"

"原来如此……然后呢?"

"然后我就端了三杯茶过去，可刚走到走廊，就听见了很响的说话声……"

"很响的说话声？"

"是的，我也不知道该说不该说……就像是在吵架一样。我也觉得偷听人家说话不好，不知道该怎么办，最后还是鼓起勇气拉开了纸门。我一开门，里头的客人立刻就不说话了。在我摆茶水的时候，他们都很尴尬，好像在等我出去一样……"

"请等一下！您在走廊里有没有听见他们在吵什么？"

"说话的主要是找上门的那两位客人，我也只听了一部分，不明白究竟是怎么回事，好像说了什么'自作主张逃到这儿实在是太不像话了'……"

添田心想，这一点非常重要。他虽然不知道拜访泷良精的两位三十多岁男子究竟是谁，但他们认定泷是"逃"来的，还上门质问他，这究竟是出于什么原因？如果和泷没有特殊关系，是肯定问不出这种问题的。而且，女服务生说三人在门口见面时，泷并不认识那两个人。

"然后呢？"

"然后我就不知道了。我也觉得不能在房里久留，急急忙忙下楼去了，之后他们说了什么我也不清楚。"

"是这样啊……那两位客人在旅馆里待了很长时间吗？"

"不，没待多久。大约三十分钟后，他们就下楼，去了门口。"

"住店的那位客人也和他们一起下来了吗？"

"是的，他是来门口送人的。"

"当时是怎样的情况？"

"嗯……没什么特别的,就是送客人离开的那种态度。不过他们都没怎么说话。两位客人离开的时候,都只是用眼神示意了一下。其中一个说了句打扰了,可总觉得是在我面前装出来的。"当班的女服务生回想起当时的情景,用沙哑的声音说道。然后,她突然想起了什么:"对了对了,当时住店的那位客人的脸色很奇怪!"

"奇怪?"

"脸色惨白!而且好像很不高兴的样子,送完客人就回房去了。"

"之后你就再也没见过他?"

"不,见过,我还要去收拾,帮他铺床什么的。"

"当时那位客人表现得怎么样?"

"房间窗边有条走廊,他就把藤椅放在那儿,坐在上面,呆呆地望着窗外。在我收拾房间、铺床的时候,他好像一直在想事情,一句话也不说……"

听过女服务生的证词,不难想象两人的造访给泷良精造成了巨大的打击。他们究竟是何方神圣?他们并不知道泷良精使用的是"山城静一"这个假名。然而,他们却知道泷良精身在浅间温泉。从这一点看,他们所掌握的消息与添田的极为相似。

"没过多久,他就给柜台打了电话,说明天一早就退房。"

"在那之前他没有说过什么时候走吗?"

"嗯,没说过。我们还以为他会再多住两三天呢。因为他第一天来的时候说,要在这儿好好放松放松。第二天早上我给他送饭的时候,他好像也在想事情,饭菜也只吃了一半。"

"他来这儿以后一直那么心事重重吗?"

"不，刚来的时候还好。他总是一个人看书什么的，有时候我去房间里打扫，他还会很高兴地问问我温泉的事情和旅馆的情况。所以见他离开的那一天突然情绪大变，我也觉得很不可思议。"

"我还有一个问题：那位客人退房时，有没有让你拿张列车时刻表给他看看？"

"没有，大概他自己有时刻表吧。"

"也许吧……对了，他是七点半出发的对吧？松本车站有一班八点十三分的列车，回东京的人都会坐那趟车吗？"

"不，那辆是慢车，去东京的客人很少坐。九点三十分有一趟松本始发的急行列车，大多数客人都会坐那班列车回去。"

添田向旅馆员工道了谢，离开了旅馆。

一出门，穗高山便迎面耸立。在蔚蓝的天空下，白雪覆盖的山顶异常显眼。

添田回到了松本站。

泷良精应该是八点多出现在这里的。添田想把泷的体貌特征描述给进站口的员工，打听打听他上了哪辆车，或是买了哪个方向的车票。然而这个车站的人流量很大，添田明白他问了也是白问。

他抬头看了看列车时刻表，发现除了上行列车，十点零五分还有一班下行列车开往长野。他一直以为泷肯定会往东京去，可仔细想想他也有可能坐下行列车。如果他要坐这趟十点钟的列车，没必要七点半离开旅馆，也许他是为了避免昨晚的那两名男子再次造访。

只要坐上长野方向的列车，肯定能换乘前往北陆的列车。既然已经仓皇逃离东京,泷继续逃亡别处的可能性也很大。

既然如此,泷肯定考虑过自己的下一个目的地。他可以看着时刻表独自思索,当然也可能找人商量。

添田将视线投向车站旁边的观光咨询所。

屋里有两名员工。他们身后的墙上贴着印有高山的海报。

添田向员工问道:"今天早上八点到八点半之间,有没有一个五十五六岁的人来咨询过?"说着,他还从笔记本里掏出了泷的照片。

工作人员接过照片回答:"啊,他啊,来过来过。"

添田猜中了。

"他是不是来咨询旅游路线的?"添田不动声色地问道。

"是的,他问我哪儿有带点田园风光的温泉可以去。"工作人员回答道。听到这儿,添田心想果然很像是泷良精会做的事。

"那也就是信州的温泉吗?"

"是的,我给他看了很多地图,告诉他有哪些地方可供选择,他好像很犹豫的样子。"

"最后他定了要去哪儿吗?"

"定了,他说奥蓼科看上去很不错。"

"奥蓼科?"添田眼前浮现出秋日高原下的高山温泉,"那他有没有订下哪家旅馆?"

"这倒没有。毕竟那里一共就只有四家旅馆,没什么好挑的。"

添田离开了咨询所。

泷果然坐了八点十三分的上行列车。这趟列车在十点十五分左右抵达茅野。想必泷现在已经在某家旅馆休息了。

添田来到检票口，毫不犹豫地买了张前往茅野的车票。

他坐上了下一班列车，一点四十分发车。

秋天的白天十分短暂。浅朱色的阳光洒在松本盆地的苹果园上。

昨晚前来拜访泷良精的那两个体格健壮的男人究竟是谁？

添田上了车也没有歇着。

他们好像吵了架，可究竟是为了什么？

旅馆的女服务生说，他们来旅馆的时候并不知道泷良精住宿时使用的假名。他们和添田一样，描述了泷良精的体貌特征。也就是说，他们一直在追踪泷良精。恐怕他们去各家旅馆都问了个遍吧。

泷并不认识那两个男人。女服务生说，他好像是第一次见到他们。从这一点看，这两个男人肯定是不请自来。添田不知道他们为何会吵起来，但不难想象泷并不欢迎这两位客人。女服务生说，她把来客的消息告诉泷时，泷露出了不快的神色。

添田猜测，泷突然逃离东京，躲到浅间温泉，与这两名男子的访问有着千丝万缕的联系。在两名男子追踪来的那个晚上，泷良精决定退房离开。他并没有回到东京，而是选择了比浅间温泉更为偏僻的奥蓼科作为藏身之处。

泷一定是嗅到了某种危险。他之所以匆匆逃离东京，肯定也是因为恐惧！

这种恐惧，也许与他将久美子介绍给笹岛画家当模特这件事有关。也就是说，笹岛画家的自杀也好，泷良精的逃难也罢，都源于久美子。当然，并不是久美子本人，而是她的父亲野上显一郎！

"有人在威胁泷良精！"

添田抬起眼。不知不觉中,列车已经抵达了上诹访站。有不少泡完温泉的游客上了车。还有十分钟就到茅野了。

列车离开车站,开始爬起了陡坡。

11

添田在茅野站下了车。

站前停了四五辆大巴,可都是开往上诹访的。一问才知道最近前往蓼科方向的车次比较少。夏天车次明明还很频繁,但一到秋末,车次就会骤然减少。

下一班前往蓼科的巴士要一个小时之后才发车。添田等不及了,立刻包了辆车开往目的地。

汽车穿过茅野镇,朝山区开去。这座小镇有很多历史悠久的房子。各处都是寒天[1]制造厂的招牌。寒天是这儿的特产。这一带的冬天异常寒冷。

一个坡道接一个坡道,汽车在中途路过了好几个小村庄。这条乡间小路修得还不错,一到夏天,城里人就会纷纷来到这里避暑。

在列车车窗眺望的八岳山正面,此时坐在出租车里望过去已成侧面。汽车行驶了一个多小时之后,到达了海拔一千两百米的

---

[1] 也叫琼脂,是红藻破壁技术的萃取物,卡路里很低,含大量天然纤维质,是很受欢迎的减肥食品。因为过去必须在寒冷干燥的冬季制造,因此得名寒天。

位置。这一带的白桦和落叶松的叶子都掉光了，只剩下了光秃秃的枝丫。整座山都失去了色彩。

右边的湖水泛着波光。这一带的路面缓缓倾斜，山腰的树林中隐藏着红色与蓝色的屋顶。盆地位于遥远的山下，远远看去特别狭小。

添田并不知道泷良精会选择哪一家旅馆。从这一带开始有涩之汤、明治汤等温泉，但这些温泉的交通非常不便。他准备先去交通方便的泷之汤看一看，就让司机开了过去。如果泷不在那儿，干脆就在那儿住一晚上，明日再去其他温泉找找。既来之则安之吧。

泷之汤只有一家旅馆。

添田在旅馆门口下了车，眼前滚过团团热气。

这座旅馆有三层楼高，规模还算大。添田当即掏出了泷良精的照片询问服务生。反正他肯定不会用真名，用照片是最便捷的方法。

"这位客人的确住在我们旅馆。"女服务生看了看照片回答道。她还以为添田是警察，露出担忧的神色。

"我是记者，想要见见这位客人，能否请您引见一下？"

添田正要取出名片，女服务生回答道："那位客人现在不在房里，他散步去了。"

添田朝外头看去。

晚秋时节的蓼科高原，在湛蓝天空下已初露冬色。没有一个人影。

"他去哪儿了？"

"大概是上山去了吧，那里有一片私人别墅。有条路能直接从这儿通上去。"

女服务生用手指了指方向。

"那我也上去转悠转悠好了。如果我在半路上遇见了那位客人,就和他一起回来。"

添田把行李箱寄存在了前台,走出了大门。

冒着热气的河流上架着一座桥。桥另一头的路和来旅馆的路是两个方向。过了桥,坡度突然变陡。

草地已开始泛黄,白色的芒草随风舞动。这一带是夹杂着红土的石子路。

添田来到了一片开阔地。这里有四五家餐馆和一座竞技场一样的建筑物。大部分店都关着门,只有夏天才开门迎客。入口处的拱形门上写着"蓼科银座"的字样。

人很少。只有几个在此居住的别墅居民,还有徒步旅行的背包族。

添田在坡道上走着,四处寻找泷良精的身影,然而在宽阔的视野中并没有发现他的人影。

又爬了一段路,添田看见了一家吃茶店[1]。路分成了两条。

添田走进了吃茶店。这家吃茶店除了点心,还有草鞋和登山杖卖。整家店里就只有添田一个客人。

"沿这条路一直往前走能到哪儿啊?"添田指着右边那条路问道。

"一直走就会翻过蓼科山,到高野町。"吃茶店的大妈说道。

"高野町?"

---

[1] 和中国茶馆不同,日本的吃茶店除茶饮外,还提供咖啡、点心等。

"是啊,那里有火车去小诸。"

"要走很长时间吗?"

"那是当然,得一大早出门才赶得及,而且还要翻过一个山头。"

泷应该不会走那条路。添田选择了另一条路。

走着走着,就来到了别墅地带。几乎每一户人家都紧闭门窗。落叶松林深处,屋顶若隐若现。秋天微弱的阳光照射在白桦树皮上。

一只松鼠在添田眼前蹿了过去。路上没有一个人,万籁俱寂。

泷究竟走了哪条路?添田的眼睛没有歇着。这里又出现了好几条岔路。山谷对面,雾峰的轮廓缓缓下落。茅野镇就隐没在轮廓深处。

山里的空气凉飕飕的。道路两旁堆着落叶。添田脚下总能踩到松果,吱吱作响。添田吸进肺里的空气如玻璃般凛冽锐利。

没有一丝声响,也没有一个人影。所有别墅都上着锁。不仅是私人别墅,就连公司和银行的宿舍大门也贴着封条。蓼科湖在远远的山下,犹如一面小巧的镜子。临近冬天的蓼科山的主色调是茶褐与深黄。

翻过一座小山坡之后,添田看见一名男子沿着下山的路走了过来。他应是当地人,穿着劳动裤,背上还背着个竹篓。

"今天天气真好啊。"

男子还以为添田是别墅的主人,打了个招呼正要离开,添田赶忙停下脚步。

他描述了一下泷良精的体貌特征,问他有没有见过这样一个人。

"啊，这个人就在前头走呢。"

添田道了谢，与男子告别。

泷良精果然走了这条路。添田加快了脚步。

又翻过一个小山坡。

走着走着，添田再次来到那家吃茶店附近，这时，一条岔路上闪过泷良精的身影。直到添田走到他身边，泷良精才发现来人竟是添田。他大惊失色，眼睁睁地看着添田步步逼近。

添田鞠了一躬，走近泷。

"泷先生，您好。"

"……"

泷半天没有吱声。看来他吓得不轻，眼睛瞪得大大的。

"我可找到您了。"添田说道。

这时泷终于开口了。

"你一路追到了这儿？"

泷一开始还怀疑这会不会是个偶然，然而听完添田的话，他不禁再次感到惊愕。

"我原以为您在浅间温泉，就找了过去，发现您不在，就立刻赶到这儿来了。"

泷阴沉沉地迈开步子，脸色有几分惨白。

添田和泷沿着宽敞的红土路缓缓下坡。

"你找我有什么事？"泷平静地问道。那表情与在东京见面时丝毫无异。就好像他完全不为添田远道而来寻找他的努力所动。

"听说您辞去了世界文化交流联盟的工作？"

添田知道这一次泷已无处可逃，于是就开门见山地提问了。如果是在东京，泷还能说一句"失陪了"，站起身躲开，可这里就用不了这一招了。只要他不拔腿逃跑，添田就能一直黏在他旁边。

"嗯……"泷无可奈何地点了点头。

"好突然啊，这究竟是为什么啊？"

"我问你！"泷突然提高了嗓门，"这种事儿还能成新闻么？我辞去联盟的工作这件事，值得你一路追到这儿吗？"

转瞬之间，泷转入了反击。似曾相识的冷嘲热讽在泷的侧脸上毕露无遗。

"值得！"添田早料到他会如此反问，立刻拿出准备已久的答案。

"哼！你倒说说。"

"您对联盟的工作一向满腔热情，也把联盟的业绩苦心经营到一个新的高度。这样的您，居然会如此突然地辞职，而且事先没有和其他理事商量，这本身就是一条新闻。况且我们报社的主管都让我追查到这儿了，这就说明主管也觉得这件事有新闻价值。"

添田其实是请假来的。然而，即使谎言在事后被捅破，他也觉得现在只有撒谎一条路可走。

泷又默不作声地走了起来。添田的脚尖踢到的小石子在路上滚动。添田盯着石子。两人都低着头走路。

"也没有什么特别的原因。"泷轻声说道，"只是累了而已，想休息休息，就是这么简单。"

"可是泷先生，"添田赶忙说道，"这样也应该和联盟的主管们商量商量啊，我觉得依您的性格，应该不会不打一声招呼就擅自辞职的。在我们看来，您这次是把辞呈甩给了联盟。"

这句话让泷有了反应。泷的脸上现出动摇的神色。

"你这话当真？大家都是这么想的？"

"有一部分人是这么想的。如果事实并非如此，还请您把辞职的具体原因告诉我。"

一旁的树林里，伯劳鸟轻身飞起，抖落下几片枯叶。

"我只是累了而已。"泷依旧不肯松口，"每个人递交辞呈的方法都不一样，如果让对方产生了不快，也可以事后弥补。这种事情也是有前例的。"

"那您是突然觉得很累，所以提交了辞呈吗？"

"是的。"

"没有其他原因吗？"

"没有。"

小路转进了树林深处，没走几步，一片开阔地又出现在眼前。这一回八岳山的侧面豁然可见。山上长着密密麻麻的杉树，形成一片焦茶色的斑点。

"我知道了。也就是说不是什么内部纷争吧？"

"绝对不是，怎么可能会有什么内部纷争。"泷断然否定。

"那我会照实写的。"

"拜托了。"泷说道。这还是他第一次说"拜托了"。添田觉得有些意外。他以为泷并不喜欢自己，然而他却发现泷的表情和言语竟开始示弱起来。这里是山区，不是东京，也许是山中小道上的散步，带来了一丝亲近感吧。

"泷先生，"添田说道，"这就是我一路追到这里的原因，我要问的已经问完了。不过我还有另一件事想问问您。"

"什么事？"

"泷先生，您认识笹岛画家吗？"

添田不动声色地瞥了泷一眼。对方的神色看起来十分紧张。

"认识。他是我的朋友。"泷低声回答。

"报社的前辈也是这么跟我说的。您知道他去世了吗？好像是在您出发之前……"

两人转了个弯，沿着坡道往下。

一个男人牵着一匹没有装配马鞍的马迎面走来。

"我知道，我在浅间温泉的旅馆看了报纸。"泷的嘴唇紧抿，一个字一个字地往外挤出回答。

马蹄在干燥的地面踩出响声，离两人越来越远。

"是吗……想必您一定很吃惊吧？"

"那是当然。那可是我的朋友啊……"

"有人说笹岛先生不是病死的，而是自杀的。如果真是如此，那他自杀的原因究竟是什么呢？在我出发来到这里之前，搜查当局也没有头绪。泷先生，您既然是笹岛先生的好朋友，肯定有线索吧？"

泷突然翻起了口袋，原来是为了找香烟。他想用打火机点火，可半天没有点上。今天天气很好，根本没有刮大风。

"没有。"他深深吐出一口烟，回答道，"我和笹岛已经很长时间没见面了，怎么会知道他为什么自杀？"

一男一女两个徒步旅行者爬了上来。欢声笑语传进耳中。

空气清新澄澈。远处山峰的褶皱都能看得清清楚楚。

泷良精的表情比之前越发僵硬。很明显，添田的话吓到了他。

"其实，笹岛先生的死存在着疑点。"添田说道。

"疑点？什么疑点？"泷一本正经地反问道。

"笹岛先生……"添田看着前方云层下连绵不断的高山轮廓

线说道，"他本来准备画一幅大作，还特意请了一位年轻姑娘当模特，连续三天去他家的画室。然而这三天时间里，笹岛先生特意让家里的女佣不要去上班。这可真是怪了，既然叫来了模特，不是更应该让女佣留下来招待客人吗？为什么不让她去上班呢？"

两人来到茶屋前。再往前走就能走到旅馆了。蓼科湖越来越近，已能看见湖畔的植物。

泷良精一脸痛苦地听着。

"还有一件怪事。笹岛先生为那位姑娘画了八张素描。他本人也很喜欢那位姑娘，所以才画了这么多速写。可是在他去世之后，那些画却全都不见了，仅留下一张画到一半的。当然，也可能是笹岛先生自己把画撕了或是丢了，但警方连一张纸片都没有找到。我刚才已经说过，画家很喜欢那位模特，也很积极地画素描，想必那些画肯定很不错，所以我觉得他不太可能会把画撕毁。这就说明，画是被人偷走的。真是不可思议，为什么会有人偷走这些画呢？那位小姐可是一位良家女子。"

添田故意没有报出野上久美子的名字，反倒是泷先交了底。

"那位模特是我介绍的。"泷忍无可忍，主动道出了实情，"素描丢了这件事是真的吗？"

"真的。原来是您帮忙介绍的啊？"

"我认识那家人。笹岛打电话让我找模特，我就想起了她，于是推荐给了笹岛。"

泷的脸色越来越惨白。

两人走过了一片针叶林。云影在高原宽广的斜面上缓缓移动，原野的颜色也时刻变幻着。

添田装作刚听说这件事的样子:"这我还是头一回听说,原来还有这样的联系……这位小姐,是您在工作中认识的吗?"

"不,是我一位老朋友的女儿。"

"那这位老朋友认识笹岛先生吗?"

"和笹岛没关系……那人已经死了。"

"过世了?"添田装出大感意外的神色,"是吗?"

这时,泷良精尖声说道:"我说你啊,这事和笹岛的死有关系吗?"

"啊,没什么关系。不过我总觉得那位小姐的素描被盗这件事有些蹊跷,所以就冒昧地向您提问了。"

"我劝你最好不要再查这些无聊的事情了!"泷带着些许愤怒的语气说道,"不要打探别人的私事。笹岛是我的朋友,我不想让他变成你们挖掘新闻材料的对象。再者,人都死了,继续调查不仅没有必要,也很失礼!"

这还是泷第一次开口表示抗议。

"是吗?"添田平静地回答,"新闻,就是要不断追求真相。当然,在这个过程中不能失了礼数,可是不让事情不了了之正是我们的职责所在。您是我的前辈,我在您面前说这些可真是班门弄斧,不过我觉得您应该是能体谅的。"

"你……"

泷突然语塞了。他意识到自己有些激动,赶忙压抑了一下情绪。

"这我明白。"他恢复了平静,"人生中会发生各种各样的事。谁都有不想被别人知道的秘密。活人还有权利辩解,可死人就没有了。"

"您这话是什么意思？"年轻的记者追问道。

"添田，"之前泷从来没有瞧过添田一眼，可现在，他竟直视着添田，"这世上有许多难事。有些人没来得及告诉别人就死了……我也不敢说自己没有这样的秘密。然而我现在还不能说。"

"那总有一天……"

"总有一天……"泷的声音里好像混杂着沉重的叹息声，"是啊，等我快死了，也许就能说了吧。"

"在您快死的时候？"

添田不禁凝视着泷的表情，只见他的脸上渗出一丝复杂的微笑。

"眼下我还死不了，没事。你看——"泷举起手，"我正在如此美丽的乡间散步，深感生命之美好。添田，我还死不了呢。你要盼我死，估计是没希望了，你还是把这件事给忘了吧。"

那并非之前冷淡的泷良精。此刻泷对年轻晚辈的关怀，如秋日暖阳一般细腻无声。

添田与泷并肩走进了旅馆。

他已经没有更多问题要问泷良精了。因为泷不会再多说什么。添田本想在这里住一晚，事已至此，已无必要。

"给您添麻烦了。"添田从前台取回行李箱后，站着向泷道别。

"你这就回东京去了吗？"泷竟流露出些依依不舍的表情。

"是的，直接回去。"

"看来我没帮上你的忙啊。"

也许是添田的心理作用吧，泷良精的嘴角似乎露出一丝寂寥凄凉的微笑。

"哪里哪里，倒是我多有失礼。泷先生，您准备在这儿久留吗？"

泷过了好一会儿才回答说："恐怕暂且先这样吧。"

"一直住在这家旅馆吗？"

"这就说不好了。"泷望向别处，"也许会一时兴起去别的温泉看看。现在我还没什么计划。"

添田心想，泷要是离开这里，肯定会换一个更为冷清偏僻之处。

"我今天就会回到东京，您需要我帮您带话给您家里人吗？"添田不禁问道。

"不用，"泷立刻摇了摇头，"不必了。谢谢。"

离别的时刻到了。泷一路送添田走出大门。

"告辞了。"

从旅馆到巴士车站，要爬一段坡。

添田走过旅馆前冒着热气、飞驰而下的瀑布，朝车站走去。走了好长一段路后回头一看，泷还站在远处的旅馆门口。

坡道从白桦树林间穿过。

三名客人在车站等车。一个是扛着猎枪的中年男子。剩下的一男一女年纪很轻，背着背包。

等了一会儿，巴士呼啸着爬上坡来。

五名乘客下了车。他们都是当地人，手上拎着从山脚的镇上买来的东西。在发车前，司机蹲在悬崖边上吞云吐雾。

正要发车的时候，另一组徒步旅行的男子跑了过来。他们手上拿着结了果的通草，成熟的果实裂开一条缝，露出黑色的种子。仔细一看,前方那对男女的背包里也插着龙胆花呢。

巴士开始缓缓下坡,下坡路就在落叶松林旁。巴士驶过蓼科湖。

添田感觉泷良精知道笹岛画家之死的内情。提起这件事时,泷脸上写着惊讶,但也有预料之中的神色。泷一定知道些什么。

还有一件事添田没能问出口,那就是泷为什么要从浅间温泉仓皇逃至蓼科的山区。前一天晚上,有两名不速之客来到浅间温泉拜访了他。而且,通过旅馆员工的证词,不难想象他们并不是受欢迎的客人。泷来到此地,与这两位访客有着密不可分的联系。

添田很想搞清那两人的真实身份,这个问题几乎已经到了嘴边。然而,他还是把问题咽了回去。他总觉得这个问题对泷太残酷了。泷露出的前所未有的软弱表情,让添田对泷无法不放下以往的成见。

巴士上没几个人,大家坐得很散。一男一女靠在一起聊着天,两名男子好像有些累,在闭目养神。扛着猎枪的男子掏出笔记本,不停写着些什么。只有巴士窗外的景色在不断向后飞去。

窗外的景色变得越发普通。可以看到一片片枯萎的桑园和谷茬满地的农田。一棵高大的榉木下有一尊守路神,供奉在神像前的橘子已经变了颜色。

巴士开进一座小村庄,一座破旧的小学出现在眼前。操场上拉着小旗帜,好像在开运动会。有不少人来看热闹。戴着红白两色头巾的孩子们在拼命奔跑。

开过小学不久,有一辆出租车迎面开来。

路很窄,添田所在的巴士又很大,为安全起见,双方都开得很慢。

添田漫无目的地透过车窗,看了看即将开过的出租车。添田的位置比较高,只能看见一半车窗。不过他还是看见车里坐着三个男人。坐在两侧的人穿着黑乎乎的西装,中间那个穿着茶色的衣服。既然走了这条路,应该是去蓼科温泉的客人吧。

添田心想,原来这个时候也有人去泡温泉啊。现在已经五点多了。

出租车开过之后,巴士再次加速。

添田忽然对刚才那辆车里的三个人警惕起来。他不禁想到了泷。前往浅间温泉质问他的是两名男子,而刚才那辆出租车里有三个人。把他们和泷良精联系在一起显得有些牵强。

然而,想法一旦产生,就很难从脑中抹去。

添田感到一缕不安。他的直觉告诉他,那三个人也许是去找泷的。添田回头望去。然而,出租车已经开到了桑园间的小路,掀起阵阵白烟。添田差点就想折回去了。可要是他猜错了呢?要是什么事都没有发生,他却折了回去,要如何面对泷良精?

巴士已经快开到茅野町了。

等我快死的时候,也许就能说了吧。

泷的喃喃自语回响在添田耳边。

12

翌日，添田彰一一到报社，就向相关记者打听警方对笹岛之死的鉴定结果。

"那件事啊，"负责的记者轻描淡写地说道，"警方认定那画家的死是意外。"

"意外？是服药过量吗？"添田确认道。

"是啊。"

"可……不对啊！"添田提出反对意见，"那种安眠药至少要吃一百多粒才会致死，那女佣不是说笹岛画家枕边留下的空瓶里只剩下三十多粒药了吗？即使全吃光也死不了啊。"

"也有人抱持你这样的怀疑。"记者没有反对添田，"解剖中的确发现了相当于一百多粒安眠药的剂量。警视厅也考虑过你说的可能。可是他们未发现有人强迫他吃药的证据。这条线索也就无从追查起了。"

添田与那位记者道了别。

刚来上班的同事在添田身边坐下。

"早啊，你昨天去哪儿了？"同事微笑着问道。

"有点累，就去信州那儿转了转。"

添田收回思索的眼神，朝同事看去。

"这样啊，那儿的秋色肯定很美吧。"

"嗯，好久没呼吸过那么清新的空气了。富士见附近的铁路旁长满了花花草草呢。"

"是吗，果然和东京不一样啊。"

同事忽然想起了什么："对了对了，昨天有好几个电话找你呢！"

"是吗？谢谢，是谁打来的啊？"

"我接了两次，第一次是一个年轻女性的声音，第二次则是上了年纪的女人。她们问你在不在，我说你请假了，她们好像很失望呀！"

"别开玩笑了，快把对方的名字告诉我。"

"我可没开玩笑，她们还吩咐我等你回来了让你赶紧回电呢。她们都姓'野上'。"

听到这儿，添田赶忙站起身。

他出发去信州寻找泷良精时，本想告诉久美子一声，可想来想去还是作罢了。久美子和她母亲都不知道自己请了假。添田的预感告诉他，在他离开东京的这段时间，野上家一定出事了。

他并没有在同事面前打电话，而是特意跑到一楼，使用了大门口旁边的公用电话。这样就不用担心对话被人听见了。

他首先给久美子的工作单位打了个电话。

"野上小姐从昨天开始请了三天假。"久美子所在课室的女同事这样说道。

"请了三天假？是去哪儿旅行啊？"

"不，她说家里出了急事……"

添田挂了电话，心中忐忑不已。

他赶忙打去了野上家。

"我是添田。"

接电话的是久美子的母亲孝子。

"啊，是添田先生啊。"电话那头的孝子听起来很兴奋。

"不好意思，昨天我有些事情去信州跑了一趟。您昨天是不是给我打过电话？"

"是啊，我和久美子各打过一次。听说你出门去了，没能联系上你，真是太遗憾了。久美子本想在出发前见你一面，和你商量的呢。"

"出发？久美子小姐出门去了吗？"

"她去京都了。昨天下午出发的。"

"究竟出了什么事？"

"我想和你商量的也是这件事。知道你回东京我就放心了。"

"请问……"添田着急了，"究竟出什么事了？"

"电话里说不清楚，如果你方便的话，能不能在下班后来一趟？"

"不，我这就来府上。"

添田挂了电话。他实在等不到下班时间了。久美子突然去了京都。肯定是出事了。他真想尽快知道发生了什么事，偏偏还是这个时候……添田心中涌起阵阵不安。

添田回到三楼的编辑部，告诉同事自己有点事要出去一趟。

坐电梯下楼的时候，他遇见了个熟人，可添田不顾对方搭话，一到一楼就冲出了电梯。他打了辆车，朝杉并区的久美子家赶去。

从有乐町到目的地大约有四十分钟车程。添田在车中焦急不安。各种想象袭上心头。久美子为什么会突然跑去京都？未知的事情总会带来焦躁与担忧。昨天怎么就没老老实实留在报社呢！添田后悔不已。

野上家的花柏围墙沐浴在微弱的秋阳中。从房门到玄关还留有扫帚扫过的痕迹，与平时无异。

添田按了门铃，没过多久门就开了。久美子的母亲探出头来。

"您好。"

"请进。"

孝子已经等候多时，立刻让添田进了屋。

"久美子小姐去京都了？"添田打过招呼之后，开门见山地问道。

"是的，事出突然……"

"究竟出什么事了啊？"

"昨天我还想跟你商量来着……"

"昨天我应该跟二位打声招呼的，真是对不起。"

"不不，没关系。只是没能和你商量成真是太遗憾了。最后实在没办法，只能我们自己拿主意，让久美子去了京都。"

"到底出什么事了？"

"实不相瞒……久美子收到了一封信。"

孝子早有准备，从怀里掏出了信封，摆在添田面前。

"请看吧。"

添田看了信封，收信人是久美子，背后写着"山本千代子"的字样。写得很漂亮的钢笔字。信封本身是很常见的白色双层样式。

添田抽出信纸。这是两张对折过的薄信纸,信用打字机打成:

致野上久美子小姐:

突然致信,深感歉意。

我手中有几幅笹岛画家为您画的素描。我是因某种机缘得到这些画的,其详情不便奉告。但我可以明确告诉您,那绝非不正当手段。

我想见您一面,亲手将素描还给您。笹岛画家已经去世了,我坚信这些画作应该回到您的手中。想必您看到这封信后定会起疑,还请您一定相信我,来京都一趟吧。我本可以将素描邮寄给您,但我更想借此机会见您一面。很遗憾的是我今晚就要启程去京都了,无法在东京将画交给您,只能麻烦您大老远跑一趟了。车费我已放在信封中,请您一定收下。

我向您保证,绝不会加害于您。至于我为什么想见您,等见面之后我会详细告诉您。请您相信,一切都是出自我对您的一片好意。

其实通过某种手段收藏了笹岛画家的素描,也是缘于对您的一片好意。

如果您愿意赏光,还请您单独前往以下场所。如果在指定时间的前后一小时内您没有出现,那就说明我们有缘无分,我也会就此作罢。

十一月一日(周三)正午

京都市左京区南禅寺山门附近

（我会从上午十一点到下午一点一直恭候您。）

又及。您可以在其他人的陪同下前往京都，但还请单独前往南禅寺的指定地点。如果您对这封信起疑，也请一定不要拿到警察局去。请您相信我，我对您只有好意，绝无邪念。

　　　　　　　　　　　　　　　　　　山本千代子

读完信，添田抬起眼，兴奋之情让他满脸通红。

"这信很奇怪吧？"孝子看着添田的表情说道。她微笑着，仿佛在安抚添田的惊讶。

"我们母女都不认识这个山本千代子。连听都没听说过。添田先生，你觉得这信会是谁寄出来的啊？"

添田盯着提问的孝子。然而，他从孝子的表情中读不出她的想法。

添田犹豫了。他有个猜想，却不知道该不该告诉孝子。他观察着孝子，猜测她的想法是不是和自己一样，可是并没有十足把握。

"这……我也不清楚啊……"添田先选择了最保险的答案，"伯母，您觉得呢？"

"我觉得她手里的确有笹岛老师的素描。"

孝子的口气还算冷静。添田也同意她的意见，点了点头。

"我觉得寄信人的确是想把画还给久美子，只是想亲手交给她而已，所以才没有把画寄回来吧。之所以选择在京都见面，也许是她因为某些原因不得不离开东京前往京都，就像信里说的那样。"

"伯母，那她为什么不在信里表明身份呢？"

"我也怀疑过这一点,我们都怀疑过这一点。不过……她应该有她的难处吧。"

"难处?"

添田凝视着孝子。

"我也说不清楚,"孝子低下头说道,"不过我猜测这位寄信人和笹岛老师的死有些关联。至于有什么关系,我也不知道该怎么说,总之寄信人就是因为这个原因才会采取这种方法吧。"

"对方肯定知道您二位没有听过'山本千代子'这个名字。况且这封信都是用打字机打成的,如果是外国人,或是公司信件也就罢了,可这种私人信件也用打字机……我总觉得有些奇怪啊。"

"我也觉得很奇怪。不过也许是对方有特殊的难处吧。我总觉得让久美子和寄信人见面,对久美子来说也是件好事。"

添田略感惊讶,又朝孝子望去。然而她的表情并没有明显的变化。

"对久美子小姐来说是件好事?此话怎讲?"他不禁咽了咽嗓子。

"我也不知道,只是有这么种感觉。人总会把希望寄托在这些虚无缥缈的事情上……"

添田盯着孝子的眼睛。她也盯着添田。一瞬间,两人目光炯炯地相互对视。

添田屏住呼吸,但孝子先岔开了视线。

"那伯母您就把久美子小姐一个人送去京都了吗?"他低声问道。

孝子露出复杂的表情。

"我觉得还是和警视厅的人商量一下比较好,就把这封信的事情告诉了一位警官。警官看了看,说要一起去京都。"

"什么?警官?那他和久美子小姐一起去了吗?"

"是的。"孝子低下头,"其实我并没有报警,可是外甥女节子跟她丈夫亮一说了这件事。你也知道他是个大学副教授,担心得不得了,觉得还是和警察说一声才比较安全,于是就变成这样了……"

"那就糟了啊!"添田不禁大声喊道,"警官要是跟久美子小姐去赴约可就坏事了啊!"

"我也不想这样,可亮一就是不肯听……他说要是久美子有个万一可怎么办啊……"

"可是伯母,我觉得寄信人是不会加害久美子小姐的。所以她单独去京都也没有关系的啊!"

"我也是这么想的,但是经过种种考虑,我还是听了亮一的建议,让警官跟着一起去了。"

"那位警官姓什么?"

"是铃木警部补。他对笹岛老师的死因一直有所怀疑。"

"警方不是认定笹岛画家的死是意外吗?"

"话是这么说,可铃木警官总觉得事情不是那样,而且久美子去参加葬礼的时候认识了铃木警官。出于相互认识的关系,久美子就把这封信给他看了。于是铃木警官提出要陪久美子一起去,我们也没法拒绝啊……"孝子的头低得更深了,"况且铃木警官也体谅我们的难处,说只陪着久美子去京都,绝不会跟去见面的地方,而且信里也说有人陪没有关系,我们就同意了。"

铃木警部补真的会如孝子所相信的那样,让久美子一个人去赴约吗？不，恐怕不会。他一定会去确认与久美子见面的人。他就是为了这个才陪久美子去京都的。

当然，他不会明着和久美子一起去赴约。然而，他的跟踪究竟能不能骗过对方呢？

为什么我昨天没有留在东京呢！——后悔之情再次袭上心头。久美子赴约的日子就是今天。添田看了看表，一点整。没错，这正是信上指定的最晚赴约时间。

添田回到了报社，可是并没有心思工作。他只写了两三篇简单的报道，思绪总会情不自禁地飞向远在京都的久美子。

"添田！"部长喊道，"你去一趟羽田吧，现在才两点半。"

"哦……是采访什么啊？"

部长见添田闲着，分配了任务。

"四点前会有一班SAS[1]的班机着陆。去出席国际会议的山口代表就在那班飞机上。估计他也说不出什么来，你姑且去听一听吧。"

"哦……好，要带上摄影班的人吗？"

部长想了一下，随口说道："嗯，随便找个人就行。"

看来部长也没把这次采访当回事。想到自己被分配到的是这种工作，添田郁闷不已。

他立刻带上摄影班的年轻摄影师一起驱车前往羽田机场。

抵达机场之后，他们才发现SAS班机要延误一个小时到达。

---

1 北欧航空公司Scandinavian Airlines System。

"没办法……喝个茶吧。"

添田带着年轻的摄影师,走进了国际航线休息大厅的小商铺。

"国际机场休息大厅的气氛就是不一样啊。"摄影师说道。周围有很多外国人。宽敞的候机室满是送别的人。

年轻的摄影师不时和添田搭话,可添田很少回答。他正在整理自己杂乱的思路。

——久美子究竟有没有见到寄信的那名神秘女子呢?

摄影师百无聊赖:"还要等一个多小时呢。"

"没办法,谁让飞机晚点呢。"

添田所在的位置,能透过玻璃门看见一部分大厅。这时,他突然在一群体面人物中看见了一个熟悉的身影。

外务省欧亚局某课课长,村尾芳生。

村尾正与外务省的其他官员谈笑风生。他的侧脸和外国人一样略微发红,花白的头发打理得整整齐齐。参加完国际会议的代表要回国了,外务省的官员应该是前来接机。添田将采访村尾时的印象,与他那端正的脸庞重叠起来。

眼前的村尾课长,正在优雅地与人交谈。机场广播了SAS班机晚点的消息。

姗姗来迟的班机终于落地了。出席了在北欧某城市举办的国际会议的日本代表在舷梯上挥着手,缓缓走下。

那是个满头白发、极为富态的男子。他以前是大使,可之后的官运并不亨通,不过因为那极有派头的外表,经常被派去参加无关紧要的国际会议。

外务省官员们前去迎接这位前辈,点头哈腰。村尾芳生课长也对代表鞠了一躬。

这场国际会议并不重要,前来接机的局长等人也只是例行公事。

添田决定采访完代表之后,再和村尾见个面。之前他造访外务省的时候受到了冷遇。他想趁此机会再见村尾一次,看看他有什么反应。村尾课长也是知道野上显一郎之死真相的人之一。

关于野上之死,添田已经有了一个大概的想法。他在构思见到村尾之后该如何提问。对方自然不会对添田说老实话。

事已至此,关键就是村尾课长会对添田的问题做出怎样的反应。也就是说,添田想要试探一下对方的心理。抛出一个话题,让对方说出相关的话或反话。对方肯定会选择把话往反方向拉,在分析对方回答的同时,再仔细观察表情的变化,这样一来就能从他身上挖出真相了。

看着外务省的官员们与代表谈笑风生,添田不断完善着自己的提问策略。

他们终于寒暄完了。

面对不那么重要的代表,媒体也很冷淡。包括添田所属的报社在内,到场的不过四五家报社而已。可是代表还是决定召开一场记者招待会。地点位于机场大厅的特别会议室。

添田并不想听代表说废话,他只想尽快见见村尾。局长等人一直坐在候机室的沙发上,等待着代表的记者会结束。

代表的话毫无意义,根本没有一丝报道的价值。他本人倒是兴高采烈地说着会议的经过。然而,这些事并不会对国际形势产生任何影响。

添田有一句没一句地听着,随手记着笔记。这种报道写得再长，上报的时候最多也就五六行。

可代表却越说越起劲，甚至聊起了各国代表的传闻轶事。原定十分钟的招待会，在代表的强烈要求下延长了。他自以为是站在华丽的国际舞台上的"弄潮儿"。曾经当过大使的他，还抱着那不切实际的梦想。

其他报社的记者居然还多此一举地提起了问题。

添田真想中途离开，去见见村尾课长。然而在代表离开房间之前，村尾课长肯定会和其他局长一起等候在大厅。况且独自溜出记者招待会跑去找村尾课长，定会受到局长等人的注意，也会引起对方的戒心。添田只得忍受代表的连篇废话。

终于说完了。一行人离开了特别会议室。

代表来到等候已久的局长等人身旁。记者们的工作结束了，纷纷走下楼梯来到机场门口。

添田告诉摄影师他还有事要办，让他先回去。

"你用公司的车回去吧，我一会儿打车回去。"

代表被前来接机的官员们团团围住，前呼后拥地走下宽敞的楼梯。

添田瞪大双眼寻找村尾课长。

然而，他竟不见踪影！

一行人总共十二三人。除了局长，还有陪同而来的事务官。可是人群中并没有村尾那极具特征的脸。

莫非村尾课长有事落在了后头？添田往后看去，可还是没见到他。这时，一行人已经到了楼下，等候轿车开到门口。

添田喊住其中一位事务官问道："请问村尾课长在哪儿？"

年轻的事务官知道添田是记者，就帮忙找了找。

"怪了,他不在……"

"刚才不是在的吗?"

"是啊,究竟去哪儿了啊……"

这位事务官还帮着问了问其他事务官。其他事务官也四处看了看,好像也不知道村尾课长的去向。

"好奇怪……"事务官也觉得很是不可思议,"刚才还在的……"

他问了两三位同事,可谁都不知道村尾课长的去向。

其间,一行人陆续上了车。

这时,添田终于等到了回答。只有一个人知道村尾的下落。

"村尾课长啊,他有些私事先回去了。"

糟了!添田心想。早知如此就该早些溜出无聊的记者招待会才是!多好的机会啊,太可惜了。

村尾课长说是"有私事",可添田觉得他是中途开溜了。

然而,当他从楼上的国际候机大厅来到楼下的国内候机大厅时,他发现自己想错了。正好有一班前往大阪的班机开始登机,大厅里响起了广播声。

等候已久的旅客们站起身,朝登机口走去。工作人员开始检查旅客们的登机牌,按次序放人。

添田与旅客们之间的距离很远。他下意识地想:村尾课长不会在那群人里吧?这种想法并没有根据,只是一种直觉而已。

添田快速朝人群走去。

这时,先办完手续的旅客已经开始朝飞机移动了。不过要走到停机坪,需要经过九曲十八弯的走廊。添田没想到自己的直觉竟会如此准确,连他自己都大吃一惊——村尾课长不就在那人群之中吗？

村尾课长正独自朝飞机走去。

添田眼睁睁地看着他越走越远，消失在了停机坪的照明灯中。

对同事宣称有私事先行一步的村尾，其实坐上了前往大阪的飞机。添田本以为他是有其他事，没想到那私事竟是坐飞机。当然，坐飞机从东京到大阪并不是什么大事。只是同行的事务官竟无一人知道村尾的行踪，这让添田对课长的大阪之行顿生疑心。

13

久美子入住的旅馆位于祇园后的一条小路上。那一带有好几家类似的旅馆。旁边就是一座名叫"高台寺"的寺院。

京都的房子有一个特征：入口很小，进门之后的走廊很深。紫红漆的柱子极具当地特色。

清晨，久美子在钟声中醒来。她住的房间位于旅馆深处，正对着寺院的本堂。

寺院屋顶上微微露出高山一角。已过早晨八点，山上还凝着霜冻。

信上指定的时间是正午。对方特意说明，会从上午十一点等到下午一点。

久美子打算在十一点整准时赴约。

"坐车去南禅寺的话只要十分钟。"当班的女服务生告诉她说。

话说回来，还真是封神秘的信。寄信人手里居然有笹岛画家给自己画的素描。她并没有明说是怎么从死去的画家手中得到这些素描的。不过，她明确表示：自己绝没有使用不正当手段。

寄信人要亲自把画交给久美子。而久美子对"山本千代子"这个名字一无所知。

久美子一开始以为，这名女士也许与笹岛画家关系非同一般，所以才会得到那些素描。画家去世后，为大作而准备的素描不再有用，自然想把素描还给模特本人。

可是想法越简单，漏洞就越多。寄信人应该是东京人，这次去京都旅游。可她又何必在旅游期间特意把久美子叫去呢？最为可疑的是，笹岛画家是服用安眠药过量猝然去世的，照理说他并没有时间把素描交给别人。

那一系列画为某次展览而作，尚未脱稿，画家生前应该不会把未成品交给别人。而且，画家对那几幅素描非常满意。不，不仅如此，他还想再多画两幅。如果他不用再画了，也没必要让久美子继续去画室啊。

寄信人是怎么得到素描的暂且不论，更诡异的是，如果她真的有意把素描还给久美子，只须邮寄不就可以了嘛。信上再三强调对久美子只有"好意"没有"恶意"，可她的做法也太令人费解了一点。

还有一点很是奇怪：这封信不是手写的，而是用打字机打的。如果是政府部门或公司的公文，用打字机也无可厚非，可这是一封私人信件，用打字机打绝不正常。

纵然心中万千疑虑，久美子还是主动来到了京都。她不仅想要拿回自己的素描，更想知道为什么画会在画家死前不翼而飞。

既然画家不可能将画交给别人，那就意味着寄信人是在画家死后得到这些素描的。而且，她使用的绝不是普通的手段！

如此想来，丢失的八张素描一定是寄信人擅自拿走的，所以久美子才产生了"寄信人山本千代子与画家关系非同一般"的想法。在久美子当模特的那段时间里，画家给平时来上班的女佣突然放了假。而在久美子没进门的那天，即使山本千代子单独潜入画家家中，也无人可知。

问题是，那人为什么要从画家手中拿走自己的素描呢？

久美子对笹岛画家的突然离世一直心存疑问。诚然，解剖结果显示，他的确是因为过量服用安眠药去世的。

即使有了解剖结果的证明，久美子依然觉得画家的暴毙并非意外。她并没有证据，只是这种感觉挥之不去。

母亲不反对久美子前往京都。表姐芦村节子也附和母亲的意见。

对方要求和久美子单独见面。而节子的丈夫芦村亮一对此事极为担忧。他主张最好和警视厅的铃木警部补商量一下。节子赞同丈夫的建议，母亲也同意了。这并非久美子的本意。可最终，她只得同铃木警部补一起来到京都。

铃木警部补也住在这家旅馆。

警部补考虑到久美子的想法，尽可能不和她见面。可是和警部补住在同一家旅馆，让久美子觉得自己好像被人监视了一样，很是不快。警部补的职责是保护自己免遭危险，然而从久美子的角度看，自己的自由也受到了束缚。铃木警部补出席了画家的葬礼，还向久美子了解过情况。当时他给久美子留下的印象并不坏。久美子甚至很佩服他，觉得他是个热心工作的人。在警方判断笹岛画家是意外身亡之后，他依然执着地进行着调查。

然而，即便有亲戚的建议与警部补的善意，久美子还是觉得这种"护卫"是在帮倒忙。当然,警部补很清楚信件的内容。他已经把信抄在笔记本上了。

这不,早晨他已经派女服务生来了两次,询问久美子的出发时间。

"我绝不会给您添麻烦的。我会根据信中的要求,在旅馆里等您从南禅寺回来。我绝不会去南禅寺,请您放心。"

久美子想遵照信中的要求行动,所以她强烈要求警部补留在旅馆里。警部补也是一口答应。

十点半,久美子让旅馆帮忙叫了辆车。她也通知了铃木警部补。信上说的见面时间是正午,但对方应该会从十一点等到下午一点,整整两个小时。

而且她也想尽早见到那位山本千代子,向她问个究竟,一扫信中的疑点。

"车来了。"女服务生前来通知久美子。

久美子沿着长长的走廊走到门口,只听见铃木警部补的声音从身后传来:"您要出发了吗?"

铃木警部补的房间在楼下。久美子正好走过了他的房间。警部补还穿着旅馆的棉袍。

"我去去就回。"

久美子轻轻低下头。她虽然没有请求铃木警部补陪她一起来,可还是想感谢一下警部补的辛劳。见他没有换衣服,久美子放心了不少。

"一路小心。"警部补露出稳重的微笑。

女服务生送久美子上了车。

出租车开过圆山公园旁，从粟田口开往蹴上。一路上非常安静，两旁都是大寺院。

过了蹴上，宽敞的马路变成了下坡道，路旁还有水渠。行人很少，车辆也少。这里就在东山山脚下。

开过一座小桥之后，就进入了南禅寺内。果然距离旅馆不足十分钟车程。

树木突然多了起来。沿着林间小路开了一会儿后，出租车停下了。

"这里就是山门。"

久美子告诉出租车不用等了，可以直接回去。

茂密的树丛从两侧的白色墙壁探出头来，小路尽头是一间方丈小屋。左侧的松树林里能看见古老的山门，右侧则是一堵长长的白色墙壁，好像是南禅寺的别院。

信中指定的见面地点就在山门附近。放眼望去，除了有一个年轻人在同一只大狗玩耍，再无其他人影。

看了看表，十一点整。久美子沿着小路朝山门走去。那儿又有一片松树林，栽的都是赤松。松树下方长着密密麻麻的低矮植物。

临近正午，阳光却很微弱，因为是秋天的缘故吧。阳光透过松树林，星星点点地洒在草地上。

抬头一看，山门很是雄伟，遮天蔽日，连屋顶和房檐都被挡住了。由于逆光的关系，昏暗的部分形成复杂的栅格。建筑物本身历史悠久，显得有些发黑，近看感觉有点脏，木纹也裂开了。

久美子站在了山门的石基上。还是没有人来。反方向的松林那儿倒是有几个和尚在说话。周围静悄悄的，久美子就在这一片寂静之中默默等候。

她一会儿爬上石阶，一会儿又走下石阶，还走进松树林里看了看。对方指定的见面地点是山门附近，她只能到处转悠。

走进山门，正对面就是法堂。久美子百无聊赖，便走去法堂正面看了看。爬上几层石阶后就是法堂的入口了。抬眼一看，昏暗的正面摆着三尊金铜佛，沐浴着微弱的光线，两侧是两根粗大的柱子，上面挂着禅宗的警句。石地板上还摆着专供得道高僧打坐用的禅椅。旁边铺着榻榻米，上面也放着椅子。也许是因为站在明亮的户外参观，屋内庄严的氛围竟让人有些背脊发凉。

这时，身后远处传来了热闹的人声。

久美子回头一看，发现十四五名男子朝山门缓缓走来，里头一个女性也没有。

久美子离开法堂，朝北侧走去。那里的路与久美子来时的一样，白色的墙壁一路绵延，墙后是参差不齐的雄伟屋脊，甚至还有三重塔呢。

游客人影憧憧，有的仰看山门，有的手抚门柱，还有一人让大家排好队，用相机拍了照留念。

久美子漫不经心地看着眼前的一切，忽然发现松树林对面有一个女性的身影。久美子心里咯噔一下——此时时间是十一点五十五分。

久美子凝眸望去，来人是个年轻女性。她并非独身一人，一名男子追了上来，和她并排走着。

久美子并不知道山本千代子的年龄，也想象不出她是不是年轻人。只是久美子一心想着她定会一个人赴约，见到眼前这一幕才想到，啊，她也有可能带上同伴一起来。

为了让对方更容易认出自己，久美子朝山门走去。那群团体客拍完照，朝法堂方向去了。

一男一女仰望着高大的山门。他们好像完全没有注意到久美子的存在，连看都没有看她一眼。他们朝方丈小屋所在的方向走去。

不是他们……

久美子有些失望。

照在红松树干上的光线不断变幻，阳光似乎也更加强烈了。现在已经是十二点二十分了。

地面上铺了一层白色的沙子，在微弱的阳光下显得甚是耀眼。白色的地面上，还有山门屋顶那巨大的阴影。

刚才的人群与一男一女离开之后，山门又恢复了原本的状态。

久美子越来越无聊了，然而她的内心又有一种说不出的烦躁，让她忍不住朝下车的地方走去。由那里看过来，山门在松树树枝的缠绕下，显得尤为美丽。一盏古老的灯笼隐藏在树影之中。

路旁的白色墙壁后，有一座优美的建筑，看上去像是尼姑庵。进门一看，发现门上挂着"正因庵"字样的匾额。围墙旁有一条小溪，水声潺潺。

这时，有车顺着坡道开了上来。那不是出租车，而是进口轿车，还不止一辆，是三辆。

久美子转头一看，车正好开了过去，只见车里坐着的都是清一色的外国人，其后的两辆车里也都是外国人。外国女性如火焰般火红的头发甚是显眼。

看来，来京都观光的游客，也会来南禅寺参观。三辆车径直开到了只能看见白色墙壁的方丈小屋前。

久美子又顺着原路折了回去，可还是没有看见任何人迎面走来。白色的那条路是一条下坡路，两侧的树木郁郁葱葱。

一看表，已经是十二点四十分了。就快要过了信中指定的正午时间。还有二十分钟，就是见面的最后期限了。

在明亮的阳光中，只有时间在无情地流逝。

如果不需要等人，久美子还能开开心心地参观一下。这毕竟是一座历史悠久的古寺啊。赤松林在秋日暖阳之下形成了一片令人心旷神怡的景色。多么静谧啊！

久美子相信那封信绝不是恶作剧，对方也一定会来的。然而，她原以为对方会提早在这里等候，没想到现在却让她干等这么久。久美子渐渐开始不安起来。

不经意间，她看见刚才那群外国游客从方丈小屋出发，朝山门走去。里头有男性也有女性。外国女性大红大绿的鲜艳着装，为秋日风景添上了一种浓烈明快的气氛。外国人总共有十个。他们还带着翻译，边走边打着手势，介绍着些什么。女性的茶色和亚麻色头发，在碧绿的松树林中异常显眼，就像是一滴亮色的颜料泼洒在绿色画布之上。

还是没有人来。久美子担心自己一直站着不动定会让人生疑，于是又朝山门的方向走去。

在山门正面，外国游客对支撑山门的大柱子很感兴趣。饱经风霜的柱子，露出了一根根细如发丝的纹理。

导游用英语和法语向游客们介绍着寺院的情况。

外国游客们大都上了年纪，有的已白发苍苍。他们大都身材高大，但也有个别例外。女士基本都有丈夫相伴。他们看起来是一群正在享受人生、四处观光的老年环球旅游者。他们静静地听着导游的讲解，有的盯着楼门仔细观察，有的轻抚历史悠久的柱子。

孤身一人的久美子好像引起了这群外国人的注意，他们看着她窃窃私语起来。久美子两颊绯红，赶忙走开了。她默默地朝另一堵长长的墙壁走去。那是一栋细长的建筑，周围有许多和尚来往，看来是僧堂吧。

从这里也能看见山门。只要山本千代子一出现，久美子就能看见。外国游客们陆续离开了山门，似乎又返回了方丈小屋那里。轿车还没有开走。

周围又回到了空无一人的状态。

白沙上的大屋顶的影子越来越长。

有人来了，可惜是个男的，而且还是个高中生，手里提着照相机。

这位学生拍起了山门正面的照片，还绕到侧面拍了几张。他好像在构思构图，这里走走，那里晃晃，完全无视久美子的存在。

高中生离开之后，又来了一家人，还带着孩子。

已经过了下午一点。

她不会来了。

对方约定正午见面，还特意留出了前后两个小时，可见她的慎重。如此周到的一封信，其内容绝非玩笑。

可她就是不来。

不应该啊……久美子认定，对方一定会来。之所以没有准时出现，肯定是出了什么事，阻碍了她的脚步。这样一想，久美子反而担心起对方的安危了。

久美子一直等到一点半，还是不愿意离开。要是自己刚离开，对方就来了可怎么办。即使对方迟到了，她也不愿意错过。好不容易从东京来了一趟，真想亲口问问她是怎么从笹岛画家手中得到了那些素描。

然而,久美子对毫无变化的景色已越来越厌倦了。她朝方丈小屋走去。从小屋那儿也能看见山门。轿车还停在原地。她忽然想起,南禅寺的庭院在日本也是数一数二的。

久美子对山本千代子已不抱任何希望。

既然好不容易来了一趟,久美子干脆买了张门票,进了寺院。

她漫步在幽长昏暗的走廊。路上有箭头标示参观路线。沿着箭头走,穿过两侧是杉板门的走廊,眼前豁然开朗,已到方丈小屋中庭。这座庭院是寺院最出名的景点。

背朝瓦顶板心泥墙的地方摆放着石头假山。龙安寺的庭院里就只有石头,可这里却有花有草。院子呈长方形,拦腰一分为二,另一边铺满白色的沙子。扫帚留下的痕迹恰似波纹。

刚才那群外国游客正在参观,他们站在宽敞的走廊上,眺望着庭院的景色。还有人举起相机拍照,或是交头接耳。导游继续用英语和法语介绍。

久美子为了不打扰他们,远远地站在一边。庭院里的石头假山如同海边的悬崖一般突兀。

阳光在光滑的石头上形成细细的褶皱。

外国游客们参观得很是认真。其中还有一对外国夫妇走到栏杆附近,坐在木板上。见他们如此肃穆地鉴赏日本庭院,可以看出他们之间稳固的夫妻关系。

那位女士用丝带扎起一头金发,非常漂亮。她看上去已经四十七八岁了,但长得很标致。其他女性的衣服都是艳丽的颜色,但这位夫人的衣服却不那么显眼。

一旁的男性好像是她的丈夫,他的头发全白了。阳光下的白发非常炫目。他戴着墨镜，并拢双腿站着，两手相握，垂在身前。虽说是外国人，可他的鼻子不是特别高，五官的轮廓也不是那么立体。这群外国游客中有三四个人的面容挺像东洋人的。这位戴着墨镜的外国人也是如此，而且他的肤色也不是很白。

在久美子进来之前，他们就开始参观了，可他们完全没有离开的意思，还留在原地仔细地观赏着。他们好像想借此机会把东洋之美牢记在心。久美子折了回去，小心翼翼地不发出脚步声。

她还是很在意写信叫她来的人。她担心对方在自己参观的时候突然出现。

离开昏暗的方丈小屋，久美子再次被屋外的光亮笼罩。山门就在正面，一看就知道有没有人在。

还是一个人也没有。

久美子走了过去。建筑物一头突然冒出几个人影，原来是三名男性。他们看见了久美子，但只是瞥了她一眼，就往松树林里去了。

山本千代子还是没有来，时间已经快两点了。

那封信难道是骗她的吗？还是对方突然遇到了什么事？久美子知道，自己再等下去也是徒劳。她带着遗憾，快步走了回去。

忽然，她看见方丈小屋入口处有两个外国人朝这边看了过来。不过他们好像是在观赏山门。她看见其中一个人戴着黑色墨镜，想起他们就是刚才仔细观赏庭院的那对外国夫妇。

久美子正要下到正因庵门口。山本千代子会不会在她下台阶的时候迎面走上来呢？

对面出现了一个人影。是个男人，好像在四处散步。透过树木之间的缝隙，久美子看见了对方的着装——是铃木警部补，他果然来了，他果然在暗中监视着久美子。不，警部补是在等待与久美子见面的人！

警部补没有遵守与久美子的约定。出门时他还穿着旅馆的衣服，让久美子放心。难道一切都是他算计好的吗？

就在这时，载有外国游客的三辆轿车从久美子身旁呼啸而过。

铃木警部补面带尴尬的微笑朝久美子走来。

由于阳光的角度，微笑在脸上形成了阴影。警部补的微笑和动作，都极不自然。

之前他一直藏在对面的树林里，就在山门前的那片松树林对面。

久美子一见警部补，立刻升腾起一肚子火。她本该根据信上的指示，一个人赴约，而警部补也答应了，还穿着旅馆的棉袍送她出了门。

警部补之所以露出苦笑，是因为他知道自己理亏。

"铃木警官……"久美子问道，"您一直在这儿吗？"

面对久美子的质问，警部补挠了挠头。

"呃……实不相瞒，我也想来这儿看看，这果然是个好地方啊。"

久美子从警部补的话中读出了成年人的奸诈狡猾。

"因为担心我吗？"

"有一点点，不过……"警部补显得有些被动，"既然来了京都，我就想……呃……顺便来这儿参观参观。"

"您不是答应过我吗？"久美子正面反驳道，"您应该留在旅馆才是。我们不是约好的吗？您肯定在这儿盯了很久了吧？"

"不，我刚来。"

骗人！久美子在心中怒吼。

肯定是在自己上车之后，他就立刻打车追了上来！

久美子在寺院里瞎转，等候山本千代子到来的三小时里，警部补一直在久美子看不见的地方暗中监视。

"对不起，"警部补终于投降了，"确实是我没有遵守约定，十分对不起！"

对方一道歉，久美子心就软了。毕竟对方是因为表姐夫的担忧，特意陪自己过来的，即便交情不深，她也知道警部补是个好人。

然而，失望与警部补的善意无关。这种善意反而让久美子感到被深深伤害。

寄信人山本千代子是不是看穿了久美子不是一个人前来赴约的？信里三令五申强调，要久美子独自前来。她是不是察觉到久美子没有遵守约定，而且带来的还是个警察？

所以她才没有在久美子面前现身吧……久美子猜测，那未曾谋面的山本千代子定是失望而归。就好像对方在用"不露面"的形式，谴责久美子不遵守约定的行为。

"对方来了吗？"

警部补还在打听寄信人的情况。这个问题更是触怒了久美子。这不是明知故问吗？！

"没有。"

对方比自己年纪大，久美子不好当着他的面发怒，就连语气也十分平和。她的母亲从小教育她要懂礼貌。

"这究竟是为什么啊……"警部补歪着脑袋，一副装傻的模样。

久美子实在没法当面责骂说：都是你的错。见警部补如此垂头丧气，她也觉得有些可怜。

"那封信不是恶作剧吧？"

铃木警部补还在硬撑着为自己辩解，仍旧装出一副思索寄信人为什么不现身的样子。

久美子从寺内朝出口走去。警部补自然而然地跟在她身边。在走到水渠上的小桥前，她见到了两名女性，可她们都是和自己的丈夫一起来的，擦肩而过时也没有看久美子一眼。

桥上有五六个小学生，好像在等巴士。孩子们的京都话听起来特别可爱。

"接下来怎么办？"铃木警部补小心地看着久美子的脸色。

一旁有一家小店，卖零食和煮鸡蛋。

"我这就回去。"久美子毫不犹豫地说。她准备用这种形式抗议警部补的多管闲事。

"直接回去吗？"

警部补带着遗憾的神色朝身后的寺院望去。脸上的表情好像在说"好不容易来了一趟……"是啊，好不容易来一趟京都，却成了一场徒劳。她本是如此期待那封信会带来的各种可能……

久美子心里顿时空了，腿脚也渐渐疲劳起来。毕竟她在南禅寺那儿来来回回走了三个多小时。

见到一辆出租车开来，久美子赶忙举起手。

原路返回。沿路的景色了无新意。

"您回来啦。"到达旅馆后，女服务生出门迎接。

"您准备坐几点的火车回去啊？"铃木警部补在久美子回房

间之前问道。

"今天晚上的。这样明天早上就能到东京了。"

没头没脑的警部补已经让久美子忍无可忍了。难道要和这个不懂自己心思的人一起回东京去吗?连火车的班次都要由他决定吗?久美子心里一万个不愿意。

"我会查一查时刻表的,要是有了合适的车次立刻通知您。"警部补热情地说道。

久美子客气了一句,回到了二楼的房间。

她拉开外侧的纸门,看见寺院的屋顶上停着一群鸽子。那里好像是观光巴士的停车地点,扩音机里播放着各个车次的目的地。

久美子从行李箱里掏出信纸,用钢笔写道:

致铃木警部补:

  这些天受您照顾了。接下来我准备一个人在京都逛一逛,请您不用担心。擅自做决定真是不好意思。谢谢您这两天的陪伴。我会坐明天早晨的火车回东京。

久美子

她叫来女服务生,让她过一会儿把这封信送到警部补的房间去。

她还悄悄付清了自己的住宿费。

"哦?您要一个人回去吗?"

女服务生目瞪口呆地看着久美子收拾行李。

14

久美子离开了旅馆。

她很同情铃木警部补。可是她觉得只有这样才能夺回自己的自由。这下她终于能单独行动了。在回到东京之前,她可以随心所欲、自由自在地享受旅途的乐趣。

虽然不是很了解京都,但这并不影响她享受京都的景色。反正去哪儿都行。

她沿着旅馆门口的道路径直往前走,两旁都是颇具京都风格的格子建筑。矮矮的围墙、古朴的房门……一家店门口还插着旗子,上面写着"甜酒"二字。那不像是家普通的店铺,外头装饰着古董一样的茶具,要从旁边的侧门才可进入里面。

街上的行人很少。

从屋顶的缝隙间能瞥见八坂的古塔。

原来毫无目的地四处溜达是一件如此愉快的事情。久美子信步而行,直到来到圆山公园,她才第一次看见了成群结队的游客。

走过圆山公园,踏上知恩院通往青莲院的路上,周围再次落入一片寂静。高高的石墙是寺院白色墙壁的延伸。墙壁上方露出的松树枝头明显被人精心修剪过,很是典雅。白色的云彩在天空中缓缓飘动。

在南禅寺空等三小时所带来的阴郁,几乎已被一扫而光。主动挣脱铃木警部补的羁绊,是一场小小的冒险,却为久美子带来了重获自由的喜悦。

久美子准备在京都多住一晚上,但她并不想在原来那片地区另找旅馆。警部补肯定在疯狂地寻找自己。铃木警部补,对不起了。今晚就让我享受一下独自旅行的乐趣吧。

沿着缓坡一路向下,一座巨大的红色鸟居[1]展现在久美子眼前。后面那座山好像似曾相识,应该是上午去过的南禅寺那一带。

电车在久美子眼前穿梭而过。

铁路沿线的房子也都有狭窄的入口、低矮的屋顶与紫红漆的格子门。久美子在电车上看见了"大津方向"的字样。她沿着马路向上爬坡,可并不知道自己会走向哪里。不过,沿着陌生的道路往未知的方向走,这让久美子感到了一丝冒险的幸福。这里可是京都啊。

她缓缓走着,周围没有东京那样行色匆匆的路人,车也比东京少了许多。一切都是那么宁静,那么悠长。

久美子发现马路一旁有一座高台,上面有一栋巨大的建筑物。原来是M酒店。

久美子突然下了决心,走进了酒店的大门。帮助她鼓起这份勇气的,正是铃木警部补。M酒店与昨晚的旅馆不同,是一家一

---

1 日本神社的门,类似于我国的牌坊。常设于通向神社的大道上,用以区分神域与人类所居住的世俗界。

流酒店，只有富人名流才会入住。即使警部补四处搜寻她的行踪，这里也会成为他的盲点。

况且，这里和普通的旅馆不同，房间是可以上锁的，睡觉的时候也会比较放心。她带来的现金并不多，不过，既然已经一脚跨进了未知的世界，那让自己度过一个童话般的夜晚也未尝不可啊。

酒店大门对初次造访的客人来说颇为壮观。门口停着好几辆高级轿车。在久美子进门的时候，推开旋转门出来的都是外国人。

走进门，放眼望去尽是庄重的金色。她走到了前台。

"请问您有预约吗？"工作人员彬彬有礼地问道。

"没有。"

"请稍等。"工作人员翻看了登记簿说道，"正好今晚有客人取消了预订，有空房。请问您是一个人入住吗？"

"是的。"

"非常抱歉，这间空房只能住一个晚上。"

"没关系。"

"是三楼的房间，正好是朝外的，风景应该会很不错。"

"谢谢。"工作人员从柜台上的固定笔架上拿起笔，递给久美子。

久美子想了想，还是在卡片上写下了自己的真实姓名与住址。

"谢谢。"工作人员给门童使了个眼色。

电梯里大多是外国人。

门童在铺有地毯的走廊里带路，掏出钥匙打开了一间房。

那是间双人套房，可久美子也没法抱怨什么。要不是有人取消预约，她连这间房都住不上呢。正如前台所说，窗外能看见东山山脉的起伏。下方就是她刚才看见的电车铁路，对面则是宽阔的道路形成的缓坡。从东山山脚下的森林往左看去，就是京都幽静的街景。树林里还能看见几个大屋顶，也许是寺院的屋顶吧。

久美子伸出双手，拥抱清新的空气。

这里只有她一个人。谁都不知道她住在这里。

多么美好啊。不只是警部补，就连母亲和表姐都不知道她的行踪，她终于呼吸到了自由的空气。

她想起了添田。现在他应该在报社奋笔疾书吧？还是在外头四处采访呢？

久美子真想拿起电话，让他们接通东京的报社。从这里打过去是直通电话，就和在东京打电话一样。然而，她忍住了这一诱惑。今天与明天，她决定独自度过。要找人聊天，就等这趟小小的旅行结束之后吧。

墙上挂着京都著名景点的导图。这里有很多外国人入住，景点的名字都是用英语写的。

久美子上午刚去过的南禅寺也在其中。还有银阁寺、金阁寺与平安神宫。

久美子看着地图，心想不如选一处僻静的寺院度过这个下午吧。

不过，现在最贴近她心境的，是京都的郊外。那里的寺院仿佛在呼唤着久美子。

地图上的北面写着大原、八濑等地名。久美子看见了常在高中的教科书上出现的与《平家物语》有关的地名——寂光院。她有些心动。不过她也想去南边看看。

如果坐明天早上的火车回东京，那她的自由时间就只有今天与明天。她在地图下方看见了"MOSS TEMPLE"这几个字。括号里则写着"KOKEDERA"。

苔寺[1]。这个名字好像在哪儿听过……久美子当即决定，就去这座苔寺。

"这样啊……坐车过去大概三十分钟。"她叫来门童问了一下，门童如此回答道。

"不过……"门童歪着脑袋，"我听说那座寺院最近正在限制入园人数呢。"

"啊？是吗？"

"是的，那些来秋游的中学生蜂拥而至，还拔那些苔藓，随地乱吐口香糖，寺院为了保护苔藓，就开始限制入园人数了。"

"那得提前申请才能进去吗？"

"嗯，修学院是这样，不知苔寺是不是也如此。我这就去问问。"

门童给前台打了个电话。

"好像不用提前申请。"他如此回答。

出租车驶出京都城区之后，就开上了渡月桥。

路上，司机问久美子要不要顺便去金阁寺看一看，可久美子想要在苔寺悠闲地待一会儿，便婉言拒绝了。况且她对金光闪闪的新寺院没有兴趣。有许多人聚集在桥墩观赏岚山的景色，她依然没有下车。

开过渡月桥，出租车上了一条能看见田野风情的马路。路上，出租车被一辆载着小舟的卡车超了过去。司机告诉久美子，那是专

---

[1] 苔寺是通称，寺院本名西芳寺，庭院中拥有四十多种苔藓，是苔藓的世界。

门用于在保津川上漂流的船,总是用卡车从下游往上游运。

从宽阔的马路转进山脚下的小道,两旁满是小小的料理店与纪念品商店。这里也有很多团体客,停车场里挤满了车。司机说,他就把车停在这儿。久美子跟在人群后面朝寺院走去。观光大巴在停车场等候游客归来,司机正和乘务员小姐聊天解闷。

走过一条小河,就是西芳寺的入口了。一条蜿蜒曲折的道路两旁是茂密的树林。

这里只有一条路,而且有很多游人,绝不会迷路。走到尽头就是寺院的本堂,门票也是在这里购买。右侧是庭院的入口。

久美子慢慢向前走。这儿的游客比她想象中的更多,大家都是三五成群,结伴而行。她走得慢,很快就被众人超过了。周围的树林很茂密,庭院显得十分昏暗。蜿蜒的小路两端都竖着木栅栏。栅栏外满是苔藓,就像一层苍绿色的天鹅绒。柔软厚重的苔藓生长在树木根部,看着看着,真想伸出手去捞一把。那些石头的边角也不怎么圆润,都是一个个锐角。这些岩石上布满了苔藓,犹如披上了安哥拉山羊毛外套一般。

小路沿着庭院弯弯曲曲地绕了一圈。在久美子正以为要走下坡的时候,却变成了上坡路,然后才是下坡。唯一没有变化的是随时都能看见的池水,涓涓水声不绝于耳。树丛茂密的地方,如同傍晚般昏暗,而不茂密的地方就很明亮。就像多云时阳光透不过来,而云朵飘走之后就能看见太阳了一样。在这庭院里,一切都在静止,只有游客四处走动。

难怪寺院会如此注重苔藓的保护。那柔软的苔藓,真想捧起来放在脸颊边蹭一蹭。照到太阳的地方闪闪发光,位于暗处的则呈现出深邃的色泽。有些地方的苔藓厚度惊人。

庭院中有几处小茶室。这是一座禅寺，茶室的名字也颇有禅宗的意味：琉璃阁、湘南亭、潭北庭、西来堂……池子旁竖着牌子，写着"黄金池"。据介绍，该名出自《碧岩录》[1]。

中年男女们不时走进茶室休息，都是来享受庭院美景的模样。

地势最低的地方就在竹林旁边。那里也有一条小河，还架着一座小桥，不过上面拦着绳子，好像不允许游人走上去。竹林是这一带的名胜，和长满苔藓的庭院十分相称。

久美子一边走着，一边享受包裹着自己的幸福。

她在竹林小桥附近站了一会儿，观赏下方的小河。水质如清泉般清透。

游人们沿着小路，朝斜面爬了上去。久美子在人群中看见了一位满头金发的外国妇女，她身旁还站着一位日本男性。她身上穿的西装不像其他外国人那样华丽夸张。那身衣服和她的头发，久美子都有印象。在她身处南禅寺等候山本千代子的时候，曾有一群外国游客前来观光，而那位女士正是游人中的一个。久美子对她身边的男性没有印象，可那位女士她绝不会认错。她就是观赏过南禅寺中庭的那个人。

久美子瞥了她一眼，而那位女士好像也注意到了她，把头转了过来。她戴着黑色墨镜，让久美子无法看清她的眼神。除了她在南禅寺的时候没有戴墨镜，其他装束都一模一样。

不过，也许她早已不记得南禅寺的邂逅了。外国女士也许只是对背靠竹林而立的日本姑娘产生了兴趣。在这一片以苍绿色为主色调的风景中，外国女士柠檬色的头发显得异常美丽。

---

1 全称《佛果圆悟禅师碧岩录》，为宋代著名禅僧圆悟克勤大师所编。

她身边的日本人身材不高，他用手指着庭院，嘴里说着些什么。也许是个翻译。在南禅寺的时候，她身边的那个人很高，那位才是她的丈夫吧。

后方的游人络绎不绝，外国女士顺着人流经过了久美子。身材高大的背影，渐渐消失在了竹林深处。

用篱笆隔开的竹林中散落着许多落叶。里头还有竹篓，看来正有人在打扫。然而，久美子并没有听见什么声响。

久美子转过此处，回到游人中。她爬上"洪隐山"的陡坡，从悬崖的小路上能俯视本堂的屋顶，池塘就在正下方。走在小路上也能观赏到两旁的苔藓形成的漂亮景致。细细一数，这里的苔藓足有数十种之多。

又走了一段，久美子发现游人们纷纷停了下来，她上前一看，原来那是一处只有假山的庭院。这就是苔寺的一处景点：枯山水[1]。这里的石头和之前看到的一样，有许多尖锐的棱角，很有禅寺的感觉。

离开那里之后，又看见了一个小小的茶室。久美子抬头观察茶室建筑的时候，忽然发现之前那位外国夫人正和随行的日本人一同坐在其中。久美子与黑色墨镜后的眼睛四目相对。

久美子情不自禁地点头示意了一下。她们并不认识，但久美子确认她就是自己在南禅寺见过的那位女士。不知为什么，她在内心深处对这位外国女士深怀好感。

外国女士露出整齐的牙齿，冲久美子嫣然一笑。对方很是开朗外向，果然是货真价实的西方人。她对一旁的日本男子说了些

---

1 用细沙碎石铺地的日式庭院，有时也会用苔藓、草坪等其他自然元素点缀。

什么。

久美子心想，对方恐怕要和自己说话了。果不其然，日本男子站起身，向久美子鞠了一躬。

"不好意思，"他露出日本式的殷勤笑容说道，"这位夫人想请小姐当个模特，拍两张照片，不知可否？"

见久美子有些犹豫，他又说："她是法国人，请问您会法语吗？"

久美子回答，会一些简单的对话。翻译转告给法国夫人。她连连点头，自己也站起身走到久美子跟前，伸出手说道："Merci, mademoiselle.（谢谢你，小姐。）"

"Bonjour, madame.（您好，夫人。）"

久美子握住了夫人的手，而对方也紧紧握住了久美子的手，差点吓到了久美子。

"我能帮上您的忙吗？"久美子羞红着脸问道。

这位夫人已经四十多岁了，可皮肤还保养得很好。她主动摘下了墨镜，露出一双湛蓝的眼睛，仿佛把整个天空的颜色都浓缩进了眼珠里。久美子目不转睛地盯着她的眼睛。

"谢谢你答应我的请求。我想拍一拍日本的庭院和日本的姑娘。"

她取下手中的照相机镜盖，用长长的手指对着焦。久美子从未觉得红色的指甲可以如此鲜艳美丽。

因为夫人比较高的关系，为久美子拍照的时候她只能半蹲着按下快门。不过她一直保持微笑，露出一口整齐漂亮的牙齿。她用夸张的手势指挥久美子摆姿势，惹得路人纷纷侧目。

久美子听见了七八次快门声。每按下一次快门，夫人就让她换一个姿势。久美子身后的背景是庭院、泉水与树林。

夫人终于把视线从取景器上移开了。

"太谢谢了！"她像个孩子一样，笑着向久美子道谢，"这几张照片一定会拍得很漂亮。小姐是京都人吗？"

"不，我是东京人。"

"哦，东京啊？那是来京都观光的吗？"

"来办点事，顺便参观参观。"

"真不错。你的法语说得很好，是在大学里学的吗？"

"是的，但学得不好……"

"不，我觉得你说得非常好。"夫人夸奖道。

见久美子有些尴尬，夫人赶忙说道："麻烦你了。谢谢。"

夫人再次握住久美子的手。久美子感到一股轻柔的力量。

"真不好意思，"开口的是旁边的日本人，"夫人真的很开心。您要是赶时间，就请先去参观吧。"

久美子向外国夫人低头致意，说了声再见。对方也用日语回了再见，一点外国口音都没有。久美子心想，她肯定在日本待过很长时间。

久美子走完剩下的小路后离开了寺院。她觉得有些疲惫，就像是看了太多美丽的绘画之后感到的疲劳一样。走过出口处的小桥，来到了一片满是吃茶店和纪念品店的地方。一走到这种地方，就会不由自主地回头看看刚离开的寺院。

停着的车比刚才更多了。久美子四处搜寻，这时司机从旁边走了出来，说："我把车停在前面了。"

她又回到来时的那条路。在开到渡月桥之前，她再次撞见了载着小舟的卡车。对面高山的斜面上笼罩着巨大的阴影，唯独山巅沐浴在夕阳之中。

进入京都市区，久美子突然想买些东西。

司机说，反正顺路，就把车开去了四条河原町。

来到河原町一看，那儿热闹程度并不亚于东京。久美子付清了车费，自己逛了起来。

她要明天早上才回去，但想趁现在把该买的东西都买了。然而眼前都是些司空见惯的京都纪念品。

她在新京极转了一圈，来到三条大道。花了一个多小时。回到酒店的时候，路灯已经亮了。

"您回来啦。"

门童迎了上来。

去前台领房间钥匙的时候，工作人员也只说了句"欢迎回来"而已。看来铃木警部补果然没有找到这儿来。

她觉得有些对不起警部补，可她希望警部补能给她今明两天的自由时间。也许焦急的警部补会打电话去东京的家里。毕竟是表姐夫拜托他陪久美子来的，警部补肯定觉得自己要负一定的责任。

然而，现在给东京的母亲打电话还为时过早。如果现在打了电话，母亲很有可能会给铃木警部补打小报告。

正在久美子等电梯的时候，身后的客人突然喊了起来。

那不正是在苔寺给她拍照的法国夫人吗？对方也一脸意外，瞪大双眼看着久美子。她身旁还是那位日本翻译。

"你也住在这儿啊？"夫人一脸惊愕地用法语问道。

"是的。"

外国人住在这儿并不奇怪，不过这也着实太巧了。

"四楼。"一旁的日本翻译对电梯员说道。

"麻烦到三楼。"

电梯员点了点头,又按了"3"。

外国夫人瞥了一眼,向久美子确认道:"三楼?"

久美子微笑着点了点头。

电梯门打开之后,久美子来到走廊,向夫人轻轻点了点头。

回到房间之后,她终于松了口气。

在她离开房间的时候,有人来收拾过一趟。床已经铺好了,床罩被拿了下来。窗帘紧闭,只有床头灯亮着。

久美子拉开窗帘,转开百叶窗。

窗外已暮色沉沉,不过天边还留着一片暗蓝色的天空,与高山黑色的轮廓形成了鲜明对比。

山脚下的人家亮着灯火。在酒店下飞驰着电车与汽车,车灯闪烁。

久美子在沙发上坐着休息了一会儿。这是一家安静的酒店,很适合休息,可久美子并不想干坐着。

她拿起身旁酒店的菜单。酒店里提供的都是西餐,她一点儿都不感兴趣。好不容易来了趟京都,真想吃点东京吃不到的东西啊。

正当久美子看着窗外灯光,陷入沉思的时候,门口传来了敲门声。

在门童的带领下,那位日本翻译态度拘谨地站在门口。他们刚在电梯口分别。

"刚才真是失礼了。"他毕恭毕敬地鞠了一躬,"不好意思,再三打扰您。是这样的,那位夫人特别喜欢您,就派我来冒昧地问您,愿不愿意今晚与她共进晚餐?如果您方便的话,可否请您赏光?"

久美子疑惑了。她对那位外国夫人的印象很好，但这也太突然了。

"请问……那位夫人是?"

"是这样的，她平时在法国做些生意，当然她的丈夫也会出席。"

果然是这样，果然是在南禅寺见到的那对夫妻。他们坐在走廊上，沉静地眺望着庭院的风景。

"今天她的丈夫有事，就让我陪夫人去苔寺了，回来之后她把您的事情跟她丈夫说了。发现您也住在同一家酒店后，夫人更是喜出望外，所以无论如何想邀请您和他们夫妇共进晚餐。"

"怎么办才好呢……"

"您可千万不要想得太多，就当作是和旅行中认识的朋友一起吃顿便饭吧。"

"可是……"久美子还是决定婉言谢绝。

听完她的回答，翻译露出遗憾的表情。

"夫人一定会很失望的……"

久美子本想问一问那位夫人叫什么，可这样一来自己也不得不报上姓名，想想还是作罢了。

"真是太遗憾了……"翻译大失所望，好像想要邀请久美子吃饭的是他一样，"您会在这儿继续住下去吗?"

"不!"久美子赶忙说道，不然对方可能会再次提出邀请，"我明天早上就会离开京都回东京去。"

"那夫人真的会很失望的……"

翻译说着，忽然话锋一转说道:"啊，真是对不起，突然提这样的要求。"

"不，请您替我向夫人问好。"

"我会的。"翻译轻轻踩着地毯，消失在了门外。

久美子又成了独自一人。

拒绝邀请之后，她突然想象起自己和法国夫人共进晚餐时的场景。

那一头纯色的金发美丽异常。在南禅寺时，她并没有看见夫人的眼睛，直到在苔寺摘下墨镜之后，她才发现那对清澈绝美的蓝色眼珠。夫人总是露出让久美子心生怜爱的可爱表情。她一定是位好人家的夫人。从她的年纪推测，她的生活想必十分宽裕，平时就跟着做生意的丈夫周游世界。

她的丈夫好像是那个满头白发的人，给久美子留下的印象并不深刻，不过似乎是一个长得很像东洋人的欧洲人。也许是个西班牙裔或意大利裔法国人吧。

她有些后悔拒绝了那位夫人的邀请。她正在享受愉快的自由时光，那么和素不相识的外国夫妇在酒店共进晚餐何尝不是童话世界的一部分呢？错失良机，让久美子有些遗憾。

不过久美子也知道，依自己的性子，绝对拿不出这么大的勇气。她出生在一个外交官家庭，家中的教育非常传统。拒绝了邀请的久美子，突然很想吃日本菜。当然，这家酒店肯定无法满足她的要求。听说京都有一道名菜叫"芋棒"。久美子立刻收拾东西，准备出门。

在前台寄存钥匙的时候，她顺便问了问哪儿能吃到这道菜，工作人员告诉她圆山公园就有一家料理店。

打车不到五分钟就到了。

那家料理店就在公园正中间，是一家纯日本风格的料理店。

店里分成好几个小隔间，久美子被带去了其中一间。

所谓"芋棒"，是用鳕鱼和海老芋做成的一道菜。久美子也只是听说过，亲自品尝还是第一次。菜的味道很清淡，对饥肠辘辘的久美子来说刚刚好。

这儿的女服务生说的都是地道的京都话，就连隔壁包间的男客人也是说方言的。吃着如此有特色的菜肴，听着当地的方言，久美子越来越有出来旅行的感觉了。

现在应该是母亲吃晚饭的时候吧。丢下母亲一个人跑来京都，让久美子对母亲牵肠挂肚。也许表姐节子会去陪伴母亲。

久美子又想起了铃木警部补。也许他已经放弃，回东京去了。在那之前他肯定会联系家里。如果节子在，还能安慰安慰母亲，让她不要那么担心。反正她出门的时候给警部补留了字条，况且也说了会坐明天早上的火车回去。

离开料理店的久美子在夜晚的公园里走了一会儿。路灯星星点点，感觉不是很昏暗。公园有一条路直通八坂神社。吃茶店里头也很亮。

路到这儿就到头了。毕竟人生地不熟，不敢在晚上到处乱逛。最终，久美子还是决定去河原町看看。

然而，她不想立刻打车，于是沿着电车道慢慢溜达起来。不愧是京都，路旁有好几家古董商店，就连糕点店的入口都和茶室一样。

她走到四条大道，随便进了一家电影院。上映的正巧是她在东京没时间看的一部电影。

这还是她第一次在旅行的时候看电影。她有些紧张，可这也是一种全新的体验。看电影时的感觉和以前完全不同。

从电影院里出来时已经临近十点了。这回她赶忙打了辆车，回到了酒店。

推开大门走进大堂的时候，她瞥见一名男子朝电梯走去的背影。门童手上提着一个看起来很轻的手提箱，上面还挂着航空公司的标签。久美子见到此人，顿时呆若木鸡。

她没想到竟会在这儿见到自己认识的人。

电梯来了，绅士与门童走了进去，久美子却眼睁睁地看着。

电梯门关上，上方显示楼层的指针缓缓旋转。

"请问，刚才那位先生是不是村尾先生？"

工作人员帮忙取出了刚签完名的登记卡。

"不，他是吉冈先生。"

"吉冈先生？"久美子眼望天花板，"是我认错人了吗？对不起，因为实在太像了……"

她离开了前台。绝对没错，那正是外务省某课课长村尾芳生。他是父亲的老部下，久美子的单位也是外务省的相关团体，绝不会有错。

村尾课长来这家酒店并不奇怪。可是他为什么要自称"吉冈"呢？

久美子独自走进电梯，陷入沉思。

15

"您回来啦。"久美子回到房间后,服务员端着茶水走了进来,"请问有什么吩咐?"

久美子回答说没什么,于是服务员便鞠了一躬,离开了房间。

关门的响声回荡在夜晚的酒店。

被子折起一角,露出白色的床单,床头灯浅浅的灯光洒在枕边。

撩起窗帘一看,百叶窗已经放下。久美子把手指插进页片之间的缝隙里,窥视窗外的景色。山下亮着斑驳的光点,山的轮廓是黑黝黝的一片。天上星光闪闪。

方才见到的村尾课长的背影,依旧令久美子甚为在意。她不仅见到了他的背影,还发现他使用假名办了入住手续。那的确是村尾,绝不会看走眼。

难道政府官员会因为工作的关系隐姓埋名住店不成?村尾是带着行李箱来的,她看见门童帮他拎着呢,那行李箱上还吊着圆形的行李牌。

久美子这才发现，那是国内航班的行李牌。村尾应该是刚下飞机。来京都，需要坐飞机先到大阪北部的伊丹机场，然后再坐车过来。

他上飞机的时间肯定很晚，不然怎么会现在才到酒店呢。久美子看了看钟——现在是晚上十点。

坐飞机从东京到大阪大概需要两个小时，从伊丹机场坐车到酒店也是两个多小时。这么倒推一下，就能算出村尾是在六点前从羽田机场出发的。久美子在脑中计算着。

实在没必要为了村尾的事情操心。久美子与他本就没什么关系，况且人家来京都也没什么好大惊小怪的。

两人唯一的联系，就是村尾是久美子父亲的老部下，而今晚又偶然住进了同一家酒店而已。

也没有必要特意去他房间打招呼。要是明天在大堂偶然碰到了，简单寒暄一下就行了。因为父亲的关系，村尾和母亲比较熟，但久美子本人并不熟悉他。

久美子喝完了放在小桌上的半杯残茶。酒店里寂静无声，久美子站起身，走到门边上了锁。门锁发出了微弱的金属声，隔开了房间与走廊。

真无聊……

她不想立刻上床休息。好不容易逃离了警部补的监视，可并没有经历她想要的冒险。这也是理所当然的。一觉睡到太阳出来了，再赶去车站，然后在摇晃的火车里浪费一天时间，天黑的时候就能到自己家了。就是这么简单。看似自由，其实不然。

想到这儿，她突然觉得自己很对不起铃木警部补。她有些担心，不知他之后怎么样了。他是个心地善良的警官。对了，回东京之后，上门道个歉吧。

久美子注意到床头柜上有一部电话。

真想和别人说说话啊……对了，添田在干什么呢？是不是还在报社上班呢？他好像说过，轮到上夜班的话要一直待到凌晨才能回家。

她提起听筒，工作人员的声音从电话那头传来。即使房门阻断了她和外界的联系，但声音依然能和外界沟通。

"麻烦接东京。"

久美子报出了报社的号码。

这时，走廊传来了脚步声。来人离房间越来越近。不止一个，至少有两个人。

隔壁房间传来用钥匙开门的响声。这么晚了还有人入住啊。她听见了男人的说话声，不过具体在说什么就听不清了。

有一个人离开了房间，越走越远，恐怕是门童吧。

对了，村尾课长究竟住在哪间房呢？

这家酒店有五层，至少会有五六十间房吧。

如果村尾没有用假名登记，她真想给前台打个电话问一问。毕竟他们同样身在异乡。

方才还没觉得有多寂寞，不可思议的是，在这静悄悄的酒店里待久了，久美子竟产生了给村尾打个电话去的想法。想必他也很孤单吧，要是听到自己的声音，肯定会大吃一惊的。

可是村尾毕竟是用假名登记的，想到这一点，久美子不禁犹豫了起来。还是在走廊或大堂碰面的时候，简单打个招呼比较妥当。

电话响了。

夜晚独自在房间时听到的电话铃声特别刺耳，而且那还是在久美子发呆的时候突然响起的,差点让她心脏停止跳动。

"已经接通东京了。"服务员说道。接着就听见了报社接线台的女工作人员的声音。

久美子说要找添田,对方让她稍等片刻,接着就没了声音。

"非常抱歉,添田已经下班了。"女工作人员说道。

"这样啊……"久美子有些失望。

"需要我帮您带话吗?"

"不,不用了,我以后再打。"

"好的。再见。"

接线台的员工听说电话是深更半夜从京都打来的,态度非常好。

听到东京传来的声音,久美子不禁想给母亲打个电话。为什么没有先给母亲打,而是给添田打了呢?久美子这才纳闷起来。知道添田不在单位之后,她突然想要听听母亲的声音,也许是想用母亲来填补没能得到满足的某种情绪吧。

她再次拿起听筒,要求接通东京。

一个人在房间里说话,还是很有趣的。

忽然,一阵轻轻的敲门声传来。不过敲的似乎是隔壁房间的房门。

久美子听见了隔壁房间的说话声,看来酒店的隔音设备不是很好。光听声音,好像是个浑厚的中年男声。也许是服务员端茶水来了。不一会儿,久美子听见服务员走出了房间。

久美子不禁环视房间。她明知道待在房间里是安全的,但想到隔壁房间住着一个男客人,她还是下意识地确认了一下房间的结构。

电话铃第二次响起。

"喂。"

是母亲的声音。光听这声"喂",就能感受到母亲激动的心情。接线台说了是京都打来的电话,所以她知道打电话的人是久美子。

"妈妈,我是久美子。"

"久美子啊,你还在京都呀。在M酒店吗?"

这也是酒店接线台的工作人员告诉母亲的。

"嗯,是啊。"

"你这孩子可真是的,没和铃木警官在一起吧?"

铃木警部补果然把久美子不辞而别的事情告诉了家里。

久美子缩起脖子,吐了吐舌头。

"铃木警官是怎么说的呀?"她小声问道。

"你还敢问……你突然离开了旅馆,都快把人家急死了。为什么要这样呀?"

"有什么办法嘛……"久美子撒起娇来,"铃木警官就好像在监视我一样,让我好不自在。"

"你也太任性了,出发之前不是都说好了吗,怎么能自作主张地离开呢!"

"对不起……"久美子老老实实地道歉。

"铃木警官怎么样了啊?"久美子还是有些担心。

"他能怎么办啊,只能坐今天晚上的火车回来啦。京都这么大,他说想找也没法找啊。"

"他有没有生气啊?"

"总不可能很高兴吧?"

电话那头母亲的口气并不像是责备。接到久美子的电话,她明显放心了不少。

"我回东京之后会登门道歉的。"

"你怎么会冒出这种主意来啊?"

"我想一个人逛逛京都嘛。要是被警察监视着,哪儿还有心情参观啊。好不容易来一趟,人家也想独自品味一下旅游的感觉嘛。"

"你又不是去旅游的……听说你没见到那个寄信人是不是啊?"

看来铃木警部补把这事儿也说了。

"嗯……我在南禅寺等了三个多小时,可对方就是不来。"

她真想补充一下:都是铃木警部补的错。都怪他多管闲事。我千叮咛万嘱咐他不要跟来,可他还是违背诺言,跟了过去,所以才惹怒了对方。可是这件事在电话里实在说不清楚。

"究竟是怎么回事啊?"

"肯定是对方不方便吧。"久美子顺口敷衍道。

"可她在信里写得那么诚恳……"

母亲好像还难以接受。也难怪,她就是因为这封信让久美子大老远跑到京都去的,还特意让警部补跟着保护她的安全。

收到那封信,看见信里说要亲手把笹岛画家的素描还给久美子,母亲就决定让久美子到京都去一趟。

信里的内容非比寻常,而母亲还是坚定地让久美子去了,因为母亲也有想要搞清楚的事情。

所以,听说久美子没有见到寄信人山本千代子,母亲的声音里满是失落。

"啊，对了，节子正好在家里。"

"哎呀，节子姐姐吗？"

母亲让节子接了电话。

"久美子。"节子用清透的声音唤着久美子的名字。

"姐姐，你在啊！"久美子不禁露出微笑。

"嗯，我都快担心死啦。"

她担心的自然是久美子去京都这件事。

"真是太遗憾了。"节子说道。

"嗯，没见到……"

"没办法……对了，京都感觉怎么样啊？"

节子毕竟比母亲年轻许多，不会一直揪着这件事不放。

"太美了。我今天去了南禅寺和苔寺呢，大概是因为第一次去的关系吧，印象特别深刻。"

"那真是太好了。"节子说道，"一个人逛肯定很悠闲吧？"

弦外之音是在责备久美子丢下铃木警部补一个人乱跑。毕竟提出让警部补陪同久美子去京都的，正是节子的丈夫。

"对不起……"

久美子向节子道了个歉。不，她是想通过节子，向她的丈夫芦村亮一道歉。

"没事啦，我也理解你的心情。"节子安慰道，"前一阵子我不是去奈良了吗？下次有机会，我们一块儿去逛逛京都和奈良吧。"

对了，之前节子去奈良的时候，不就是在古寺的芳名册上发现了和亡父神似的笔迹吗？

"好啊！"久美子兴奋地说道，"姐姐对古寺和佛像可是了如指掌呢。我一定要陪姐姐一起去那些地方见识见识。"

"我的学识可没有那么渊博啦，不过，我倒真想和你一起去走走。你可得早点回来啊。"

"嗯，我准备坐明天一早的火车回去。"

"一个人待在酒店里是不是很冷清啊？"

"嗯，有点……不过偶尔有一个晚上这样也挺开心的。"

"是吗？周围没有一个熟人就不会害怕吗？"

听到这话，久美子差点就把村尾芳生的事情说了出来，可她还是忍住了。毕竟村尾用假名办了手续。即使她知道那就是村尾，也不能辜负了他隐姓埋名的一番苦心啊。

"要换你妈妈听电话了啊，一路保重。"

"谢谢姐姐。"

母亲的声音再次传来。

"喂，久美子啊，我也没什么要说的了，节子都替我说了。早点回来啊。是明天早上的火车吗？"

"嗯，妈妈，你就别担心了。我会带着京都的特产平安回去的。"

"不看见你的人，我怎么放心得了啊。不过你能打电话回来我就安心多了。"

"是吗？那我这个电话可没有白打。我要挂电话了，晚安。"

"晚安。"

来自东京的声音戛然而止。

挂上电话,久美子忽然想起自己有件事忘了说了。

打电话前,她还老想着要告诉母亲呢,可一说起话来才发现没有时间,也没有闲心了。

今天去的苔寺,给她留下了深刻印象。美丽的苔藓,庭院的布局,多想趁着记忆犹新描述给母亲听听啊。未能如愿,让久美子有些遗憾。

抬头看钟,已经快十一点了,可久美子还是很清醒。大概是因为换了个环境,总觉得心里静不下来。

久美子从行李箱里拿出几本书。她平日里喜欢在睡前看看书,所以才带了两本过来,可才看了两三页,就再也看不下去了。她连看书的心思都没了。

酒店里还是静悄悄的。

旁边房间的客人究竟在做些什么呢?隔着墙壁,久美子听不到任何声音。也许人家已经上床休息了。

为什么心情会如此忐忑?早知如此就该带点儿安眠药来。

要是傍晚接受了那对法国夫妇的邀请该多好啊。一定能和他们天南海北地畅谈。吃的饭菜也不会像她独自去吃的那么单调,席上肯定满是欢声笑语。

和陌生人一同用餐虽然会有些辛苦,但这样也许能让她更快进入梦乡。久美子忽然想到,自打从高台寺旁边的旅馆溜出来之后,她一直是独自一人。那种紧张的感觉到现在还没有消失。

然而,再这么熬下去也不是回事。久美子心想,收拾收拾应该就能睡着了吧。于是她便从行李箱中取出了睡衣。光是一套睡衣,就能为房间带来一丝家的氛围。

这时,突然响起的电话铃声再次吓到了久美子。

久美子没有立刻接电话。这么晚了，会有谁打电话到酒店呢？她不禁有些害怕。

电话铃异常刺耳。久美子犹豫了好久，才举起听筒，放在耳边。

她没有立刻开口，想等对方先说话，看看对方究竟是什么来头。

"喂。"

对方是个男人，而且肯定是中年以上的男人，很是低沉的声音。

"……喂？"她战战兢兢地回答道。她本以为对方会立刻作答，可事与愿违。对方听到久美子的声音，就不再说话了。这可真是怪了。

可是电话并没有断。她没有听见嘟嘟的响声。

明显是对方故意不说话。久美子屏息凝神地听着，可是什么声音都没有。

久美子察觉到，这不是外线电话，而是酒店的内线电话。如果是外线，应该会有接线台的人说明电话的来处才是。

电话的那一头和久美子所处的世界一样寂静。

"喂？"

久美子按捺不住，还是开口了。要是她不说话，对方肯定一直保持沉默。

突然，喀的一声——那是挂断电话时的金属响声。

久美子放下听筒，心跳不已。

也许是别人打错电话了吧。可为什么对方没有确认她的身份呢？也许对方要找的是个男人，听到接电话的是久美子，就察觉到自己打错了电话。可即使真是如此，不说一声就挂断也太不懂礼貌了吧。

久美子在心里如此想道，可激烈的心跳依旧没有平息。

她本想关灯睡觉，但因为这一通电话，她决定把台灯开着。她想看看书，却发现一个字也读不进去。

离台灯较远的地方很是昏暗。服务员已经把窗帘拉上，为客人营造出舒适的休憩空间。可现在，这盏台灯已经成了久美子唯一的支柱，房间昏暗的角落也令人生畏。

电话铃又响了。第二次出乎意料的铃声。

久美子盯着电话机。听筒因为铃声而震动。深夜的铃声响彻房间。

这一回，她立刻拿起了听筒。

"喂？"

久美子鼓起勇气，仿佛要迎战来袭的敌人。

"喂。"

对方说话了。还是那个男人，语气也仍然那么稳重。

"请问是三原小姐吗？"对方问道。

"不，您打错了。"

久美子确定，对方的确是打错了电话。她刚想挂电话，对方却又很有礼貌地问道："对不起，请问是312号房吗？"

"不，不是的。"

没有必要把自己的名字和房间号报出来。只要让对方知道打错了就可以了。

奇怪，对方居然沉默了，也没有挂电话。

久美子决定先把电话挂了。刚准备放下听筒，只听见对方说道:"打扰了。"

这道歉来得可真够迟的。

"没关系。"

放下听筒后,久美子钻进了毛毯中。

电话前后响了两次。第一次只是"喂"了一下就挂了,接着就是第二次铃声。

由此看来,对方并不知道要找的人在哪个房间里。第一次铃声响起之后,她就发现对方并不确认电话号码是否正确。然而,对方并没有放弃,而是又拨通了312号房的电话。阴差阳错,又打到了这个房间来——至少,久美子是这么想的。

然而,如果只是打错了电话,也有说不通的地方。比如那第二通电话就让人匪夷所思,而且当久美子明确表示他打错了之后,对方还是半天没有出声。就好像他正在电话那一头窥视久美子房中的动静一样。

久美子赶忙关了台灯,努力让自己快点睡着。

久美子做了个梦。

那是东京郊外一条荒凉的小路,只有半边能照到太阳。远处有一片杂树林。房子前面有一堵长长的墙壁。周围没有一个人。

梦境中,久美子漫无目的地走过这片景色。走着走着,前方出现了一条马路。

车辆在这条尽是小石子的马路上行驶。原本平坦的道路突然变得坑坑洼洼,这究竟是怎么回事?久美子心想,轮胎压到石子会不会爆胎啊?想着想着,耳边突然传来一声巨响。

那不是梦中的声音。久美子醒了,发现那是现实中的响声。睁眼一看，的确不是在做梦。她并没有打开台灯，屋里一片漆黑。

半梦半醒的经验倒也不是第一次。她刚在梦中见到一条有轿车行驶的马路，梦中的巨响并不是车水马龙的声音，倒像是爆胎时的响声。为什么现实里的声音会和梦境联系在一起呢？难道她的梦境，是在预知到了现实的前提下构筑起来的吗？

久美子神经紧绷地听着。她很清楚那的确是来自现实里的声音。然而，感觉上一切好像还在梦中。毕竟她睁眼之后什么都看不见，也听不见任何声音。

这可真是怪了。久美子伸手打开床头灯的开关。灯光下，与昨晚如出一辙的世界呈现在久美子眼前。枕边的书在原来的位置。远处的椅子也没有挪过窝。

久美子看了看手表。凌晨一点十分。

她以为自己已经睡了很久，可没想到才这个点儿。她正要关灯，忽然听见远处传来一丝微弱的响声。

好像有什么东西掉到地板上，很闷的响声。

之后再也没有任何动静。虽是半夜三更，这么大的酒店肯定有员工值班，所以会有这些声响也没什么好奇怪的。久美子关上了台灯。

一分钟不到，她又听见了一阵脚步声。有人在楼内走动，脚步匆匆。接着，这人打开了某个房间的门。

真奇怪。久美子心想。酒店的客人大多都睡下了，怎么会有人有这么大动静呢？这也太没礼貌了吧。不足五秒，那杂乱的脚步声变得越发清晰。她还听见了人声。虽然听不见对方在说些什么，但很明显——出事了。

久美子又忐忑起来。她一动不动地缩在床上，竖起耳朵。她本以为闹一会儿就能消停，没想到断断续续的响声，大有愈演愈烈的势头。

走廊里明明铺着地毯，可脚步声却是如此清晰。

这时，耳边传来另一阵响声。

那是隔壁房间的声音。大概是因为房间的隔音不太好的关系，隔壁的客人起床的动静，久美子也能听得清清楚楚。

久美子屏住呼吸，听见了隔壁房间的说话声。隔着一堵墙，对方究竟说了些什么她听不太清楚，但好像是在给前台打电话。

脚步声响起，隔壁房间的客人在房间里来回走着。突然，脚步声停了。也许是他在椅子上坐下了。

不久，服务员敲响了隔壁房间的大门。脚步声移向门口。门很快就开了。

久美子把全身的神经都集中在耳朵上。

"叫医生来了吗？"隔壁房间的客人问道。

听到这话，久美子大惊失色。她首先想到的是有人突然犯病，可她又立刻联想到了梦中听见的爆胎声和什么东西撞到地面的轻微响声。

男子又说了些什么，边说边跟着服务员来到了走廊。

久美子已经猜到了酒店里发生了什么。

她坐起身，穿上了拖鞋，可不知该如何是好。她找了张椅子坐下，但还是静不下心来。

远处的骚动仍在继续。说话声与脚步声掺杂在一起。好像又来了许多人，楼梯那儿的脚步声不绝于耳。

她走到门边，可是没有打开房门的勇气。

肯定不是有人突然犯病了，一定是突发的事故。

在梦中听见的响声，莫非是枪声？这种想法令久美子产生了恐惧。她的嘴唇吓得煞白。

她再也坐不住了。对面房间的人好像也注意到了骚动，打开了房门。走廊尽头有人急急忙忙地从久美子房门口走过。

久美子立刻换下睡衣，穿上了套装。

她还记得小时候自家附近曾发生过一起火灾。母亲慌忙叫醒睡梦中的她，让她换上能见人的衣服以防万一。当时她也是吓得浑身颤抖，与现在所面临的情况很是类似。

床头柜上的电话进入了她的视线。

贸然冲去走廊就显得太没有教养了。想到这儿，久美子拿起了听筒。然而她听见的只是忙音而已。看来其他客人也想到了这一点，正纷纷打电话给前台询问情况。

久美子鼓起勇气打开了门锁。她转动门把手，把门打开了一条细缝。一瞬间，吵闹声涌进房间。

声音的来源并非走廊，而是楼层中间的电梯口和旁边的楼梯。久美子住的是楼梯旁的第三间房，吵闹声就是从楼梯上方传来的。她还以为那些脚步声都是冲着三楼来的，没想到其实是冲着四楼去的。走廊里亮着灯。

久美子亲眼看见好几个穿着睡袍的客人朝四楼飞奔而去。

人群聚集在四楼走廊右侧的尽头。房间门上的标牌写着"405"。

昏暗的走廊电灯，照亮了十二三个围观的人。大多是穿着酒店睡袍的男性，女性只是少数。

久美子是穿着套装去的，围观的人群还以为她是酒店的工作人员。

甚至有人开口问她："究竟出什么事了？"

久美子表明自己不是酒店的人。

"啊，您也是客人啊，对不起、对不起……"提问的客人难为情地说道。

在场的人都听见了枪声。大家交头接耳，盯着房门。

"真是吓死人了，突然听见这么大的响声……"

"的确是枪声吧？"

"肯定是！"

"一定出人命了，不知道犯人上哪儿去了……"

每个人的脸上都写满了不安与好奇。

405号房门紧闭。里头没有一丝声响，更加令人毛骨悚然。

四楼的客人大多来到了走廊。每个房间的门口都站着打探情况的住客。隔壁的404号房门虚掩，一位女性客人探出半张脸来。而对面的406号房与405号房一样关着门。虽然没有人出来打探情况，但房间里的气氛肯定很紧张。

突然，405号的门开了，一位服务员走了出来。人群的视线顿时集中在他身上。见到服务员手上捧着的脸盆，众人低吟一声——里头满是血红的液体。

一见到血，所有在场的人都意识到了事态的严重性。

"究竟出什么事了？"

服务员正要快步离开，却被一位客人拦了下来。

"啊……这……"

服务员表情严肃。

"这个房间里的客人被人开枪打中了，是不是？"

服务员默默点了点头。

"人死了吗？"

服务员被团团围住，难以脱身。

"请……请大家少安毋躁……"

他都有些口吃了。

"少安毋躁？深更半夜的听见枪响，怎么能少安毋躁啊？不吓一跳才怪呢！"

"在自己住的酒店听见枪响，谁都会吓得从床上跳起来，怎么还坐得住啊，犯人呢？犯人上哪儿去了？"

"非常抱歉，让各位担心了。开枪的人已经不见了。"

"让他逃了？"

"是的……"

"你见到犯人了？"

"没有。"

听说犯人离开了，人们纷纷露出放心的表情。当然大家早就预料到了这种可能性，只是不听到服务员亲口说出来，就难以安心。

"那中枪的人呢？死了吗？"

服务员捧着的脸盆里，血水泛着光。

"不，还有气儿……"

"还有气儿！"——看来那人定是受了重伤。

"中枪的是谁啊？男的还是女的？"

"是位男客人。"

"是哪儿的客人啊？"

"是东京来的客人。"

服务员被问得不耐烦了，好不容易才脱离了住客的包围圈。

"对不起，请大家让一让。"

毕竟他捧着满是血水的脸盆，大家自然让开了一条路。服务员快步走下了楼。

"是个东京来的男客人……"

住客又开始低声讨论起刚才服务员提供的线索来。

那位服务员刚走，又有两位服务员与一个身着黑色衣服的行政人员跑上了楼。

"不好意思，请大家让一让。"

三位员工冲进405号房，关上了门。过了一会儿，行政人员先从房里走了出来。他顶着一头凌乱的头发，若在平时肯定梳理得整整齐齐。

"喂！"一个客人抓住他问道，"情况怎么样啊？"

行政人员脸色惨白，望着自己周围的人群说道："请大家小声些，已经很晚了，请大家回房吧。"

"回去？半夜三更在酒店听见枪响，这可不是小事啊，我们是酒店的客人，会担心也是理所当然的啊。就不能给我们解释解释吗？"

"对啊对啊。"周遭的人群随声附和。

"有位客人中枪了。子弹是从窗外射击的，但犯人已经逃走了。"

这是酒店方面对这起事件的第一次明确解释。

"警察呢？"

"应该快来了。我们已经打电话了。"

"中枪的人没有生命危险吧？"

"应该没有生命危险,我们已经处理了伤口。"

"为什么会有人开枪啊?"

"这……我们也不清楚……"

"喂,喂!"另一个男人性急地问道,"中枪的那个人叫什么名字啊?会不会是我认识的人啊?我好担心啊……"

行政人员犹豫了一会儿,喃喃道:"住客名册上登记的是吉冈先生……"

听到这话,久美子脸色大变。

吉冈……

那不是村尾课长吗?他就是用这个名字在前台登记的啊。久美子眼前浮现出吊着国内航空标签的行李箱,还有上电梯时村尾芳生的背影。

就在她茫然无措之际,工作人员开口道:"请大家不要再追问了。"

"旁边房间里住的是法国客人,大家要是再聚在这儿,恐怕他们会担心的,还是请大家回房间去吧。"

久美子差点喊出声来了。

原来一直紧闭房门的406号房里住着的就是自己在苔寺见到的那位法国夫人,还有她的丈夫,他们本想要请自己共进晚餐呢!

人群好不容易离开了房门。久美子茫然地跟随着一起走下了楼。这时,酒店门外传来了警车的警铃声。看来是警察和救护车来了。

被手枪射中的是村尾芳生。

事出突然,而且出乎意料。久美子的双脚不住地颤抖。

走在前头的男人个子挺高,穿着酒店的睡袍。他打开房门走进了房间,走廊电灯照亮了他的侧脸,让久美子倒吸一口冷气——那不是她曾经见过的泷良精先生吗?

而且,他就是住在自己隔壁房间的那个半夜才入住的客人。

16

　　受害者躺在床上。坐救护车赶来的年轻医护人员正在为他检查伤口。医生弓着背，看了看满是鲜血的肩膀，转过身来说道："子弹从右肩胛骨上方穿过去的。"

　　旁边站着四五位警官，点头的是站在最前头的警部补，看上去三十多岁。

　　"没有生命危险吧？"他向医生问道。

　　"应该没事。"

　　受害者紧闭双眼不住地呻吟。鲜血染红了床单。

　　房间里还有几处满是鲜血的地方。一个靠垫掉在房间正中央，椅子下的地板上也血迹斑斑。旁边有一盏落地灯，地上的一摊鲜血在灯光下泛着光。

　　其他警官正在检查破碎的窗玻璃。

　　警部补凝视着受害者苍白的脸说道："医生说没有生命危险，你可得振作点儿啊。"

　　受害者是个年过四十的男性，穿着酒店的睡袍，身材魁梧，容貌很是文雅。能住这样一流的酒店，不是社会地位很高的人，就是有钱人。

"你叫什么名字？"

"吉冈。"受害者把眼睛睁开一条缝，盯着警部补低声说道。

"吉冈？名字呢？"

一位警官把登记簿上抄下的信息递给警部补看了看。

"吉冈正雄先生，地址是东京都港区芝二本榎2-4……没错吧？"

警部补考虑到受害者正在忍耐巨大的痛苦，就把他写在登记簿上的信息念了出来。

受害者点了点头，表示信息无误。

"我们会在你住院之后调查详细情况……"

受害者用微弱的声音插嘴道："一定要住院吗？"

警部补嘴角露出一丝微笑。医生虽然说了没有生命危险，可受害者本人还是把问题想得太简单了。也许他还想明天一早回东京去呢。

"毕竟不是什么小伤，不住院可不行啊。"警部补说道。

"就不能先处理一下伤口，让我回东京住院吗？坐飞机的话，只要三个小时就能到东京了啊。"

受害者强忍着痛苦，露出恳求的表情。

"不行，虽说没有生命危险，可这毕竟是重伤。"

受害者欲言又止，也许是一阵新的疼痛袭来。

"你是在哪儿中枪的？"

受害者用下巴指了指椅子。

"啊，是那儿啊。在你坐着的时候，有人在你身后开枪？"

受害者点点头，表示同意。

"子弹是从窗外射进来的。趁你亮着台灯，坐在椅子上的时候动的手。你是在看书吗？"

"报纸。"

"你在中枪之前有没有听到什么动静？"

他摇了摇头，好像在说"我没注意到"。

"你知道犯人是谁吗？"

半晌没有回答。过了好久，他才微微睁开眼睛说道："不知道……"

"我们认为，动机不可能是劫财。犯人射击的目标从一开始就是你。请你务必知无不言，言无不尽。有没有想到什么线索？"

"不，我一点头绪都没有。"

这时，在房间里调查的另一位警官走到警部补面前。他隔着手帕捧着什么东西。

打开手帕一看，里面是一颗小小的子弹。

"嵌在那堵墙壁下面了。"

警官指了指发现子弹的位置。窗玻璃的破碎处、受害者所坐的椅子还有那堵墙壁的弹坑正好呈一条直线。也就是说，子弹贯穿了受害者肩胛骨上部之后，嵌进了墙壁里。

警部补默默点头，又转向受害者问道："你的职业是……"

他看了看从登记簿上抄下的信息。

"登记簿上写的是公司职员，请问是哪家公司？"

对方犹豫了片刻回答道："是我自己开的公司。"

原来如此，从这个人的外表和谈吐来看，的确可能是公司的社长。

"公司叫什么名字?"

受害者又过了一会儿才回答道:"是一家贸易公司。"

"我问的是公司的名字。"

"吉冈商会。"

"公司的地址是?"

"和我家地址一样,那儿就是公司的事务所。"

"原来如此。请问你家里有几口人?"

受害者的表情扭曲了。伤口又开始作痛了。

"我和妻子,还有两个孩子。"

"你的妻子叫什么?"

受害者紧咬嘴唇,好像在与疼痛做着斗争。

"丝子……"

"是丝线的丝吧?丝子夫人……那她知道你住在这儿吗?"

"不知道。"受害者摇了摇头,"她只知道我来京都出差,并不知道我住在哪儿。"

"那我们一会儿帮你通知她吧。"

"不……请不要通知我家里。"

受害者提高了嗓门。

"为什么?这可不是小伤小病啊!"

"不,请你们不要通知我家里。"

警部补目不转睛地看着被害人的脸。他立刻明白,这位被害人定有难言之隐。

他不想住院,也不让警方联系他的家人。他一定有什么隐情。这一点让人不禁怀疑起犯人与受害者之间的关系。警部补怀疑，受害者口口声声说自己不知道犯人是谁，但他其实已经心中有数了。

受害者老老实实地接受医护人员的救治。然而，他的表情中除了伤口带来的痛苦，还隐含另一种痛苦。

"我们现在就把你送去医院。"警部补说道。当务之急就是把伤者送到医院。

受害者吉冈正雄一言不发地点了点头。他知道再怎么反对也是徒劳，只得作罢。

受害者由众人抬上了担架，送上了停在酒店门口的救护车。

剩下的警察则留在现场进行勘察，书写报告。有的用白色粉笔在有血迹的地方描圈，有的则用照相机拍照，还有人用卷尺测量窗玻璃到椅子的距离……房间里形成一种奇妙的忙碌氛围。

警部补负责指挥。

楼下还有一个小分队，举着手电筒，调查犯人的逃跑路线。

现场示意图画好了。

一位警官走到警部补身旁，解释犯人是如何逃跑的。

"犯人应该是从酒店后方溜进来的。"他指着示意图解释道。

这家M酒店建在马路旁边的高地上，背后靠着山脉，因此很容易从后侧溜进来。而且酒店也没有高高的围墙。

"好像是从这个山崖下来的。"警官指着酒店后方的山说道。

酒店共有五层，但酒店和山之间还有其他建筑物，那些突露出来的建筑物屋顶呈阶梯状，有好几处适合攀檐而入。

然而，要靠近405号房的窗边，需要相当熟练的技巧。虽说窗下一米的位置就是另一栋建筑物的屋顶，但那里实际仅有一只脚大小的蹬脚点。只有身手敏捷如猿的人才能爬上来。

很明显,犯人的目的从一开始就是这扇窗户,犯人就是冲着吉冈正雄来的。窗玻璃的碎片显示,开枪的位置非常近。其延长线通向房间示意图的正中央——被害人坐着的那张椅子。

"犯人开枪之后,立刻跳到下方的屋顶上,再跑到呈阶梯状的另一个屋顶,最后跳到地上逃跑。逃跑路线应该和入侵路线大致相同。"

警部补看着地图,不时点一点头。

"就没有人听见动静吗?他这么往上爬,总会有踩到屋顶的脚步声或其他响声吧?"

警部补这么问是有原因的。通过脚步声,就能判断犯人是单独作案,还是一人开枪,另一人在地面放风。

警部补旁站着当晚的值班主任。

"隔壁房间住着什么人?"警部补问道。

隔壁房间指的是406号房。从房间布局图看,那间房间正下方就是犯人用来当踏板的另一栋建筑物的屋顶。

"406号房住的是外国客人。"脸色苍白的值班主任回答道。

"外国客人?"

"是的,是法国来的一对夫妇。"

警部补犯了愁。如果对方是日本人,他还掂量是否要大半夜把对方吵起来打听打听情况,可要是外国人就不好办了。

"他们准备住到什么时候?"

警部补打算明天再来了解情况。

"退房时间是明天傍晚。"

"他们肯定不懂日语吧?"

"应该没问题,他们还带了个翻译呢。"

"还有翻译?"

"那个翻译没有住在这儿,不过这对夫妻出去旅游的时候他都会跟着。他总是早上来,傍晚离开。"

"明天应该也会来吧?"

"我想是的。"

警部补又问了另一侧相邻的房间,404号房。

"404号房是一位女客人。"

"是日本人吧?"

"是的。"

警部补看了看表,已经快凌晨三点了。听说那是位女客人,警部补只得作罢。

"受害者……"警部补说道,"也就是吉冈先生,他是昨天晚上刚入住的吗?"

"是的。"

"他之前有预订吗?还是直接来的?"

"他预订过,是两天前从东京打电话预订的。"

"两天前?"

如果是两天前预订的,那就说明他早就决定要住这儿了。

警部补产生了些许怀疑。受害者不愿让警方联系家里,还说自己对犯人完全没有头绪……这实在有些可疑。

"看来今天得去医院一趟,从受害者那儿多打听些情况。"警部补喃喃道。

现场勘查基本结束了。

"还是没找到指纹。"在窗外的墙壁上扑指纹粉的鉴识课人员汇报说，"毕竟现在外面太暗了，等天亮了我们会再查一遍的。"

"那就拜托了。"

警官们总算准备收队了。

"你们肯定也很头疼吧。"警部补对身旁的值班主任说道。

"是啊……"主任一脸愁容，"发生这种事，让我们以后可怎么开门迎客啊。"

"幸好没出人命。要是这儿死了人，不就更麻烦了吗。"

"是啊，真是不幸中的万幸。"主任低下了头。

另一位警官打开了床边的衣橱。里头挂着受害者的衣服与外套。

"帮他拿到医院去吧。"警部补看了看衣服说道。

警官随手叠了叠衣服。就在这时……

"喂，等等！"

警部补突然发现了什么，让部下停了下来。

警部补用手翻了翻上衣的内里。上面有个名牌，写着"村尾"二字。警部补凝视着这个名字，转头向主任问道："这个人在登记的时候写的确实是吉冈这个名字吧？"

"是的，就是吉冈。"

听到主任的回答，警部补把衣服翻了回去，脸上露出复杂的表情。

"我再问你一次。"警部补又朝值班主任问道，"这个人是第一次来你们酒店吗？"

"没错，是第一次。以前从来没有来过。"

"他入住之后有没有给外面打过电话？或者有没有外面的人给他打过电话？"

"这得查过之后才知道……"

"那就帮我查一查吧。你们应该能查出电话是打去哪儿的吧？"

"可以，因为电话是收费的，我们会把客人打的号码都记下来。"

警部补点了点头。

"他的行李就这些？"

衣橱旁边放着个行李箱。警部补把箱子拿了出来。

行李箱上吊着国内航线的行李牌。警部补拿起牌子一看，上面写着"吉冈正雄"这几个字。

警部补想拉开拉链，却发现上了锁。

"我想检查一下他的衣服。请你做个证明。"

"好。"主任老老实实地答应了。

警部补把手伸进了上衣口袋里，找到了一个名片夹。他打开名片夹，取出一叠厚厚的名片。

他默默翻阅着名片，看完之后又把名片放回了原处。

"请把他的行李和衣服小心送到医院去。"

警部补的口气有了些许变化。

警官们轻手轻脚地走过走廊，来到酒店大门。这时，已经没有其他住客站在走廊里看热闹了。

对酒店来说，麻烦才刚开始。主任叫来服务员们，让他们拼命擦拭地毯上的血迹。还要换床单，打扫卫生，服务员们忙得不可开交。

"隔壁房间的客人还睡着呢,大家一定要轻点儿啊。"

主任站在发生案件的房间中,指挥着服务员们。

这时,一个人从房门口走了进来,是个高大的男人。他穿着酒店的睡袍,想必是酒店的住客。他看上去已经五十多岁了,很是温文尔雅。

他旁若无人地走进了房间。

"喂!"他向当班的主任说道,"今天这事儿可够乱的……"

主任皱起眉头。他不想让客人看见这种场面,况且大半夜的也没时间与这种人纠缠不清。

"是啊……"他闷闷不乐地回答。客人自己倒开始自说自话起来。

"中枪的人没事吧?"

"没事,没有生命危险。"主任心不甘情不愿地回答道。

"那可真是太好了。"中年客人舒展了眉头,"警察好像来过了?有没有犯人的线索啊?"

"还没有。"

主任心想,得快点把这位客人打发走才行。

"那受害人是不是姓吉冈啊?"

也许他在事件发生之后就来到了房间门口,所以才会知道这件事。

"是的。"

"和他家里人联系上没有啊?"

真是个爱刨根问底的客人。主任毕竟是酒店里的员工,也不能明显表露出自己的不悦。

"我们也想啊,可是他不让我们联系他家里。"

"哦,看来他别有内情啊。"客人喃喃道。这位客人不是别人,正是世界文化交流联盟前常任理事,泷良精。

他露出一脸严肃的表情,眉间皱纹紧缩。这表情表明他绝不是单纯的"好打听",而是真的在为受害者担心。

他又向主任问道:"受害者是昨天晚上来的吧?"

"是的。"

"他入住之后有没有出过门?"

主任露出为难的表情。即使是酒店的客人,他也没有义务回答这种问题。然而,这位中年客人脸上,带着一丝威严的表情。

"应该没有。"主任又不情愿地回答道。

"那有没有客人来找过他?就是外头来的客人。"

正在打扫地板的服务员正好是负责这间房的。他听见两人的对话,主动抬起头来说:"没有人来找过这位客人。"

当班的主任一脸严肃,狠狠地瞪了服务员一眼。

"是吗……"

泷良精站在原地,望着拼命清理地板的服务员们。

"那电话呢?"刚才警部补也问过同样的问题。

"那得查一查才知道。"主任撂下这句话。

"接线台应该有记录吧。不过得等到早上才能知道。"

泷好像在自言自语。主任目不转睛地看着泷的脸,好像在说:请您快点儿离开这个房间吧。然而,也不知道对方看明白了没有,反正他完全没有离开的意思,还是站在原处,像在拼命地思考着什么。

"隔壁的客人知不知道这场骚动啊?"泷问道。

对主任来说，这都是些多管闲事的问题。

"这……我就不清楚了。"主任故意不正面回答他，"毕竟现在是深更半夜……"

言外之意是，现在可正是睡觉的时候。

"可是这么大一场骚动，怎么还睡得着啊？我住在很远的房间都被吵起来了。隔壁房间的人怎么会不知道呢？他们就没有意见吗？"

"没有，什么都没说。"主任明确回答道。

"这里面……"泷用下巴指了指一侧的墙壁，"住的是一对法国夫妇吧？"

他怎么什么都知道？

"是的。"

"外国人都很神经质的。出了这种事肯定会打电话反映，难道他们就没有打过电话吗？"

"没有。没有来问过。"

"出了骚动也没有出来看看情况吗？"

"没有，没出来过。"

主任的表情仿佛在说——您以为人人都像您那么好事啊。

久美子醒了。

房间拉上了百叶窗，但光亮从窗的一丝缝隙中漏了进来。

一看钟，才六点半。

昨夜那场事件发生之后，她立刻回房睡下了，可是睡得并不熟。所以在睡梦中，她依稀听见隔壁房间的人出门去了。

顺着走廊从出事的房间回到自己房间的路上，她发现隔壁房间的客人和泷良精很像。一开始久美子还觉得肯定是自己看错了，可是转念一想，泷良精会出现在这家酒店也没什么可奇怪的。只是他正好住在自己隔壁实在是太巧了。

如果那真是泷良精……他为什么要半夜三更离开房间呢？事件发生之后，他曾和久美子一样来到案发现场打听情况。在其他客人回到房间之后，他又出门去了。难道他对这起事件这么感兴趣吗？

啊！久美子忽然想到……

泷良精倒真有可能做出这种事来。如果受害者并不是什么吉冈，而是村尾芳生……倘若真是如此，也难怪泷在房间里静不下心来了。因为他和村尾的关系非同一般。

看来出事的那间房的客人是村尾芳生的可能性很大。不，肯定就是村尾！

村尾为什么要谎称自己姓吉冈呢？之前她也考虑过这个问题。事故发生之后，久美子就更觉得使用假名与事故有着密切的关联了。莫非他早就预料到会发生这样的事件，所以才故意用假名登记的吗？

久美子迅速脱下睡袍，换上了套装。

隔壁房间鸦雀无声，竖起耳朵也听不见任何响声。

她拉起百叶窗，打开窗户。清晨那凉凉的新鲜空气扑面而来。

京都的早晨展现在久美子眼前。东山的山脚仿佛水墨画中的景色一般。寺院黑色的屋顶和森林的一角在朝雾中探出头来。电车轨道旁的路人很少。路上没什么汽车，连电车也没有。画卷一般美丽的景色，让人难以相信昨天发生在酒店里的那场骚动。

久美子想要喝杯咖啡，让自己平静下来。可是六点半毕竟早了点。食堂得等到八点多才开放。

门缝里塞了份报纸。她拿起来,展开看了看。上面并没有引人注目的报道,政治版和社会版上的铅字,都像窗外的景色那般平和。

突然,电话响了。

时间还早,突如其来的电话铃声把久美子吓得不轻,仿佛触电一般。昨天晚上电话也像这样响过。听着那铃声,久美子的直觉告诉她,又是和昨天一样的电话。电话铃仍在响个不停。

考虑到隔壁房间的人可能还在睡觉,久美子朝电话机走去。为了让铃声停下来,她拿起了听筒,但没有立刻把听筒举到耳边。她迟疑了五六秒。

最后她鼓足勇气,把听筒放到了耳边,可并没有立刻出声。

"喂?"

还是低沉的声音,和昨晚听见的一样,是上了年纪的沙哑嗓音。

"嗯。"久美子回答。

"喂……"对方又说道。

"您好……"

久美子稍稍提高了嗓门。这样反而让她平静了一些。

没想到对方竟沉默了,就是不说话。沉默持续了十五六秒之久。正当久美子要开口说话的时候,电话却断了。

和昨天晚上的电话如出一辙。

久美子放下听筒。和昨天唯一的不同是,此刻有明亮的阳光射进屋里。而电话给人带来的毛骨悚然的印象并没有任何改变。

昨天晚上两通,今天早上又一通,总共三通。对方难道接连打错了三通电话吗？并且这三通电话都不是从酒店外打来的。

久美子摇了摇头。半夜的事故发生之后，她心里就一直很不平静。她决定出门散散步，并小心翼翼地锁上了门。

酒店门口的门童正忍耐着寒风。

"早上好。"

前台的工作人员目送着久美子离开。

久美子走下酒店前方的坡道，来到电车轨道旁边。身处景色之中的感觉，与站在窗口眺望风景的感觉完全不同。一辆前往大津的电车载着为数不多的客人飞驰而去。

穿过电车的轨道，沿着倾斜式台阶缓坡一路向下。这一带有许多树林。东山的山间还留着一丝雾气。

久美子在那儿折了回来，回到了电车道上。沿着坡道往上爬，发现周围的房子越来越少。山科方向有许多坡度很缓的小山丘。

久美子散了会儿步。周围没多少人。一辆装着蔬菜的卡车驶过。

她想起了东京的家。这个时间，母亲应该在准备饭菜吧。

她走了三十多分钟，又回到了电车轨道旁的起点。酒店就在高地上。后面满是树林，环境非常幽静。那栋建筑物仿佛沉睡在美丽的景色中一样。谁能想象昨晚在这里竟发生了这样一起枪击案呢？

四五个女学生拿着书包，边走边聊。听起来多软的京都方言啊。

久美子沿着缓坡爬了上去。如果坐车的话，可以让车直接停到酒店门口。

她走到能看见酒店大门的地方，发现有一辆车正要发动。那是一辆漂亮的外国车。四五个酒店员工正在为客人送行。

久美子走进大门时瞥了那辆车一眼。车窗后是一张外国人的脸庞。久美子站住了。那不是在苔寺遇见的那位法国夫人吗？那极具特征的发色和侧脸……绝不会有错。

可是车已经开动了。对方也没有注意到久美子。汽车沿着反方向的斜坡向下开去。

这时久美子才透过后车窗看见法国夫人身旁还有一个男人的身影。

她想起昨晚夫人邀请自己共进晚餐的事情。旁边那个人一定是她的丈夫，就是在南禅寺走廊里坐下，凝视着假山，很像东洋人的男士。

原来那对法国夫妻这么早就出发了啊。

也许他们本来就是这么计划的。不过久美子觉得，他们之所以会这么早出发，肯定是受到了昨天半夜的那起事件的影响。

骚动发生的房间，就在他们的隔壁。半夜响起枪声，还有人中弹。对身在异乡旅行的外国人来说，一定是很大的惊扰。他们会因此改变行程，提早离开，也无可非议。

久美子回到房间，要了碗麦片。

可是她并没有食欲，总觉得胸口堵着什么东西，食不下咽，只吃了半碗。

也该出发了，久美子收拾了一下，打电话让酒店办退房手续。

如果中枪的真是村尾……她很是担心他的情况。今天早上酒店里如此安静，可见伤者肯定已经被送去了医院。隔着窗户开枪，事态绝非寻常。况且村尾还用"吉冈"这个假名办了入住手续。想到这儿，久美子的心便无法平静。

村尾是父亲的老部下，绝不是毫无干系的陌生人。可能的话，她真想去医院探探病。然而，想到对方用的是假名，久美子就犹豫了。

有人轻轻敲了敲门。

"您要退房吗？"

身着白色制服的门童出现在门外。

"谢谢您的惠顾。"他将放有账单的银盘递给久美子。

"昨天晚上你们一定很忙吧？"久美子问道。

"是啊……"门童低下头，"给您添麻烦了。"

"没事。对了，伤者情况怎么样了？"

"昨天半夜我们叫了救护车，把他送到医院去了。"

"伤势如何啊？"

"说是没有大碍。"

"那真是太好了。"久美子长舒一口气，"伤者叫什么名字啊？"她想再确认一下。

"他姓吉冈。"

果然是吉冈……

"查出犯人是谁了吗？"

"还没……"门童好像只有二十岁，满脸稚气，"事件发生之后警方立刻就赶到了，可案情还不明朗。"

"犯人是从窗外隔着玻璃开枪的吗？"

"是的，警方怀疑犯人是从后山过来的，现在正在调查呢。还说犯人不止一个。"

"哦？不止一个？"

"是的，说是从脚印看至少有两个人。"

门童对这起事件也很感兴趣，所以很热情地回答了久美子的问题。

"对了，小姐，警方还发现了一件怪事。"他弯腰对久美子说道。

"怪事？"

"嗯，说是窗边有一张纸，警方怀疑是犯人想从射穿的窗玻璃塞进来的，结果因为某些原因落在了那儿。"

"是吗？纸片上写着什么啊？"

"听说是'叛徒'这两个字。"

"叛徒？"

久美子倒吸一口冷气。

难道这"叛徒"指的是村尾芳生吗？

"那字是用铅笔写的，而且字迹很潦草……但警方还不确定那究竟是犯人写的，还是有人恶作剧。"

"这样啊……"

两人的对话到此为止。久美子把钱放在银盘上。她站起身，而门童已经提着她的行李箱先走了出去。

她环视房间，确认没有遗忘东西。这时，她又看见了桌上的电话。

从昨晚到今天早上，她总共接了三通可疑电话，也不知道究竟是谁打来的。短短几句话，只能让久美子猜出那是个嗓音沙哑的男人。对方究竟是故意的，还是偶然打错的也不得而知。然而连续三次，岂会如此偶然。

在门童离开两分钟后，久美子也走出房间，来到了走廊。

隔壁房间大门洞开。和自己的房间一样，隔壁房间也铺着绯红色的地毯。屋里有些响声。原来是围着围裙的女服务生正在用吸尘器打扫。

久美子停下了脚步。她走到房间门口,朝屋里看去。女员工正在打扫,可见客人并不在屋里。也许他去楼下的食堂吃饭了吧。

手握吸尘器的女员工见久美子站在门口,抬起了头。

"请问……"久美子问道,"这间房的客人是不是不在啊?"

如果那真是泷良精,她就想跟他打个招呼。

"不在。"女员工摇了摇头,"这位客人已经退房了。"

久美子吃了一惊。

"他是什么时候退房的?"

"嗯……大概一小时前吧。"

一小时前——那正是久美子在电车轨道旁散步的时候。

久美子万万没有想到泷良精竟会这么早退房。

"请问这间房里的客人叫什么名字啊?他可能是我认识的人。"

两位女员工面面相觑。

"好像……是姓川田吧?"

"川田先生?"

名字不对,可是自己应该没有认错人才对啊。村尾芳生不也用了假名吗?泷良精一定也是这样!

然而,为什么村尾和泷都要用假名登记呢?

隔壁房间的泷对昨晚的事件异常感兴趣,而且他一大早就慌忙退房了。这究竟是为什么?

17

警察署的搜查课长走进病房的时候,病床上的伤者把头转了过来。他的气色还不错。乍一看,他并没有因为受伤而痛苦,倒是有些发愁。

课长不是独自前来的,后头还跟着主任警部补和三位刑警。

那是一间能晒到太阳的病房。阳光透过窗户,照亮了半张病床。

护士搬了张椅子到床头。

"早啊,感觉如何?"

搜查课长已经向医生确认过了,现在病人可以接受警方的问询。毛毯下露出受伤者裹着厚厚绷带的肩膀。

"谢谢关心。"伤者道了谢。他的头发很乱,因为头发比较少的缘故,有些地方甚至露出了头皮。

"您受苦了。"

伤者露出微笑,可脸上的阴云还是没有散去。眼神也有些游离。主任和其他刑警另搬了几张椅子到课长身后。

主任与护士耳语了几句。护士点点头,离开了房间。

"一定很疼吧?"课长同情地说道。

身后的主任警部补见过伤者。他就是第一个赶到M酒店,对案发现场进行调查的人。

"吉冈先生。"主任向伤者介绍了课长。伤者好像知道对方是什么来头,点了点头。

"我们已经向院长了解了情况,听说伤势不重,真是万幸。"

"让各位费心了。"

伤者挪了挪枕头上的脑袋,做出点头的动作。

"吉冈先生……我们虽然也想这么称呼您,可是我们已经知道了您的真名。"

课长的口气一点也不强硬,脸上也带着微笑,用词也很柔和。

村尾芳生好像已经有了思想准备,可脸色还是变白了。

见当事人沉默不语,主任从旁插嘴道:"是这样的,我们从酒店那儿问到了您的住处,然后就去调查了一下,发现您写的东京住处并没有吉冈商会,也没有一个姓吉冈的人住在那里。"

"……"

"于是我们就自作主张,从您的衣服口袋里找到了您的名片。"

村尾芳生不再抵抗。原本对着课长一行人的头别向一边,变为仰卧的姿势。于是访客们看到的只有他的侧脸。

"村尾先生……"课长发话了。

当事人好像已经做好了心理准备,但听见旁人喊出了自己想要隐瞒的本名,眼皮还是神经质般地抖了抖。

"您这次是私下来旅行的吗？"

课长的态度彬彬有礼。这也难怪，受害人毕竟是外务省核心人物。

"……是的，是为了私事来的。"村尾芳生低声回答。

"恕我冒昧，事情到了这个地步，有些情况我们不得不问。"

"我知道。"

"能否请您把这趟旅行的目的告诉我们？如果您实在不方便说，我们也不强求。"

"请允许我保持沉默。"村尾芳生明确回答道。

"好吧。请再允许我冒昧地问一句，您之所以用假名预订了房间，是不是也是因为这桩私事的关系？"

"就算是吧。"

课长从一旁的主任警部补手中接过文件，继续说道："犯人从M酒店后山往南逃跑了。您也知道从M酒店一路往南走就是知恩院。今天早上我们调查过，发现M酒店后院里的脚印果然也出现在了知恩院的后院。脚印断断续续，并非一个挨着一个。"

村尾芳生毫无反应地听着。

"我们在您所住房间的墙壁上发现了子弹。那是美国的子弹，用的枪则是柯尔特手枪。"

"……"

"隔着窗户向您开枪的犯人见您倒地不起，还以为目的已经达成，所以才逃跑了。请问您真的不知道犯人是谁吗？"

"不知道。"村尾毫不犹豫地回答。

"原来如此。可是犯人的目的绝不是劫财。从犯案手法看，这八成是仇恨引起的。不,应该说有着明显的仇杀特征。所以我们才觉得您一定有些头绪。"

"我还真没有。"

村尾冷淡的回答,险些让警方火冒三丈。

"至于您的私事……"课长继续说道,"您可以不把私事的内容告诉我们,但我想问您的是,您这一次旅行的目的和这起案件,是否有着间接的关联?"

"完全无关。"

课长与主任面面相觑。受害者村尾芳生完全不配合调查。至少,他有所隐瞒。这就是村尾留给警方的印象。

对方是外务省欧亚局某课课长。搜查课长顾虑的并非他高高在上的身份,而是"外务省"这个机关的机密性。

村尾坚称这次旅行是来办私事的,和枪击事件没有任何关系,而且他完全不知道凶手是谁。而课长觉得,那是因为他是公职人员,有时不得不隐瞒真相。

"村尾先生,"搜查课长有礼貌地说道,"从客观上讲,这起伤人案昨天发生在我们辖区内,而且凶器还是手枪,我们的职责就是进行调查。我们必须找到凶手,将他逮捕归案。村尾先生,您是受害者。事件发生了,就产生了凶手和受害者。在不知道凶手是谁的情况下,我们唯一的选择就是向受害人了解情况。"

村尾芳生的嘴唇扭曲了。

"如果您方便的话,还请配合我们的调查工作。"

"我也没办法啊。"村尾芳生如此回答,"我真是不知道为什么会有人开枪打我。你们再怎么问,我也只能这么回答。要是你们抓到了犯人，查清他的动机，了解了真相，再来告诉我，也许我还能恍然大悟，可现在我真是一头雾水。"

警方碰了一鼻子灰。

"好吧。那我们就不多打听了。"

课长露出柔和的微笑，点了点头，表示休战。

"要我们联系外务省吗？"

"不，不必了。"

"那需要我们联系您家人吗？"

"不用了。这件事绝对不能让我妻子知道。她……很麻烦的。"

村尾芳生又回到了最初的恳请的表情。

"哦……那就是说您这次是偷偷来京都的，要是被夫人知道了会很不便是吗？"

村尾芳生没有回答。

课长离开之后的二十分钟内，整个病房静悄悄的。阳光照在伤者的脸上。

护士正要拉上窗帘，却被病人制止了。他说，那样就看不到窗外的景色了。

窗外满是京都古城的屋顶。其中也耸立着东寺的五重塔。

村尾芳生侧着脸，眺望着窗外的景色。他看似平静，可是难掩心底的焦躁。

他叫来护士说道："即使今天不能出院，明天早上总能回东京了吧？我知道我的要求很过分，但能不能通融一下啊。"

这已经是他第三次提出了。护士也很头疼。院长从不向患者妥协。

对方不是普通人，而是外务省有头有脸的官员。他这么急切地想要回到东京，肯定是担心外务省的工作吧。然而，他的身体情况，并不允许他在这两天里长途跋涉。

他时而冷静地躺着，时而焦躁不安。

这时，又有人来拜访这位伤者了。接待处告诉客人，现在病人不能见客，但客人很是坚持。

那是一位身材高大的绅士，一半的头发都白了。他的态度很温和，但坚持要和住院的病人见一面。

护士们拿他没有一点办法。对方给出了名片，于是护士们把名片转交给院长定夺。名片上写着：

世界文化交流联盟常任理事　泷良精

"给我五分钟就够了。"泷良精对院长说道，"他是我的好朋友，有些话一定要跟他说。"

"这可不好办啊……"院长犹豫了。

"我正好和他住在同一家酒店，其实当天夜里我就知道这件事了，只是不知道中枪的就是村尾君，事后才听说，真是吓了一跳，所以立刻就赶来了。"泷微笑着说道。然而微笑中蕴含的气派与底气，给院长带来了无形的压力。

"我是向警方打听之后，才知道中枪的是村尾君。我不会打扰他很长时间，只要五分钟就行，见了他我就马上回去。"

院长只得缴械投降。

"你好啊。"

泷良精轻轻关上病房大门，缓缓走向病床。

村尾芳生躺在床上，用眼神迎接泷良精的到来。他的脸上没有惊讶，就好像他早就料到泷良精会来一样。

护士又搬出一张椅子，就像刚才为搜查课长做的那样。

"你可真是受苦了。伤势我已经从院长那儿听说了。"泷良精坐了下来，"感觉怎么样？看你脸色还不错。"

病人朝护士使了个眼色。

"护士小姐，我马上就走。"客人也向护士说道，"能否请你回避一下？给我十分钟，不，五分钟就行。"

护士帮病人盖好毛毯，离开了房间。

"我能抽个烟吗？"

"抽吧。这儿没有烟灰缸，你就随便找个地方丢烟蒂好了。"

泷良精打开银色的烟盒，抽出一根烟。白色的烟雾在阳光和阴影之间升腾。

"我可真是没想到。"等护士走远之后，客人率先开口。

"才刚到，半夜三更就出了这种事，真是太出乎意料了。"他瞥了一眼病人，说道，"还好伤势没有大碍。不亲眼见到你我可放心不下啊。现在好不容易能安心点了。"

村尾稍稍动了动脖子。肩膀像夹着块钢板，贴在床上完全动不了。

"见到了吗？"泷良精目不转睛地盯着村尾，低声问道。

"没有。倒是用电话联系上了。你呢？"

"因为火车的关系，我半夜才到酒店。"

"听说你不在东京?"

"是啊,我在信州的山区里待了一个星期。接到通知我就坐上了中央线。可是那车太慢了,而且在名古屋换车的时候也等了很久。"

"那一位,怎么样?"村尾芳生仰望着泷问道。

"立刻就退房了。"

村尾点了点头。

"去哪儿了?"

"不知道。"

"那就把她丢在那儿不管了?"

"谁啊?"

"女儿啊,他把女儿叫来了。"

"什么?他们在哪儿见面的?"

"本来说好要在南禅寺见面的。约的时候,他用的是女人的名字。他女儿看到那封信,就来京都了。"

"然后呢?见着了吗?"

泷良精望着村尾,连眼睛都忘了眨。

"没有。他在电话里跟我说的。"村尾低头说道,"说是看见她身后有个看上去像是刑警的人跟着,就没敢见。"

"哦?"

"估计是家人担心她的安全才找了人陪吧。也难怪啊,可就是这警察坏了事儿,让他起了戒心。"

"然后呢?再也没见到吗?"

"不,没想到机缘巧合,她也住在M酒店。"

"什么?他女儿也在?"泷良精瞪大双眼,"这可真是没想到,那你……"

"是啊,她应该知道我中枪这件事。不过我用的不是真名,她应该不知道那就是我。"

"她住在哪个房间啊?"

"夫人在电话里跟我说了,是325号房。"

"那不就是我隔壁吗?"泷良精大喊一声。

"什么?你隔壁?"

村尾芳生脸上的惊愕不亚于他的朋友。

"这还真是没想到,原来就在你的隔壁啊……"

两人沉默了片刻。

古朴的屋顶在京都的蓝天下起伏错落。飞机的机翼划过天空,反射出一道阳光。

身在报社的添田彰一仔细地翻阅京都版的内容。

京都版属于大阪总部的管辖范围,报纸会延迟一天送到东京。久美子出发前往京都之后,添田总是特别留心京都版的内容。他并非预料到了事故的发生,而是祈祷久美子能够平安无事。

久美子的京都之行只有两天多时间,担心她会出事故未免有些小题大做。然而,他总觉得久美子周围发生着一些奇妙的事情,所以一字一句地翻看报道。

十一月一日的报上什么都没有写。他也不期望发生什么大事件。他着重看了看地方版[1]。

次日,新的报纸送到了。大阪总部送来的报纸包含辖区内所

---

[1] 即使是同一家报社的同一份报纸,在不同地区发行的报纸也会根据当地的情况报道不同的内容。

有地区的地方版。京都版也是其中之一。这一天的报上没有什么大新闻。添田放心了。然而，当他看到总版的社会版面时，顿时大惊失色。用了三行篇幅的大字标题如下：

　　M 酒店发生枪击骚动，一名住客中枪

一看报道，才知道这件事与久美子并无关系。

M酒店一位姓吉冈的住客，是某家公司的社长，半夜在房间里被人开枪打中。犯人从四楼的窗外隔着玻璃开枪，打中吉冈之后逃之夭夭。受害者的肩胛骨受了枪伤，但没有生命危险。辖区警察署经调查发现了犯人从M酒店后山逃往知恩院的行迹。当前正在加紧对犯人的追捕。

M酒店可是京都数一数二的观光酒店。来京都的外国人大多会选择这家酒店。添田虽然没有住过，但见过那栋酒店。它位于蹴上高台的树丛中，是一栋风雅的洋房。

这篇报道还挺长，所以没有上京都版，而是直接上了总版。因为凶器是手枪，警方也很重视，所以才会给这么大块篇幅吧。

久美子去京都期间，当地发生的变化就只有这一件事了。当然，这件事与久美子并没有联系。

添田合上了报纸，却对这篇新闻总是有些在意。

也许是太过担心久美子，让自己变得神经过敏了吧。京都每天都会发生各种事情。总不至于所有事情都和久美子有关，包括这起M酒店发生的枪击事件。

久美子的母亲说，有一位警视厅的刑警陪着久美子一起去了京都。她应该不会选择豪华的M酒店，而会住在很有京都味的日式旅馆中。况且还有刑警保护，安全肯定是有保障的。

添田给自己分析了一遍，可还是觉得放心不下。

为什么？

添田脑中还残留着那天看见的光景：在羽田机场登机前往伊丹的村尾芳生的背影。光是如此，倒也没什么好在意的，可他上飞机的日子，正好是久美子身在京都的日子。而且，出现在报上的那起枪击骚动，也是村尾抵达伊丹的那天发生的。

更令人担心的是，村尾芳生如果去了京都，自然会入住M酒店。他是外务省的官员，而且还是课长这样的核心人物，选择那家酒店的可能性很大。

村尾的飞机是到伊丹机场的。之后他究竟去了京都，还是去了大阪或神户，添田不得而知。然而，村尾芳生是久美子父亲的老部下。而且他抵达伊丹机场的日子也与久美子在京都逗留的日子相符。再加上M酒店的枪击事件……条条线索环环相扣，相互牵连。

报纸上写着受害者吉冈正雄的地址。港区芝二本榎2-4，是吉冈商会的老板。

添田立刻按照报上的地址坐报社的车去看了看，竟发现那儿住着完全不同的人家！

那分明是一家自行车店。一问才知道，这户人家已经在这里住了二十多年了。这附近也没有叫"吉冈商会"的公司，更没有叫吉冈正雄的人。添田早有预感。他随即回到报社，给大阪总部打了个电话。

大阪总部的社会部有添田的熟人。万幸的是，他正好在办公室。

报社的电话是直通式的，一打就通了。

"哦，好久不见，你还好吗？"

朋友没想到添田会打电话给他，显得很是吃惊。两人所属的部门不同，平时也不太联系。

"我有件麻烦事要拜托你。"

添田言简意赅地说他看见了报上的京都酒店枪击案。

"按照上面那个地址并没有叫吉冈正雄的人，也没有什么吉冈商会。我就想是不是警方出了什么差错，能不能请你帮我问一问啊？"

"这是怎么回事？你和这事儿有关系吗？"

"嗯，有点关心……"

"这样啊……那我这就给京都分部打个电话，问问负责人。"

"不，不光是问，我觉得受害者用的可能是假名。所以能不能帮我再问问警方那边？"

"这事儿还挺有意思的啊。莫非你有什么线索？说来听听。"

"不，还没有，只是有些担心罢了。详细情况过一阵子告诉你。"

"是吗，那我就去问问看吧。"

对方挂了电话。

三个小时后，大阪那边才回电。

"我好不容易联系上那边的负责人了。"大阪打来的电话说道，"我一问，对方说报上的地址就是根据警方公布的信息写的。我就把你说的情况告诉他们了，还让他们跟当地警署确认一下那人是不是用了假名。过了一会儿,京都那边回复我说,他们问了,可是警方说那个人就是吉冈正雄,绝对没错。"

"可是没有叫吉冈的人住在那儿啊。"

"是啊,这我也跟他们说了。警方只说,那是绝对不可能的。"

"这可真是奇怪……"

添田意识到,京都分部对这事不太上心。如果是他们自己感兴趣的事情,他们自然会追查到底,可摆在他们眼前的只是东京总部的一个小记者的请求而已,他们好像没有太大兴致。

要是京都分部有添田的熟人,他还能再请那边仔细查一查,可是平日里添田与京都分部并没有交情。面对这敷衍了事的回答,添田也只能望而兴叹。

18

添田彰一给野上家打了个电话。

"啊,你好,前些天承蒙关照了。"接电话的是久美子的母亲。

"这么晚来打扰,万分抱歉。请问久美子小姐回来了吗?"

"啊,我正准备告诉你呢。"母亲孝子的语速比平时急促很多,"久美子已经回来了。"

"啊?已经回来了吗?是什么时候回来的?"添田还以为久美子回来之后肯定会给自己打个电话。

"昨晚刚到东京,看起来很累的样子,一直睡到一个多小时前才醒来呢。"

"这样啊……"

久美子平安到家了。确定了这一点之后,他又想问问发生在京都的事情。

"她还是没见着写信的人。说是在南禅寺等了三个多小时,可对方就是没有出现。"

"是吗……那大老远跑这儿一趟没见到人真是太遗憾了。"

添田本想让久美子听电话，而孝子好像察觉到了他的心思，赶忙说道："久美子到节子那儿去了。她没有给你打电话吗？"

"没有。"

"这是怎么回事……我还以为久美子会在半路上给你打电话呢。"

"久美子小姐还好吧？"

"嗯……"孝子的这句"嗯"有些意义不明，似乎透着一丝踌躇，"她虽然平安回来了，可总觉得神色有些奇怪。"

添田立刻想起了那篇报道。

"怎么了？"

"不不，不是什么大事，没必要担心，只是我总觉得久美子有些消沉，好像很没精神。"

"是不是太累了啊？"添田照常理问候一下。

"我也是这么想的。可是她回来的时候就像是变了个人一样，整个人都蔫了。"

"是不是因为没有见到寄信人的关系？毕竟大老远跑这么一趟。"

"也许是吧。"

"和久美子小姐一起去的那位警视厅的警察怎么样了？"

"啊，那件事我还没告诉你呢，"孝子这才想起来，"陪着久美子的那位铃木警官在京都给我打来电话，就是在到京都的第二天傍晚，说久美子自作主张突然离开旅馆了。"

"什么？这我还真是没想到，那她去哪里了呢？"

"我也吓了一跳呢。铃木警官觉得自己要负一定责任，担心得不得了。结果当天晚上久美子就打电话回家了，说是住在M酒店。"

"什么？M酒店？"

添田差点儿跳了起来。久美子住店的日期也好，酒店的名字也好……难道久美子就在枪击案现场不成？

久美子从京都回来之后，之所以会没精打采，会不会正是因为枪击案的关系？这个可能性很大。她肯定受了刺激。

"我……"添田说道，"我能否今天傍晚到府上拜访一次？那个时候久美子小姐应该也回家了吧？"

"嗯，到时候她应该已经回来了。我会给节子家打个电话的。"

"那就麻烦了。我大概在六点到。"

添田放下听筒，从口袋里掏出香烟，想要稳定自己激动的情绪。叼着香烟，他突然想起了什么……

在蓼科见到的泷良精。现在，他在哪儿？

添田的眼前不禁浮现出走在晚秋蓼科的山间小路上的泷的身影。与他并肩行走时听到的那些别有深意的话语，依然回响在耳边。

添田翻开笔记本，给泷家打了个电话，接电话的好像是泷夫人。

"他还没有回家。而且我也不知道他什么时候才会回来。"

添田没有报上自己的姓名，只说了报社的名字。

添田又十万火急地给蓼科的旅馆拍了加急电报。大概要花一个小时才能回电。等那边来了消息，再去久美子家正好。

他全神贯注地处理着今天的工作，甚至忘记了时间的流逝。

蓼科那儿终于有了回音。

"请问……"

他说到一半，突然意识到泷是用假名登记的，赶忙翻开笔记本，找到了他用的假名。

"请问山城先生是不是还在贵旅馆？"

"啊，是山城静一先生吗？"电话那头好像是旅馆的服务员，"山城先生两天前退房了。"

"两天前？"

"是的，一大早走的。"

"您知道他去哪儿了吗？"

"这……我就不清楚了。"

"我就是上次去拜访的那个东京人。"

"啊！"这句话让女服务员想起了添田，"真是失礼了。"

"在我离开之后，有没有人去拜访过山城先生？"

"有的，您回去之后不久就有人来了。是三位客人，据说是从东京来的。"

"……"

添田想起，自己坐巴士从蓼科到茅野站的半路上，曾和一辆轿车擦肩而过。轿车里的确坐着三个男人。

泷良精两天前就离开了蓼科高原。而且没有回东京去。两天前……如果他离开那儿后去了京都，那不是正好赶上M酒店的枪击案吗？

天色渐晚。添田彰一来到位于杉并的野上家。大门玻璃上映出的正是久美子的身影。

"晚上好。"添田看着逆光阴影中久美子的脸庞说道。

"您来啦。您打过电话过来吧？不好意思，我那个时候不在家。"

久美子鞠了一躬。

"京都怎么样啊？"

"嗯……"

光亮照在久美子的脸颊上。她露出一抹微笑。

添田进了屋。

孝子一边擦手一边走了出来。

"你来啦。"

"伯母晚上好，这么晚来打扰真是对不起。"

"没关系，你白天已经打过电话了嘛，我一直等着你呢。"

久美子还没有回到房间，八成是在厨房准备茶水。

"久美子小姐精神好点没有啊？"添田轻声问孝子。

"嗯，比刚回来那会儿好多了，但还是不如出发前那么有精神……"

"再休息休息吧。"添田安慰道。

"实不相瞒，我有一件事要拜托伯母……"添田低声说道。

"什么事啊？"

"我有些事想问久美子小姐，但要是在伯母面前，久美子小姐可能有些话不方便回答。您不要误会，不是什么不能告诉您的坏事……"

"……"

"所以我不会在府上打搅很长时间，但想和久美子小姐在周围走走，能不能请您答应？"

"好，"孝子点了点头，"你就带她去吧。和你说说话，她也会精神点。"

"不好意思，"久美子端着红茶走了进来，"家里实在没什么好招待的。听说您要来，我就去附近买了几样点心，只是这边是乡下地方，东西不怎么好吃……"

"哦，那可真是费心了。久美子小姐，你都去了京都的哪些地方啊？"添田朗声问道。

久美子低下头说："我去了几座寺院。"

"哪几座寺院啊？"

"从南禅寺到苔寺那边……"

"那可真是太好了。现在这个季节的京都一定很美吧。"

"嗯……"

今天的久美子话很少。孝子端起了茶杯。

"突然听说你去了京都，我真是吓了一跳。"添田笑着说道，"不过因为你去的是京都，我就放心了。京都的寺院就应该一个人逛。"

"嗯……"久美子只是简短地应答着。

"我从车站过来的路上，看见这一带的风景还真是不错啊。杂树林的叶子都掉光了，光秃秃的树梢直刺夜空。而且因为气温的关系，远处的森林里还挂着一层薄雾呢。真想过去走走啊。"

"哎呀，添田先生，"孝子机灵地接了话茬，"要不你和久美子就去外面走走吧。"

"是吗？好啊！只要久美子小姐乐意就行。"

"怎么样啊，久美子，陪添田先生去走走吧？"

久美子的表情有了一丝变化。

添田自然没有放过蛛丝马迹。他感到久美子看穿了自己的意图。

"嗯,那就去吧。"她咽了咽嗓子,答道。

"那我们就出门了。"添田给孝子使了个眼色。

"慢走啊。"

添田站起身,走在久美子前头。

孝子送两人离开了家门。周围只有门口有电灯的亮光。

这一带的人家,多数在屋前屋后都种满花柏作为围墙。杂树林犹如一团团黑影,延伸至天际。

两人默默走着。那是一个温热的夜晚。泛白的马路弯弯曲曲。一路上碰到了好多十字路口。

添田沿着缓坡慢慢往下走。一侧是巨大的宅邸,花园里的树林浑然天成。

久美子紧挨在添田身边。平日里她绝不会这样没精打采,可今天总是低着头。

添田深吸一口气,仿佛想要将夜晚的空气吸进肺腑深处。

"京都之行,"他缓缓迈着步子,对久美子说,"结果怎么样?"

光凭这一句话,久美子就明白添田已经知道了南禅寺的事情。

"妈妈已经告诉您了呀?"久美子低声问道。

"嗯,你出发去京都之后,我就从伯母那儿听说了。"

"是吗……"

后方开来一辆车。车灯的亮光从身后射来,两人的影子映在路上。

"听说你没见到那个寄信人?"

"是啊……"久美子微微点点头。

"这究竟是为什么啊？大老远把你叫到京都去……听那封信的内容，也不像是恶作剧啊。"

"也许是对方不方便吧。"

"那也太过分了吧。我看，对方是知道你会去的。"

两人走到河边。河水暗沉，只有被石头拦住的地方才泛着波光。

"你好像什么都没跟伯母说？能不能跟我说说？"添田看着久美子的侧脸说道。

久美子沉默了。她在这件事上好像特别顽固。两人又拐进了被住宅包围的阴暗小道。

沿着缓坡往上。山崖上的小学黑黝黝的。

"那我就告诉您吧。"

久美子好像下定了决心。其实她在添田邀请她出门的时候，就已经有了决定。

"对方之所以不来，是因为负责保护我的警部补跟去了。"

"就是跟你一起去京都的那位警官吧？"添田问道。

"是的，我一直嘱咐他不要跟我来南禅寺，可他担心我，还是跟来了，所以坏了事。"久美子说道，"对方肯定看见警部补了。信上还特意写了呢，一定要我一个人去指定地点赴约。"

"这样啊……"添田凝视着久美子阴影中的侧脸，"然后呢？你就从南禅寺去了苔寺吗？"

"是啊，只能放弃了。"

"苔寺肯定很漂亮吧？"

"是啊,好美的景色。"然而,她的口气并不那么愉悦,"啊,我在苔寺还见到了一位法国夫人。"

"法国夫人?"添田差点停下脚步,"这是怎么回事?"

"哦,她就让我当了回模特,拍了几张照片。不过之后又有了些不可思议的缘分……"

久美子准备把一切都告诉添田。这几天的事一直闷在心里,她也理不出一个头绪来。

然而,这些事情她终究无法告诉母亲。也不知道为什么,就是在潜意识里不想让母亲知道。

不过,对添田就可以讲。她也想让添田帮着出出主意。

"那天晚上我住在M酒店。"

"是蹴上的吧?那里是个好地方。"

添田想起了高地上那座典雅的建筑物。

"我就是好奇心重,也想自由一点……虽然我也觉得很对不起那位警部补。"

"我理解你的心情。"

添田微微一笑。两人朝左转去。

放眼望去,在天空微弱的亮光下,是一片广阔的田野,周围森林陈杂。远处住家的灯火,渺如沙粒。

添田期待着久美子告诉自己事件的始末。久美子就在M酒店枪击案的现场。

然而,他不能主动要求久美子说,他的结论得等久美子说完之后才能公布。

"那天晚上那位法国夫人邀请我共进晚餐……"

久美子详细地讲了起来。添田洗耳恭听。

接着，久美子一口气讲完了枪击案的全过程。

添田已经在报上看到了大致情况，可听在现场的久美子说，比报道更加真切。

"这件事上报了，我也看见了。"添田这才开口说道。

"啊，您已经看到了啊？"久美子好像有些吃惊。

"只是偶然在报上扫到了而已。"

这是谎话。因为久美子去了京都，添田才特意看了大阪总部出版的京都版报纸，虽然他是在总版上看到报道的。

之后他还给大阪总部的社会部打了电话。可是他不能把这件事老老实实告诉久美子。

"报上说中枪的人叫吉冈。"

添田说完，看了看身旁的久美子。他们正巧走到一处有路灯的地方，久美子的表情一目了然。方才还正视着前方的久美子，此刻却突然低下了头。

"我不知道他叫什么名字。"久美子低声回答道。然而，她的语气十分心虚。

"你见过那个吉冈吗？"

"当时那么乱，我哪儿敢看啊。不过在那之前我在大堂里见过他的背影。那时候他刚到酒店，我看见他走进了电梯。"

"等等，那是什么时候？"

"应该是晚上十点多吧。"

添田立刻在脑中计算了起来。村尾芳生是六点左右在羽田机场上了日航的飞机，这么算来，正好会在久美子说的时间抵达酒店。

这件事正好印证了添田的猜想。

"久美子小姐，那个人的背影你是不是在哪儿见过？"

久美子不再说话，也不立刻否定。她的反应让添田越发胸有成竹。

"那人是不是很像外务省的村尾先生？"

添田有意放慢脚步。这是为了稳住她的情绪，让她更容易道出实情。

久美子沉默良久。对面有两个男人走了过来，其中一个还吹着口哨。等那两人走远了，久美子才回答道："您说得一点没错，那人真的酷似村尾先生。"

"果不其然……"

绝对没错。村尾芳生在M酒店用了化名。他中枪之后，也没有把真名告诉警方和医院。

这究竟是为什么？

"我还见到了另一个熟人。"久美子仿佛下了决心似的说道。

"什么？在同一家酒店吗？"

这回添田真的停了脚步。

"是的，就在我隔壁的房间。"

"是谁啊？"

"泷良精先生。就是介绍我去笹岛画家那儿当模特的人。"

"泷先生？！"

添田愕然。他的猜想全中了。

添田在见到久美子之前，就猜测村尾芳生和泷良精都在M酒店，没想到久美子真的见到了他们。而且泷良精就住在久美子隔壁的房间里。

"你有没有和泷先生说话啊？"

"没有，那天晚上发生枪击案之后，很多客人都吓坏了，冲上走廊，我就是在那群人中见到了泷先生。"

"这样啊……那泷先生有没有注意到你呢？"

"应该没有。我也觉得在那里跟他打招呼不太好……"

"那村尾先生的房间和你的在同一层吗？"

"不，村尾先生的房间在我楼上。我和泷先生住在三楼，村尾先生是四楼从里往外数的第二间。最里面的房间是邀请我共进晚餐的那对法国夫妇。"

"什么？"

道路在茂密的森林下方穿过，又回到了满是围墙的住宅区。远处亮着许多车灯。

"那法国夫人是和她丈夫一起来的？"添田提高嗓门问道。

"是的。"

"可你刚才不是说在苔寺见到的只是法国夫人吗？"

"那时的确只有她和一个日本翻译，不过她后来知道我也住在M酒店之后，就想邀请我共进晚餐，还特意派那翻译来邀请我呢。"

"她的丈夫没有去苔寺吗？"

"没有。"

"那位法国夫人大概多大年纪啊？"

"外国人的年纪很难猜啊……不过应该快五十岁了吧。一头金发，可漂亮了。"

"那你是不是没见到她的丈夫？"

"不，我见过。"

"什么？你见过？"

添田再次爆发出惊讶的声音。

"在哪儿见的？"

"在南禅寺啊。"

"嗯……"

添田低吟一声。

"是在南禅寺的哪儿？"

"寺院的庭院。穿过方丈小屋，就能去院子参观了。白色的沙地上有一条一条水波一样的扫帚痕迹，而假山就像一座座小岛。和龙安寺的庭院挺像的，不过，南禅寺还多了些树木。那时正好有一群外国游客在，那对夫妇也在其中。"

久美子继续说道："那时候我还没有去苔寺，也不认识那位法国夫人。不过那对夫妻就像日本人一样，坐在方丈小屋的走廊上，目不转睛地眺望着庭院的风景，好像怎么看都看不厌。"

"她丈夫长什么样？"

"嗯……不太像是法国人，更像是西班牙裔或意大利裔。他的头发都白了，皮肤和眼睛的颜色都像东洋人一样呢。"

这回轮到添田沉默了。

"那对夫妻有没有盯着你看？"添田压低嗓门问道。

"那时院子里正好只有我一个日本人，不光是那对夫妻，其他外国人都盯着我看呢……"

"那个法国人……就是之后想请你吃晚饭的法国夫妇，是不是对你特别感兴趣？比如来找你搭话，或是不停地朝你看……"

"没有啊，到了苔寺夫人才和我搭话的。"

"我再问你一遍，"添田问道，"你在南禅寺山门等待寄信人的时候，那一群外国人是不是在附近？"

"嗯。"久美子想了一会儿回答道，"确实，我站着等人的时候，载着游客的轿车就开上山来了。车子从我旁边经过，停在方丈小屋前面。嗯，没错，游客下车之后，就来到南禅寺最著名的山门那里，听导游讲解来着。他们还看着高高的屋顶拍照呢。"

"那对法国夫妇肯定也在其中吧？"

"应该是吧，不过我也没怎么注意。我当时在等人，光注意寺院的入口了。"

"这样啊……"

添田又陷入沉默。

路上只有他们两个人。他们沿着马路缓缓往上走。有路灯的地方还挺亮，而没有路灯的地方只映着弱弱的光。一股枯叶微微腐烂的味道飘了出来。

"你在酒店拒绝了那对夫妇的邀请吗？"添田问道。

"是啊，总觉得和陌生人吃饭怪尴尬的，而且那天晚上我想吃京都的特色菜'芋棒'。"

"唉，肯定很失望啊……"添田不禁说道，"哦，我说的是邀请你的那对法国夫妇。"

"不过我也不想因为那些小事就领别人的情啊，说是当了模特，可只是以苔寺的庭院为背景拍了两张照而已。"

"那些照片一定会成为那对夫妇的美好回忆。"

添田一边走着，一边看久美子的反应。周围虽然昏暗，但添田依然能感觉到久美子的呼吸和平时一样平静。

"你知道那对法国夫妇姓什么吗？"

"不知道，我没有问。翻译只告诉我那位夫人是法国人而已。说她是经商的，这次来日本观光。"

"太可惜了。"添田发自肺腑地说道，"如果你答应了他们的邀请，一定能经历些截然不同的事情。"

他把重音放在了"截然不同的事情"上。

"是吗？我可不觉得。"

"为什么？"

"不就是在旅游的时候萍水相逢的人吗？"

"旅行中的萍水相逢，也可能会成为人生的一大转机。"

"添田先生，看不出您还是一位宿命论者啊？"

"有时会吧……"

"命运没跟我开玩笑，其实跟那对夫妇开了个玩笑吧。那天半夜不就发生了枪击案吗，而且就在他们隔壁房间。"

"我想确认一下，中枪的那个人是几号房的？"

"405号。四楼的房间。"

"那法国夫妇的房间是404或406吧？"

"是406号房。"

"发生骚动之后，那对夫妇有什么反应吗？"

"我看见他们一大早出发了。肯定吓坏了吧。毕竟出事的就是他们隔壁的房间……"

"隔壁啊，"添田说道，"也难怪他们会大吃一惊。那你知道他们离开酒店之后上哪儿去了吗？"

"不知道，这和我也没关系啊。"

"也是……"添田点了点头，"的确和你没关系。"

眼看着要走回久美子家门口了。

"那泷先生呢？"

"泷先生一大早就退房了。"

"是吗……泷先生也是这样啊……"

添田若有所思地朝天空望去。夜空中繁星点点。

"除此之外,那天晚上你有没有遇到其他怪事啊?"

"还能出什么事儿呀……"

久美子刚说完,忽然想起了什么。

"真要说有什么怪事……那就是我接了好几通打错的电话。"

"打错的电话?"

"对方搞错房间了。电话没有通过接线台,肯定是其他房间的客人打的。是个男的。"

"他说什么了?"添田的声音甚至有些颤抖。

"没说什么,我说您打错了,他就说对不起,然后就挂了。"

"不止一次打错了?"

"嗯,总共打错了三次。我听到电话铃响,一接电话,说了一句'喂',对方就挂了。"

"对方可能是想听听久美子小姐的声音吧……"

然而,久美子并没有意识到添田这句话背后的深意。

就快到久美子家了。

迎面五六个人一言不发地快步走着,可能是刚从电车上下来的。

"添田先生,"久美子说道,"我真是一头雾水。"

这句话让添田产生了不安。久美子觉得自己周围有一股看不清的旋涡,也不知旋涡的中心是什么。她的话语中,透着对捉摸不透的情势的担忧。

添田真想把自己的推测告诉她，然而，毕竟事关重大。他不仅要考虑到这件事对久美子的影响，还要考虑到对她母亲的影响。即使是无心的一句话，也可能让这对母女的世界天崩地裂！

"添田先生，您怎么看待呢？"

两人回到了有花柏围墙的小路。

"真的出了好多事。从泷先生介绍我去给笹岛画家当模特开始，我就被卷进了一股莫名其妙的旋涡。笹岛画家突然过世，去京都又撞见村尾先生中了枪。泷先生正好也住在同一家酒店。我感觉大家都被无数看不见的丝线联系了起来。我好后悔，早知如此就不应该听那封信里说的，大老远跑到京都去……"

添田十分理解久美子受到的打击。越是不明事实真相，就越是忐忑不安。

"我也不知道该如何判断。"添田慢慢走着回答道，"只是我觉得你没必要那么担心。一切都是偶然。"

"不，好多偶然撞在一起，感觉就像是必然一样。"

"那是你多心了吧。"添田说道，"我觉得你不用太在意。人要是在意起来就没完没了了。再这么下去，一些小事也会让你神经紧张，就像神经衰弱的人一样。普通人看过就忘的事情，他们却会很在意。"

添田边说边想，久美子好像真有点神经衰弱的迹象。平日里神气十足的她，而今竟变得没精打采，而且还特别顽固。以前她可不是这样的。她本是个坦率开朗的女孩。

"晚上能睡好吗？"

"嗯。"久美子小声回答，"不过睡得不熟……"

"要不要去做做运动？最好什么都不要想。多动动身体，把脑袋放空,就会睡意蒙眬了。"

"……"

"可以去听听音乐会,看看展览什么的。"

说到这儿,添田突然有了主意。

"说起音乐会,有一位举世闻名的男低音歌手要来日本开演唱会。在日比谷公会堂。我去搞两张票,你要不要和伯母一块儿去听听啊?"

久美子这才开心了起来。

"谢谢!"

"如果那天没事,我也陪你们一块儿去。"

"是吗?那真是太好了!"

久美子毕竟是年轻的女孩。以前她倒是经常听音乐会,可最近就很少去了。

"什么都不用担心。"添田鼓励道,"只是你的头脑太累了。放松一下就好了,什么都别想。"

久美子家门口的灯光越来越近。

"那我就告辞了。"

"啊……"

久美子停了下来,与添田面对面。

"进去坐坐吧,妈妈还在等您呢。"

"已经很晚了,我就先告辞了,请你代我向伯母问好。"

"都到家门口了……"

"也不是不行,不过我今晚还是不打扰了。"添田握住久美子的手说道,"请你一定要打起精神来啊。"

久美子的脸就在添田面前。她扑闪着一双大眼睛,凝视着对方。两人虽然身处昏暗的小路上,但淡淡的灯光在她的侧脸上画出一条浅浅的光线。

"对不起,让您担心了……"久美子说道。添田脸上感觉到了她轻轻的呼吸。她的手指捂住添田的手。

"你快进去吧。我就站在这儿看着你进去。"添田放开了手,把双手插进口袋。

"晚安。"她轻轻点了点头,别过身去。

添田像个守卫一样,目送着久美子往里走。久美子的背影越来越小。两旁的房子周围也有树林。在房子与树林之间的小路上走着的久美子,显得特别孤单。

久美子三步一回头地走到家门口。她并不是在确认添田是不是还在原处。每次回头,都像是在说再见一样。

添田彰一给大阪总部的朋友打了个电话。他想让朋友帮忙查一查十一月二日早上从京都M酒店退房的那对法国夫妇姓甚名谁。

他本打算直接打电话给M酒店,但酒店是不会轻易把住客的信息透露给第三者的,所以只能通过和酒店比较熟的记者才能打听到。添田就请朋友委托常去M酒店采访的记者打探打探。

傍晚,对方有了回应。

那对客人是凡内德夫妇。丈夫叫罗贝尔·凡内德,妻子叫艾莲娜。登记簿上写着他的职业是贸易商。丈夫五十五岁,妻子五十二岁。

凡内德夫妇!

添田重复着这个名字,仿佛那是某种魔咒。

然而,这究竟是不是真名呢?并不能排除是假名的可能性。

添田之所以做出这样的猜想，也是有原因的。

可是他既然有了这个名字，就只能先用这个名字找人了。

凡内德夫妇已经离开了京都。也许他们回东京来了，也许他们去了大阪。

莫非他们去宫岛、别府温泉这些观光胜地游览了？总之要把所有可能的地方都问一遍。

添田翻开电话本，抄下了外国人常去的一流酒店的电话。

他用报社的电话，拨通了每家酒店的号码。

"请问贵酒店有没有一对法国来的凡内德夫妇入住？"

他的问题只有这一个，可所有酒店的回答都如出一辙。

"这两位客人没有来我们酒店。"

"那之前有没有叫这个名字的法国人住过呢？或是有没有人用这个名字预订过房间呢？"

然而，所有酒店的回答仍然是否定的。添田虽然预料到了这个结果，可还是有些失望。

酒店的回答意味着两种可能性。

第一，他们是使用其他名字入住的。也就是说他们在东京没有使用"凡内德"这个名字。

第二，这对夫妇现在并不在东京。

可是外国人住酒店时，能像日本人那样使用假名吗？外国人登记的时候，不仅要写名字，还要写上护照号码才对啊。

添田对登记的手续怀有疑问。于是他向一位熟知内情的朋友咨询。

"也不是完全不行。"朋友歪着脑袋说道，"如果那个外国人别有企图，写的是假名，那他也可以随便编一个护照号码。毕竟酒店前台的工作人员也不会拿着客人的护照一一核对。只要当事人有造假的意愿，还是能办得到的。在小城市就更容易了。你到底在查什么啊？"朋友知道添田是记者，还以为发生了什么有趣的案子，兴趣十足地问道。

添田只得随便敷衍了一下。

看来使用假名也是完全有可能的。

凡内德先生与艾莲娜夫人……

然而，添田突然有了主意，赶忙询问和日法协会有些关系的熟人。

"凡内德夫妇？"熟人想了一会儿回答说，"我好像没听过这个名字啊。"

"来日本的法国人都会联系协会那边吗？"

"嗯，大多数人都会。"朋友反问道，"那人是做什么工作的？"

"说是贸易商。"

"是来出差的吗？"

"不，好像是来观光的。虽说是法国人，但那个丈夫更像是西班牙裔或意大利裔。年龄是五十五岁，看上去就像日本人一样。"

"我去帮你问问吧。"朋友答应了添田的请求。

添田心中有一个猜想。然而这一连串的怪事，和他的推断究竟有什么关系，他还没能理出个头绪。

外务省的村尾课长、泷良精。添田还必须给这两人家里打电话。

泷良精既然离开了京都，应该回了东京才对。可是一打电话才知道，这位一家之主还是没有回来，家人连他去了哪儿都不知道。

"泷先生出去旅行了。"家里的女佣回答道，"还不知道究竟去了哪里，也不知道他什么时候回来。"

为保险起见，添田提出让夫人接电话，可是夫人也不在家。他足足打了三次电话，可都是同一个结果。

朋友回复道："我问了问这边的法国人，他们都不认识什么凡内德夫妇。那不会是黑道上的人吧？"

泷良精也不知去向。村尾芳生应该还隐姓埋名住在京都的医院里。

添田的直觉告诉他，在不远的未来一定会发生什么事。事到如今，他突然想起了以前村尾课长撂下的那句话：

去问温斯顿·丘吉尔吧。

原来他不是在开玩笑！

19

马路上布满白色的灰尘,轿车飞驰而去。两旁放眼望去净是收割好的田地。路边还有一条清澈的小河。

这是辆从博多出发的出租车,已经开了二十多公里了。

乘客是个六十多岁的男人,身材挺高大。头上戴着的鸭舌帽,近来已经很少见了。

他眺望着窗外的景色。山间的松树林中,不时闪现出住宅的屋顶。

"先生,您要去津屋崎的哪儿啊?"司机背对客人问道。

"已经到津屋崎了吗?"

看来这位客人是第一次来这一带。

"马上就到了,那儿就是镇子的入口啦。"

"我要去一座寺院,叫福隆寺。你能不能帮我问问?"

司机没有回头,只是点了点头。

夕阳西下,两旁满是拉长的树荫。

"您是从东京来的吗?"

"嗯，算是吧。"

"是第一次来这儿吗？"

"是啊。"客人的回答总是那么简短。

轿车驶过田园，进入了城镇。两旁都是陈旧的房子。

司机在大米供应站门口停了车，把头探出窗外，向屋里的人问路。

"请问福隆寺该怎么走啊？"

一个正在打开米袋的男子停下手中的活，扯着大嗓门指了路。

汽车再次发动起来。这座城镇还挺大。

"我想买些香烛和鲜花，如果看见这样的店就停一下车。"

司机根据客人的要求，找了家店停了车。

客人在一家店里买了蜡烛和香，又在另一家店买了花。他的衣服很合身。虽然上了年纪，但打扮一点也不土气。

出租车在城镇里转了个弯，开始朝山上爬坡。住宅区的尽头，就是寺院的石阶。

"就是这儿。"

司机下车，为客人打开了车门。

客人捧着花，让司机等着，接着就顺着高高的石阶爬了上去。石阶两旁是松树与杉树组成的树林。山门的屋顶在石阶上方若隐若现。

这位老人缓缓向上走。两三个孩子快步冲了下来。

老人走到石阶尽头，停下脚步，回头望去，仿佛是在休息。城镇的前方就是大海。正面有一座巨大的岛屿。许多带有发动机的小船聚集在堤坝围起来的港口中。

老人抬头看了看山门上的匾额——福隆寺。他抬腿跨进了大门。

他从本堂旁边绕去了僧侣的居所。寺院的建筑物很陈旧了,朱漆差不多已经全部掉光。整栋建筑仿佛都被黑色的铁锈覆盖着。

一位年轻的僧人正在打扫落叶。老人拉住他,说想见一见住持。

老人在寺院里闲庭信步,等待住持到来。高大的银杏树上没有一片叶子,只有光秃秃的树梢直指黄昏的天空。

住持留着长长的白须,一直垂到胸口。他穿着黑色的法袍,朝访客所在的地方走去。

"您就是这儿的住持吗?"客人摘下帽子说道。一头白发梳理得整整齐齐,五官很是端正,但整个人透着一股孤寂的氛围。

"请问寺岛康正先生的墓是不是在贵寺……"

"是的,寺岛先生的墓就在这儿。"

"我和寺岛先生有些交情,这次正好来了九州,就想来给他扫扫墓,能否请您带个路?"

"好。"

住持命令年轻的僧人打一桶水来。

"原来您是寺岛先生的朋友啊。"住持走在前头,对后头的老人说道,"最近已经很少有人来为寺岛先生扫墓了,他一定会很高兴的。"

住持打开栅栏门,墓地与寺院被一道低矮的竹墙隔开。

那是一片很大的墓地。住持在墓碑之间的小路上走着。一棵柿树抖动着树梢的红色叶片。

墓碑间能隐约看见大海。墓地位置很高,而且正对玄界滩,难怪风会这么大。太阳隐藏在云层之中,只有些许淡淡的阳光洒在海面上。海岸边波光粼粼。

"就是这儿。"住持回头对老人说道。

寺岛的墓碑周围环绕着一圈石墙,墓碑是用天然岩石刻成的。老人来到墓碑正面。只见碑上写着"亭光院仓圆真观居士"。

老人走上短短的石阶,把带来的花束插进花瓶中。住持把水桶搁在一旁。老人俯身,点着了蜡烛与香。

他对着墓碑拜了许久,手上还挂着他事先准备好的佛珠。

住持站在老人身边,诵了一段经。微风吹过。经念完了,可老人还是长跪不起。太阳从云层中探出头来,阳光照亮了他瘦削的肩膀。

他依然低着头,紧闭双眼。那虔诚的模样,令住持久久不愿离去。

过了许久,老人终于站起身,用木勺舀了一勺水,浇在墓碑上。水珠沿着墓碑不住地往下流淌。

老人又喃喃了几句佛经。

海风带来了远处的汽笛声。

好长的一次祭拜。除了血肉至亲,还有谁会如此用心?住持不禁露出惊讶的神色。

老人朝大海望去,仿佛要发现墓碑与海景之间的联系。

"好美的景色。"

老人消瘦的脸庞上露出些许明亮的表情。

"寺岛先生能长眠于此,定能含笑九泉。"他平静地说道。

说着,又眺望起远处的海岸来。岛屿罗列在不远的海岸边,宛如画卷。

"是啊,这儿毕竟是他出生长大的地方。人啊,总是要落叶归根的。"住持说道。

"我倒是知道寺岛先生在这一带出生,请问就是这座小镇吗?"老人向住持问道。

"他老家在郊区,现在他家里人在镇上做生意。"

"哦?他家里人?"

"嗯,他们家原本是这一带的地主,战后因为土地改革的关系,土地只有原先的一半了,最后只能变卖,经营起了一家杂货店。每年忌日他们都会来这儿扫墓。"

"寺岛夫人近来可好?"

"硬朗着呢。"

"已经六十二三岁了吧……?"

"哪儿止啊,已经七十啦。"

"啊,已经这么大年纪了啊……"

老人略带吃惊地望向大海。

"他的其他家人过得可好?"老人问道。

"挺好的,大家都过得挺好。儿子媳妇都是大好人,寺岛先生肯定会很欣慰。"老僧回答道。老人舒了口气。

"那就好,那我就放心了。"

住持仔细端详着扫墓者的脸问道:"您和寺岛先生的关系肯定很不一般吧?"

"我以前一直受他照顾。"

"哦,那要不要我把寺岛先生的家人叫过来啊?"

老人摇了摇头。

"不必了,我会在回去的路上登门拜访的。"

"这样啊。从寺门出去，往博多的方向走，在左边会看见一家杂货店，叫'寺岛商店'，很好找的。"

"谢谢。"

"唉，寺岛先生都当上公使，眼看着要出人头地了，真是太遗憾了。"住持看着墓碑说道，"战争一结束就去世了，看来还是因为日本战败受了打击吧。"

"也许是吧。"

老人轻轻点了点头。

"听说他是个很优秀的外交官，名望很高。我们这儿好不容易出了个人才，大家都觉得很可惜。天知道什么时候才能再出现如此优秀的人了……"

住持回头一看，老人好像也抱有同感，不住地点头。

"在战争期间他在中立国做公使，肯定很是为难，受了很多苦，八成是劳累过度了吧？"

"应该是吧。"

老人同住持一同回到了寺院。脚下的银杏落叶沙沙作响。

"他刚去世的时候，东京外务省的人还会不时地来扫墓，可最近除了您，就没有远方来的客人了。"

"这样啊……"

老人为了配合老僧，也放慢了脚步。

走出小门，就来到了本堂旁边。树下堆满了落叶。后方是一片树林，挡住了阳光，所以这一带显得特别昏暗。

"这边请，喝个茶再走吧。"住持说道，可老人委婉地拒绝了。

"谢谢您的好意，不过我还有些事要办，就先告辞了。"老人从口袋里掏出一个小包裹,"这些就当是寺岛先生的香资了。"

"哦,那真是劳您费心了。"

住持接过纸包,看了看上面的文字。

上头是毛笔写的"田中孝一"这几个字。

"田中先生是吧?"

"是的。"

"我这就拿给他的家人看看。"

"不,这件事还请您务必保密。即使告诉他们,恐怕他们也没有听过我的名字。因为我只和寺岛先生个人有一点交情。"

老僧又看了看纸包上的文字,神色十分认真。

"您的字写得真好。"过了一会儿,住持抬头说道,"恕我冒昧,这字是不是米芾的风格?"

"啊……那可不敢当……"

"其实我也会那么点书法,还给当地人开班教课来着。所以多多少少懂一点。您的字写得真是太好了!最近能写这么一手好字的人越来越少,今天能见到您真是太荣幸了!"

住持一路把老人送到石阶,目送着他那高大的身影消失在车里。

坐回车上,老人对司机说道:"在那条大马路右转,会看见一家杂货店,叫寺岛商店,到了那儿麻烦开慢点儿。"

司机按照指示开了过去。

来到大马路后,只见两旁都是店铺。津屋崎是一个历史悠久的港口小镇,房子也很旧。还有不少泥灰房子沐浴在夕阳的红光之中。

老人目不转睛地看着前方的人家。

"就是那儿！"

司机也看见了"寺岛商店"的招牌，他放慢了车速。

客人发现那家店里还卖香烟，赶忙命令司机停车。

"我去买包烟。"

"客人，我去帮您买吧？"

"不用了，我自己去吧。"他自己打开了车门。

那是地方小镇中常见的商店，店门很大。一边是杂货店，另一边则卖香烟。店里很昏暗。摆放着香烟的玻璃柜后，坐着一位十七八岁的少女，正在织毛衣。见店里来了客人，少女抬起了头。

"劳驾，要三包和平牌香烟。"

少女从玻璃柜里拿出三包烟。客人站在柜台前，凝视着少女的动作。他仔细地看着少女的脸庞。

"谢谢惠顾。"

少女轻轻鞠了一躬，将三包烟摆在柜台上。

"请问有火柴吗？"

"有的。"

客人立刻打开一包烟，抽出一支叼在嘴里，又伸手接过了少女给的火柴。他没有立刻离开，而是站在原地吞云吐雾起来。

"你是这家的小姐吗？"犹豫不决的客人终于开口提问了。

"是的……"

少女有些吃惊。她长着一张笑脸，很是可爱。

"多大了呀？啊，对不起，因为你长得很像我的一个熟人。"

少女腼腆地笑了。

少女身后就是货架。里头十分昏暗，看不清楚。夕阳照在店门口,只有那一块很亮。

"您走好。"

对少女来说,他是一位不可思议的客人。她目送着客人回到车中。

客人在车里回过头,看着寺岛商店。商店越来越远,道路两旁也没有了人家。

客人的脸上,露出一丝安心的表情。

他在博多的酒店上的车,一路过来花了很长时间,可几乎不说话。要是司机不说话,他就完全不开口,好像很不喜欢说话。

经过一座小车站时,客人突然说:"能不能帮我买份晚报来?"

那是福冈发行的报纸。客人在摇晃的车厢中专心看着报纸。

窗外的山岳在夕阳的照耀下呈现出红色的褶皱。田野上已经看不见阳光。

客人为了看报纸,戴上了老花镜。他看着看着,突然,其中一篇简短的报道吸引了他的注意:

> 九州大学召开的医学会议聚集了东京、京都等全国各地的优秀学者,接连数日展开激烈的学术讨论。今日的演讲者与演讲题目如下:
> "癌前期病变状态与胃溃疡" K大学 仓富吉夫博士
> "白血病的病理组织学观察" T大学 芦村亮一博士

客人朝窗外望去,脸上带着前所未有的心荡神驰的表情。之后,他又盯着那篇报道反反复复看了三遍,方才放下报纸。

旅馆工作人员把来电的内容转达给了芦村亮一。

今天的会议已经结束了，之后一行人前往餐厅聚餐。有人打电话找他，可惜他不在旅馆。

女服务生把接线台员工写的字条递给了芦村。

致芦村亮一：

　　明天中午十一点，在东公园的龟山上皇[1]铜像前恭候光临。如果您公务繁忙没有时间，在下也不强求。在下将等候到十一点三十分。

山口

接线台的字条就是这么写的。

芦村亮一认识很多姓山口的人。然而，没有一个山口会做出如此奇怪的指示。他一头雾水。

他从房间里给接线台打了个电话。

"那电话的确是找我的吗？"

"是的，我们确认了两次，绝对不会有错。"接线台的工作人员回答道。

"他就只说自己姓山口吗？"

"是的，他说一提这个，您就知道他是谁了。"

芦村亮一挂了电话。

他抽了根烟，思索了许久。他的房间正对着电车铁轨，他听

---

[1] 第九十代天皇，名恒仁。

着电车驶过铁轨的响声，一动不动。

思考了三十分钟之后，他又给接线台打了个电话。

"麻烦接东京。"

他报出了自家的电话号码。接线台的接线员让他稍等片刻。

在对方接电话之前，芦村亮一一直保持着同一个姿势。他的眼睛也始终盯着天花板的一角。

"请通话。"接线员说完之后，他就听见了妻子的声音。

"是节子吗？"

"哎呀，是你啊？学术会开得怎么样啊？"

"嗯，挺顺利的。"

"还有两天是吧？"

"嗯，还有两天。"

"辛苦啦，能按时回来吗？"

"可以。"

"真怪，那有什么事吗？"

节子注意到亮一的口气有些异样。

"不，没什么。我不在家的时候有没有发生什么事情？"

"没有啊，什么事儿都没有。"

"是吗……"

"怎么了啊？"

"哦，我就想问问家里的情况。"

"你以前从来不会在出差的时候打电话回来的啊。"

芦村亮一犹豫了。下决心打电话的时候，他准备跟妻子说实话。可现在他又说不出口了。

"喂？"见亮一不说话，节子催促道。

"怎么了?我听着呢。"

"怎么突然不说话了啊。"

"哦,我是第一次来福冈,发现这儿真是个好地方,你还没来过这儿吧?"

"没有啊,我从来没去过九州。"

"下次有机会我带你来吧。"

"是吗?那真是太好啦。之前趁你去京都开学术会的时候,我不是去了趟奈良吗,真是太愉快了……你就是为了这件事特意打电话回来啊?"节子的声音里透着兴奋。

"久美子来过九州吗?"亮一不露声色地问道。

"不知道久美子有没有去过……也许学校春游的时候去过吧?"

"是吗?"

他又陷入了沉默。

"孝子舅母呢?"他突然说道。

"不知道啊,我没听她说过。你怎么啦?准备把我们全家都带去九州玩儿啊?"节子笑着说道,"大家肯定会很开心的。下次久美子来了我就说给她听。"

"别,"亮一赶忙阻止,"先别说,我就是顺口说的。"

"我猜也是,这也太突然了。"

"等我回去了再慢慢跟你说。"

"你是不是出什么事了啊?"

"不是,没事,那我挂了啊。"

"是吗?那接下来的两天要好好开会啊。辛苦了。"

"早点睡啊。"

"嗯，不过没想到今天能听见你的声音，今晚一定能睡个好觉了。晚安。"

亮一挂了电话，脸上依旧布满阴霾。脑中的想法终究还是没有说出口，他的眼神中满是茫然。

十一点整，芦村亮一坐车来到了东公园的入口。

草坪的枯黄色是东公园的主色调。树木的叶子也几乎掉光了。

亮一朝小高台上的铜像走去。微弱的冬日阳光透过云层照了下来，让身着束带衣裳的龟山上皇显得有些发黑。以铜像为中心的台地周围种满了杜鹃花。旅馆的人告诉他，要是来对了时间，还能看到壮观的美景呢。他说自己要去东公园，旅馆的人以为他是去观光的。

本来今天也要出席会议，但他托同事帮他请了个假。他觉得，一旦错失这个机会，他定会终身遗憾。

微风拂过脚边。今天比昨天更冷。亮一朝通往铜像的小路走去。

周围有人在散步，不过大多是一家三口或是情侣。孩子们在黄色的草坪上撒欢。树林中还能隐约看到吃茶店的红色屋顶。

亮一环视四周，并没有发现他要找的人。龟山上皇在寒风瑟瑟中毅然执笏。

他沿着山丘的石阶往上爬。在抵达铜像之前，有一片平地。他在那儿停下了脚步。那里很高，能俯视公园全景。远处的松林那头是日莲上人[1]挥袖的铜像。

---

[1] 日本佛教日莲宗创始人。

他找了张长椅坐下，掏出烟，眼睛则注视着下方的动静。每当有人来到公园，他都会紧张万分。

除了偶尔驶过公园的电车的声响外，这儿真是个安静的场所。公园很大，衬得园中游人十分渺小。

云朵在草坪上投下斑驳的阴影。

这时，他的身后响起一阵脚步声。脚步声停在亮一的身旁。

来人戴着一顶近来很少见的鸭舌帽，立着外套的衣领。他的身材很高，站在长椅一头，和亮一有些距离。他并没有看着亮一，而是俯视着公园的景色。

亮一凝视着来人的侧脸，依然半信半疑。他之所以没有立刻开口，也是因为眼前的景象一时之间令他难以置信。

来人喃喃地说了些什么，声音被风吹散。他正视着公园，身姿就像哨兵一样端正。

他又开了口。这一回，芦村亮一听清楚了。他像装了弹簧一样，从长椅上跳了起来。

"小亮。"

来人看着前方，唤着亮一的名字。云朵在他的脸上投下阴影。那张脸本来就被帽子和衣领挡住了一半。

亮一急忙迎了上去，走到只剩一尺的距离，始终凝视着他的侧脸。

"果然是……"亮一倒吸一口冷气，"果然是您吗？"

来人还是保持着原来的姿势，视线依旧朝着公园。

"是我……好久不见了。"

他的声音很沙哑。然而，那却是亮一似曾相识的声音。他已经将近二十年没有听过这个声音了，真是令人怀念。

"小亮,恭喜啊!我看了报纸。你已经当上博士了。真了不起!"

"舅舅。"亮一已经多年没有开口叫过这个称呼了,他的声音都在颤抖,"舅舅……"

亮一语塞了。他浑身颤抖,指尖都没了知觉。

"坐吧。就当是在聊天。明白了吗,亮一?"

来人亲自掏出手帕,擦了擦长椅上的灰尘,连亮一那边都一块儿擦拭着。

他轻轻说了句"好",弯腰坐下。

他从外套口袋里从容地掏出一根烟,用打火机点了火。亮一目不转睛地盯着老人的一举一动,这才发现,鸭舌帽下露出丝丝银发,而侧脸同以前一样棱角分明。

亮一都快透不过气了。

对方倒是游刃有余,吞云吐雾。

"亡灵啊,终于还是出现了。"

他正欣赏着公园冬日的景色。

"可是……"

亮一不知该说些什么才好,他还是不敢相信自己的眼睛。

"你知道在旅店给你留言的人是我吗?"

口齿清晰的东京话一如既往。

"当然知道。我一眼就猜是舅舅您留的话。"

"你怎么会知道是我呢?我应该是死人才对。"

"其实我之前就有这种预感……"

"久美子没有发现吧?"

提到"久美子"这三个字的时候,他的语调就变了。

"没有。除了我,只有节子将信将疑。"

"是吗……节子还好吗?"

"很好……舅舅,舅母也很好。"

"我知道。"

他低着头,过了半晌才如此回答。

"您知道?您来日本之后,向谁打听过不成?"

"我亲眼见到的。"

"哦?在哪儿?"

"一次是在歌舞伎座。久美子也在。真是女大十八变啊……"

他没有提到孝子。

"听说她在和外务省有关的事务所工作?"

"是的。"

"简直跟做梦一样。我离开日本的时候,她还在上幼儿园呢……背着个小书包,上面还画着红色的小兔子。防空头巾挂在包上,穿着裙裤。那还是用孝子的旧衣服改的呢。"

"您是偶然在歌舞伎座碰见孝子舅母和久美子的吗?"

"就算是偶然吧。"他迟疑了一会儿才如此回答道,"没想到她已经长这么大了……"

他停顿了一会儿,说:"小亮。"

"……"

"所以我就把你叫来这儿了……对了,你还要参加学术会,一定很忙吧?"

"不,这些事情都无所谓。"

"对不起啊。"

亮一望着野上显一郎的侧脸。当时，报上白纸黑字登出了他客死异乡的消息。那一字一句，亮一记忆犹新。报上还登了他的照片和简历。

而那个"亡者"，正坐在自己面前。

"小亮，你还是觉得不敢相信吧。你看，我这不是有脚吗？"

野上显一郎半开玩笑地说着，用脚跺了跺地面。

"可是，为什么？"

"为什么会公布我的死讯，是吗？"

"那是当时政府公布的消息，不是报社特派员发回来的电报！"

"没错。在这个世界上，野上显一郎这个人已经不存在了。"

野上显一郎靠在椅背上，仿佛是累了。他自然地放松身体，望着天空中的云朵。

"'我'就在这里。但这个世界上并没有'野上显一郎'。他已经死了。日本政府已经公布了他的死讯。"

芦村亮一的表情僵硬了。

20

站在高处时,天空总是显得广阔无垠。

灰色的云朵向西方飘动,被阳光镶上一圈柔和的金边。

野上显一郎坐在长椅上,纹丝不动。鸭舌帽的帽檐形成一片阴影。棱角分明的脸上布满皱纹,颚下的喉部难掩衰老的痕迹。

芦村亮一凝视着眼前的舅舅。他不单是穿着打扮不像日本人,就连国籍也不是日本了。

"我实在不明白这究竟是怎么回事。"亮一说道,"您是自愿抹消了自己的日本国籍吗?"

"那是当然。"显一郎毫不犹豫地回答,"我把自己处理掉了。没有人强迫我。"

"可是这总得有个原因吧?您先是被公告宣布死亡,然后又变成了其他国家的人,这究竟是出于什么动机?"

"我也是迫不得已呀。"显一郎回答道。

"此话怎讲?"

"小亮,环境能轻易改变一个人的性情。你以为你的意志很坚定，但意志这个东西，其实是受环境支配的……这么说，听上去颇有些原始唯物论的意思。"

"那让舅舅做出这个选择的，究竟是什么环境？"

"战争。"显一郎言简意赅地说道，"我只能说这些了。"

"可是战争结束这么久了，难道还有什么不能见光的秘密吗？"

"和我有关的事情的确如此。"

"但丘吉尔和艾登[1]都出版战时回忆录了啊！为什么只有您……"

"我先说好，我可不是什么大人物，只是个在公使馆工作的小小书记官而已。大人物在事后，还能把那些不痛不痒的事情公之于众，可小人物反而什么都不能说。"

"那舅舅放弃日本国籍，难道是为了日本着想吗？"

"别说这些了，就别再谈我的事情了。"

野上显一郎将视线转向松树林。远处黑色铜像的头部泛着柔光。

"我不是为了和你说这些，才劳烦你百忙之中抽空过来的。"

"我明白，"亮一神情一变，"那我就不再追问这件事了。"

"嗯，就这样吧。"

"舅舅，您接下来有什么打算吗？"

"你是想让我留在日本吗？"

"那是当然，没有比这更好的结果了。"

---

[1] 英国政治家、外交家，是二战期间的外相，后来在1955—1957年出任英国首相。

"如果可能的话,我也想留在日本。所以才会像个幽灵一样跑到这儿来。"

"难道您只是来观赏日本风景的吗?"

"……"

"您不去见见孝子舅母吗?"

"别说傻话了。"显一郎露出落寞的笑容,"'我'已经死了,丢下她一个人在世上。现在又没到盂兰盆节[1],我这个亡灵跑到妻子面前又有何用?"

"可是您来见我了啊。"

"正因为是你,我才敢露面。你让我怎么能和妻子女儿见面呢?"

"但舅舅,您见过久美子了不是吗?"

"的确见过,"他低声说道,"你早就知道了吗?"

"是的……在您见到孝子舅母和久美子之前,我就隐约察觉到您来日本了。"

"哦?"显一郎难掩惊讶的神色,他突然开始用锐利的眼神端详起亮一来,"你是怎么知道的?"

"是节子。"

"节子?"

"她在奈良的寺院发现了和您十分相似的笔迹。就在唐招提寺的芳名册上。"

"原来如此……"

野上显一郎弹着指甲,仿佛在指责自己。

---

[1] 又称"中元节"或"亡人节",是祭奠亡人的日本节日。

"都怪我太多事了。"他说道,"去奈良的时候,我总想在某个地方留下自己的痕迹作为纪念,就做了些无聊的事情。就像去春游的孩子用小刀在树干和石头上刻字一样……那字被节子看见了?"

"节子说那字迹很有特征,一看就知道。"

"是啊……那只能说我自作自受。年轻时我总把自己那奇怪的字迹给节子看,还把逛古寺这种老头子的兴趣爱好教给了她。她就是凭那字迹认出我的吗?"

"不,当时她还有些半信半疑。这也是人之常情啊,毕竟谁也不相信外务省正式公布了死讯的人还会活在世上。"

"嗯。"

"节子把这件事告诉久美子,然后有个人又去寺院确认了一下。"

"谁?不会是孝子吧?"

"是个叫添田的报社记者。"

"什么?"

他顿时露出严肃的神色。

"您别担心,他虽然是记者,不过将来可能成为久美子的丈夫。"

野上显一郎从口袋里掏出一根烟,仿佛在努力让自己平静下来。他也给了亮一一根,帮他点了火。他的小指微微颤动。

"是吗……久美子啊……"

青烟在云彩下散开。

"这男人怎么样?"这回他的口气里充满兴趣。

"我见过他两三次,是个好青年。久美子嫁给他绝不会有错的。"

"你看得中？"

"节子对他的印象比我还要好呢。"

显一郎又吐出一口烟来。

"既然是节子看中的那就肯定不会错……"

野上显一郎的视线在黑漆漆的松树林上拂过。亮一分明见到帽檐下的双眼闪着泪光。

芦村亮一百感交集。两人沉默了许久。在旁人眼中，只是两个男人坐在长椅上，一边休息一边观赏公园的景致而已。

"久美子……"过了半晌，野上显一郎终于开口了，"就拜托你们夫妇了。"

"那是当然。"芦村亮一觉得眼角发热，"我们一定尽力。况且孝子舅母也很硬朗。"

说完，他看了看舅舅，只见显一郎的神色十分严肃。

"舅舅，您说您见到了孝子舅母是不是？"

"这件事其实是村尾帮我安排的。"

"那您回到日本这件事也是村尾先生暗中安排的吗？"

"不，我是自作主张回来的，不是因为村尾。"

"这样啊……这些都无所谓。只是我想问问，您见到舅母之后有什么感觉？"

从某种角度说，这是一个非常残忍的问题。然而，芦村亮一知道舅舅一直避重就轻，他觉得有必要从正面问一问。

"嗯……我知道她受了很多苦。"

他望向远方，声音也很轻，但在亮一耳中，那却是很大的响声。

"您觉得她老了吗？"

"分开十八年了，能不老吗？我的头发都白了。"

芦村亮一难抑心中的激动。

然而，显一郎的话语中包含着自己对离开妻女的自责和后悔之情。自己躲在暗处，窥视着被自己抛弃的妻子，那是多么自私。

"要是当时我在场并且认出了您，我生拉硬扯都会把您拖到舅母面前的。"

"喂喂，你可别说这种话啊。"显一郎呆呆地笑了，"你试试？那会出大事的。到时候我就真的得死了。"

"船到桥头自然直！只要您在舅母面前露个面就行了。后面的麻烦事大家会帮忙处理的。"

"谢谢。"显一郎道了个谢，"小亮，我理解你的心情。可是事情并没有那么简单。否则，我就不会像个逃犯一样偷偷摸摸地回来了，而是堂堂正正地回国。可是不行啊，毕竟我在一九四四年就进了坟墓。"

"这种事……"一旁的亮一越发焦急，"这种事又有什么关系！那些战死的军人不都一个接一个回来了吗？"

"士兵和我不一样。"显一郎反驳亮一的话，"战场会在瞬间把人与整个世界隔离。在战场上无论发生什么都没关系，战后复活也不奇怪。可是我就不同了。我在中立国，有成千上万的人都知道我已经死了。我哪儿能那么容易起死回生啊。"

"可是舅舅您不是已经活着回来了吗？"

"这个问题再讨论也是没有结果的。"舅舅不想再继续这个话题，"你再说这种话，我就要后悔和你见面了。我还以为小亮你是男子汉,应该会理解我的。"

亮一心里一惊。"你是男子汉"这句话刺痛了他的心。他同时也意识到,唯有自己与显一郎的关系与孝子她们不同。

孝子、久美子,还有节子,她们都和这位舅舅有血缘关系。女人容易感情用事,所以舅舅才判断只有亮一能冷静对待这件事。不过,问题不仅限于性别。

"我本以为小亮你一定能理解我的。"显一郎见亮一默不作声,继续说道,"我本来也不该在你面前露面。这次回日本之前,我就决心不在任何人面前露面了。可没想到一踏上日本的土地,我的决心就动摇了。我也不知道该怎么解释才好,总之,我总想偷偷告诉自己的亲人,我还活着……"

公园下方三三两两的游人走着。他们会抬头看,但看的并不是长椅上的两个人,而是他们身后高耸入云的龟山上皇的铜像。

"这就是活着的人的烦恼,大概因为我还没有看破红尘吧,总想让别人知道我的存在。要是没人知道,老觉得心里空荡荡的……就是这种烦恼,我想来想去,也只能向小亮你倾诉了。"

显一郎继续说道:"所以我希望你能把这件事保密,决不能告诉别人。我相信你一定会答应我的。"

"我……"芦村亮一喘着粗气说道,"我没有信心能办到。"

"哦?莫非你会告诉别人?"

"我觉得我的内心不会答应的。我怀疑我会克制不住。"

"你一定没问题的。即使我不开口要求,你肯定也没法对孝子说出口,对久美子和节子也不例外。"

"……"

"我知道我的要求很过分。"

"不，舅舅是个自制力很强的人。"

"我看上去像吗？真是这样的话，我就不会来见你了，而且我离开日本之后，也会庆幸我没有见你，感叹自己做得对，真是太坚强了，可我就是做不到啊。在我离开日本的那一刹那，我一定会后悔和你见了面，可即便如此，我还是站在了你的面前。"

"您以后再也不会见我了吗？"

"一次就够了吧。再多见两次，亡灵就不再神秘了。"

"那舅母和久美子岂不是太可怜了吗？"

"没想到小亮也会说这么感情用事的话。你不是医生吗？不能感情用事。正因为我是个感情用事的人，所以才希望你能冷静一点。"

"可是舅舅，不光是节子，就连久美子都隐约察觉到您还活着。"

野上显一郎顿时露出恐惧的表情。之前他的口气还很是轻松，可他突然没了那份悠闲。他的身子开始颤抖。

"是吗……"他微微动了动嘴唇，挤出一句话来，"其实我早有预料……"

"久美子什么都没告诉我们，可她是个聪明的姑娘，肯定已经察觉到了。"

"她是什么时候察觉的？"他赶忙问道。

"久美子当过笹岛画家的模特，但画家给她画的素描被拿走了。"

亮一没有避开舅舅的眼神。

"那些画在画家突然过世之后不知去向，但不久后有人用女人的名字寄了封信给她,说是让她到京都的南禅寺来拿画。久美子就根据信上的要求赴约,然而寄信人并没有出现,她只能悻悻而归……在那之后久美子就不太对劲了。"

"嗯……"显一郎的视线转回松树林,"她之所以不对劲,是因为她觉得那封奇怪的信是自己的父亲寄出来的吗?"

"我也不清楚,但也许是她察觉到了信件背后父亲的身影吧。"

"久美子是一个人去京都的吗?"

"不,她一个人去实在太让人担心了,我就自作主张,让警视厅的警察陪着一起去了。"

"果然……"

"什么果然?"亮一愕然,"那寄信人果然是舅舅您?"

野上显一郎低下头,这还是他今天第一次皱起眉头。他的脸上难掩痛苦的神色。

"信不是我寄的。"显一郎半天才从嗓子深处挤出这句话来,"是有人想让我们见面。可这件事的责任在我。"

"是村尾先生或泷先生的主意吗?"

"还是别把他们的名字说出来为好……"

"……"

"听说那信上写了让久美子单独赴约。这也说明寄信人考虑到了我的身份的机密性。毕竟这件事不能被别人知道,所以这场约会才会变得神神秘秘的。不,不能说是约会,时间和地点都是单方面指定的。久美子不是一个人来。她身后还有个可疑男子跟着。就是你好心好意为久美子找的警察。"

"啊,是我好心办了坏事吗?"

"我也觉得大老远把久美子叫来京都很过意不去。"

"这件事错在我。"亮一打断了显一郎,"是我多管闲事了。"

"不,小亮,那样挺好的。我很感激你为久美子做了这么多。刚才我拜托你好好照顾久美子,现在我想再郑重拜托你一次。听你那么一说,我觉得久美子应该会有一段幸福的婚姻。"

"……"

"真是不可思议。其实我不太喜欢记者,但听你那么一说,我对记者的印象突然变好了。我虽然还没见过他,可经你描述,我甚至能隐约想象出他的长相来。为人父母的感情涌了上来,真是……不可思议……"

"在日本……"亮一说道,"愿意迎接您归来的大有人在。要是您觉得不方便公开,他们都会保守秘密。他们还能让舅舅在不见光的情况下,平静地度过一生。您就不想脱离如死者一样的日子,过上普通的生活吗?大家肯定会竭尽全力满足您的愿望啊!"

"小亮,我已经强调过很多次了,这件事你就别再提了。让我们站在现实的角度谈吧,我已经回不到过去了。"

芦村亮一直视着舅舅的脸庞。

"您准备在日本待多久?"

"不会再待很长时间了。我只是个普通的游客,不是衣锦还乡的人,自然会很快离开。"

"您准备什么时候走?"

"还没决定,不过会尽快走的。"

"您是一个人来的吗?"

"啊?"野上显一郎脸上竟露出一丝狼狈的神色,"你说什么?"

"我说,您是一个人来日本的吗?"

第一次问的时候,野上显一郎已经听见了。他之所以反问,只是为了争取思考的时间。不,他早就想好了该怎么回答。只是他很犹豫,该不该说出准备好的答案。

"是的。"

他还是下定决心说了。他的眉间露出苦涩,但硬是用帽檐的阴影挡住了。

"当然是一个人来的。"他又强调了一次。

"可是……"显一郎继续说道,"我离开日本的时间不会通知你。在这里分别之后,我就不会再联系你了。这一回,我一定要悄悄地走……况且我再留在日本,肯定会有坏事发生。"

"坏事?"芦村亮一问道,"什么坏事?"

"我不能说。反正我就是有这种预感。"

"舅舅。"亮一用敏锐的眼神看着舅舅,"刚才我提到的笹岛画家,就是帮久美子画素描的人,他去世的原因到现在还没有查清。"

"……"

"而且我还听说久美子在京都的时候,在她住的酒店发生了枪击案,酒店的住客中枪受伤了是吧?"

"这两件事我都不知道。"显一郎平静地回答道,"我根本没见过笹岛画家。"

"可是是泷先生介绍久美子去当模特的。"

"我认识泷,但我这次回来之后没有和泷联系过。他只是我在欧洲的时候认识的朋友而已。"

"您刚才说久美子去京都这件事是您认识的人帮忙安排的，而京都的酒店发生了枪击案。中枪人的名字我没有印象。我还找了报纸查了查，确实不是我认识的人。问题是，这起案件是在久美子入住的酒店发生的。笹岛画家的案子也和久美子有关系。"

"这些事情我也同样感到意外，这和我说的会有坏事发生没有关系。我只是觉得，要是自己留在日本，会给很多人添麻烦而已。毕竟外务省当年对外公布了我的死讯。"

野上显一郎望着天上的云彩继续说道："我忘了说了。我这次回日本的主要目的，是给寺岛公使扫墓。昨天我终于实现了这个夙愿。他的墓地很漂亮，就在博多附近的山上，是个能看见大海的地方。我一边给他上香，一边想，还是死了太平，死了就不会给别人添麻烦了……"

芦村亮一无言以对。

"当年寺岛先生对我照顾有加。能给他扫扫墓，我这趟就没有白来。这样就够了。我在日本待的时间已经太长了。"

"舅舅。"

"嗯？怎么了？"

"寺岛公使是在国外生病，回到日本之后病死的。他肯定是在家人、亲戚、朋友的包围下去世的。"

"……"

"舅舅的情况想必也是如此。报上说您是在瑞士的医院去世的。既然您住了院，就肯定会接触到很多医生和护士。那您去世的消息又是从何而来的？医生怎么会允许这种事情发生呢？"

野上显一郎又恢复了茫然的表情。

"还是说您住进瑞士医院这件事本身就是个幌子？"

"我不能说。"显一郎幽幽地回答。

"那我再问您，当时村尾先生和公使馆的其他馆员都在，况且当时的报社特派员泷良精先生也在瑞士。现在村尾先生和泷先生都知道您回国这件事。至少村尾先生肯定知道，不然就不会安排您偷偷见舅母和久美子了，而且泷先生也有类似的可疑举动。其他人暂且不论，至少这两个人早就知道您尚在人世。这究竟是为什么？"

"小亮，这些事就先往肚里咽吧。你的好奇心太强了，十万个为什么，简直跟个孩子一样。"

"这是十分简单而普通的疑问呀，而且是事关重大的问题。"

"还是别说这些了。我已经开始后悔，早知如此就不该来见你。是我太轻率了。"

"如果您让我保密，我一定照办，但您既然相信我，把我叫到了这儿，就应该跟我说清楚才是啊。这也是您对我应尽的义务不是吗？"

"一个亡灵没有义务。"野上显一郎一脸平静，斩钉截铁地说道。

亮一哑口无言。

"亡灵本就是任意的玩意儿。说出现就出现，说消失就消失。把你叫到这儿，也是我这个亡灵随心所欲的决定，不把其中的原因告诉你，不履行你所说的义务，也是我的特权。"

野上显一郎第一次站起身。

"好美的景色，祖国的景色啊。我能在这种地方和你聊天，真像是做梦一样。这次来日本之前，我完全没有料想到现在这一幕。不过正因为如此，当我离开日本的时候，眼前的光景和你的声音都会更加鲜明地留在我的脑海中。"

亮一在舅舅身后站起身。

"舅舅，您想见的其实并不是我，而是久美子吧？"

亮一故意不去看舅舅的表情。他只是直直地盯着舅舅穿着西式洋装的背影。

背影沉默不语。

"我会带久美子去的。如果您不愿意暴露身份，那我也不会多说什么。她不会注意到的。"

"……"

"您能不能答应我的请求呢？我一定会保守秘密的。我既然已经听您说了这些，就没法向舅母和节子开口了。恐怕我会把您的秘密带进坟墓。"亮一拼命说道，"所以请您告诉我怎样才能联系上您吧！我会听从您的吩咐！舅舅，您只在歌舞伎座看了久美子一眼不是吗？那怎么称得上见面呢？只是看了一眼而已啊！而且您手上应该有画家给久美子画的素描才对。可是您还没有和久美子说过话呢。这根本算不上见面啊！舅舅您说话，久美子当着您的面回答，没有这样的对话，您怎么甘心放弃呢！我想为您和久美子创造一个这样的机会啊！"

"谢谢你，小亮。"背影站在原地，一动不动，"你的好意我心领了，谢谢。"

亮一瞪大双眼。

"请不要见怪。你可能觉得我很顽固，可我也是无可奈何。你的心意让我感激涕零。可我还是不接受的好。"

"可您再也不会回日本了不是吗？"

"是的，我不会再来了。不，是没法再来了。"

"所以这是千载难逢的机会啊！"

"我明白。要是可能的话，我真想立刻照你说的办。我可爱的女儿久美子……正因为我没法在她身边，才会觉得她更加可爱。我在国外的时候，也经常梦到久美子。梦里的她还没有长这么大，还是孩子模样，还是那个会靠在我膝盖上的久美子。对了，说起来，有一次我一睁眼，竟看见久美子隔着被子坐在我胸口。那时候她才两岁吧。我可真是吓了一跳。她就像一只小猫一样，一点重量都没有。一睁开眼，就看见娃娃一样的久美子坐在眼前。我甚至有些怀疑，这就是我的女儿吗？那件事给我留下的印象太深刻了，我现在还经常梦见那一幕……"

"那就更应该……"亮一语塞了。

"你想让我和现在的久美子说说话？"显一郎接下话茬，"那我又会多出一种梦境了，小时候的久美子和长大了的久美子。我感激你的心意，可这样一来我走之后就更难受了。即使是我这种饱经痛苦的男人，也难以忍受思念女儿的折磨啊……"

野上显一郎将香烟的烟雾喷向日光映照下的微风中。

"这事越说越奇怪了。"他说道，"我特意把你叫出来，可是无法照你的意思办，真是对不起。"

"不，您不用道歉，我不在乎这些。"

芦村亮一与显一郎并肩站着。

松树林对面有一栋灰白色的建筑物，也许是医院或酒店。云朵在白色建筑物上方层层叠叠。

"但舅舅要是就这样离开了日本，我会抱憾终生的。不光是久美子和孝子舅母，舅舅您肯定也会觉得遗憾。"

"那是自然。毕竟她们俩什么都不知道，也不知道我会因此忍受几十倍的痛苦。见面只会让我的痛苦多增加几分。"

"您离开日本之后准备去哪儿呢？"

"不知道，还没决定呢。"

"可舅舅，您肯定有其他国家的国籍吧？是哪个国家的国籍啊？"

"我可以告诉你，可你要是知道了，肯定会以国籍为线索到处找我的，这也是人之常情。所以我还是不把国籍告诉你比较好。"

芦村亮一看了看舅舅的侧脸。因为光线的关系，他耳后的白发看上去比刚才更多了。

"舅舅，您是一九四四年在瑞士过世的。"他说道，"那时日本的败局已经显而易见。所以如果舅舅的国籍是那个时候变的，那就不可能是轴心国，肯定是同盟国。而且只有可能是美国、英国、法国和比利时这几个国家，总不可能是苏联吧。而且这国籍是在外交官野上显一郎去世之后不久获得的。"

野上显一郎丢下烟蒂，把手插进了口袋，面向凌空直下的狂风。

"舅舅，您不是擅自逃到同盟国去的，因为外务省公布了您的死讯。这说明您的行动，日本政府是知道的，而且外务省的高层肯定知情。也就是说，舅舅的死并非您的私事，而是和日本当时的国家命运息息相关……"

"小亮，别说了，都是些陈年旧事了。"

"不，我还没说完。我只是一介医生，不懂政治，也不懂什么国际情势。只是想到舅舅的行动和外务省的公告，我就得出了一个结论。"

"哦？什么结论？"

"这只是我的主观臆测。我猜想舅舅是为日本做出了牺牲。"

"没那么夸张，我没那么伟大，也没有那个实力。"

"舅舅，您对自己的评价暂且不论。"亮一继续说道，"总之，对当时的日本来说，必须有一个驻外外交官'死亡'才行。《波茨坦宣言》是一九四五年七月签署的。也就是说您死后不到一年，宣言就公布了。宣言的草稿肯定早就开始准备……"

"我不知道你在说什么。"野上显一郎显得有些焦躁，"我把你叫来这儿，不是为了让你做些无谓的猜测。我只是想让你知道我还活着而已。我就站在你面前，你只要承认这一点就够了。刚才我已经说过了，让我们只谈现在吧，不要回头。"

"可是……"

"够了。够了……我已经开始不耐烦了。你要是再问下去，我也许会发怒的。"

亮一欲言又止。

一群飞鸟从东公园整齐的松树林上飞过。

"对不起，我刚才说的话太过分了。"

野上显一郎这才回过神来，赶忙道了个歉。

"小亮，我们就此别过吧。"

"不，舅舅，我还没说完。"

"我不想听。"

"您不想听我也要说。舅舅，您成了当时日本的牺牲品。我想说的并不是造成这种局面的原因，而是把您逼上这条绝路的日本，为什么不敢开胸怀迎接您归来呢？日本就这么把您抹杀了，还装作一无所知的样子……当时的高官，有些已经作为战犯处决了，但有些人在战后再次回到了政治舞台，还有的作为领导人招摇过市。他们不可能不知道舅舅您的存在。他们明知道有野上显一郎这么个牺牲品，可还是对您不闻不问！"芦村亮一激动地说道。

"他们也没办法。"野上显一郎情不自禁地说道，可说完他就意识到自己说漏了嘴，"不，我的话是建立在你的前提上说的。即使你的假设属实，当时的日本也已经公布了我的死讯，报上也报道了。我可不是军人，是正儿八经的帝国外交官。事到如今，他们也没法说当时的消息是假的啊。"

"不，没什么办不到的。他们有什么理由让您一直'死着'呢！"

"哼……这种多愁善感只是廉价的感情。我已经说得很明确了，我已经不可能回到过去了。"

"舅舅您张口闭口就是这句话，您真是个唯心主义者！还是说您觉得这件事公开之后，会对日本的某些人不利？如果您真是担心这个，还请您不要多虑了。日本战败多年，什么秩序都变了，一介外交官活着回来了又有什么关系！"

"嗯……你的话合情合理。不过，你刚才说'日本战败'了是吧？可是……"他停顿了片刻，"如果有个外交官促成了日本的战败呢？那可是叛国贼啊。"

显一郎说到这儿便没有再说下去，仿佛断弦之琴不再发声。

"舅舅……"

"够了。别再说了。"显一郎转过身来，与亮一面对面，"时间过得真快。你难得出来开一趟学术会，却被我给糟蹋了，真是对不起。"

"学术会什么的我根本不在乎。"

"不,学问还是要好好做的,况且干站在这儿也是于事无补。"

野上显一郎跨出两三步。

"小亮,那我就告辞了。"

"舅舅!"

亮一追了上来,表情都扭曲了。

"多保重。容我再多啰唆一句……久美子就拜托你了。孝子也不年轻了,麻烦你多多照应。"

"我再也见不到您了吗?"

"应该是吧。本想让你帮我给节子带个好,不过你恐怕很难说出口吧。我的心意,就请你压在心底吧。"

"您就不能……就不能找个地方见见孝子舅母和久美子吗?不让她们注意到就行了啊!我会想办法的!"

"谢谢……如果我改变了心意,也许会给你写信的。不过,目前我并没有这个打算。"

野上显一郎举起手,阻止亮一继续跟来。

"我还是一个人回去的好。你就留在这儿吧。"

这句话的含义,亮一很快便领悟。送别时再也没有比站在原地目送离别者远去的背影更好的了。

野上显一郎的背影,沿着石阶从铜像所在的台地缓缓向下走去。远处是草坪、松树林与无数飘浮着的云朵。

略微有些驼背的背影,没有回过一次头。走下石阶之后,他迈着散步一样的步伐,一点一点消失在了亮一的视线之中。

21

芦村亮一在福冈开完了学术会,回到了东京的家中。

"这么着急打电话啊?"当晚,节子见到亮一的举动,有点惊讶。

亮一一回家,立刻给孝子打了个电话。而且那时他连衣服都没有来得及换。以前他出差回来的时候也会给舅母打个电话报平安,但像今天这样急切地打电话还是头一次。

"请问是舅母吗?"亮一对着听筒说道,"我刚从福冈回来,我不在的时候节子承蒙您照顾了。"

节子没听清电话那头的回答。孝子好像说了句"辛苦了"。

"您近来可好?"亮一特意问道。

这么问很是奇怪,就像问候一个久未谋面的人一样。更奇怪的是,亮一的语气并不随便,反而相当认真。

"这样啊……那久美子呢?"

节子在他身后喃喃道:"真讨厌……"

她还以为丈夫在开玩笑。

"对了。"丈夫听完对方的回答,握着听筒,回头对节子说道,"明天晚上你有空吗?"

"怎么了?"节子惊讶地回答。

"我想把她们叫来,大家一起吃个饭。好久没去过T酒店了,那里的西餐厅很不错。"

"那好啊。"

太突然了,节子有些不知所措。丈夫为人一向谨慎,是个典型的学者。他很少突然做出这样的决定。

"明天晚上……"亮一已经在电话里说了起来,"我和节子想请舅母和久美子吃个饭,大家一起去T酒店的西餐厅吧?您方便吗?"

亮一听了对方的回答之后说:"这样啊,那就傍晚六点半见吧?"

节子赶忙从丈夫手中接过听筒。

"舅母吗?是我,节子。"

孝子的声音从听筒那头传来。

"您听见了吧,亮一刚从九州回来,就急急忙忙给您电话来了。"

"这是好事儿呀,不过,怎么会突然冒出这个主意啊?"

"我也不知道呀。"节子拿着听筒,不禁笑了出来,"我真是被他吓死了。他一进家门,就给您打电话了呢。肯定是在九州出差的时候出了什么事儿。"

亮一顿时瞪大双眼。

"不过舅母,您真的有空吗?"

"嗯,我想可以。久美子现在不在家,不过肯定没问题,我们一定会去的。"

"这样啊，难得亮一有意，那就请二位赏光啦。"

"好好好，那就明天晚上六点半见啊。"

亮一在节子身后说道："替我转告舅母，我会开车去接的。"

节子把这句话转达给了孝子，然后就挂了电话。

"舅母都吓了一跳呢。"她一边帮着丈夫换衣服一边说道。

"有什么好吃惊的啊，不就是一起吃个晚饭吗？"

"可你平时不太会突然提出这事儿啊……"

"我偶尔也会冷不防地来一手嘛。"

"今天吹的是什么风啊……不过真是太好啦，好久没出去吃好的了。"节子的声音里满是兴奋。

"九州怎么样啊？"她把丈夫的西装挂在衣架上，随口问道。

"还行吧。"亮一平静地回答，"学术会都是一个样。"

"对了对了，"她突然向丈夫道起谢来，"没想到你会从福冈打电话回来，可把我高兴坏了。"

丈夫以前从没有在出差的时候打电话回家过，从九州回来之后，他就好像变了个人一样。

"你在那儿见到谁了呀？"

"你……你说的是谁？"

亮一难掩狼狈。

"既然是学术会，肯定来了很多人，有没有见到久未谋面的人啊？"

"嗯……那是……对了，东北大学的长谷部老师也来了。我已经好久没见过他了。上次在京都的学术会他就没来，不过这一次他的身体好多了，特意去了趟九州。他虽然上了年纪，可一点都看不出他刚生过病。"亮一滔滔不绝地说道。

"那可真是太好了。对了，说起京都，我就想起跟你一起旅游的事儿了。"

亮一突然沉默了。

"洗澡水烧好了吗？"他冷冷地问道。

丈夫心情的变化让节子摸不着头脑。她一头雾水地离开了房间。

妻子离开之后，亮一缓缓系上腰带。

在福冈见到舅舅野上显一郎的兴奋，还在胸口肆虐。见到节子之后，这股兴奋再次席卷而来。说不出口的事情堵在胸口。他虽无法道出真相，但总想通过某些方式传达些什么。

这也是他突然给孝子打电话的目的。从福冈回到东京之后立刻听听孝子的声音，和孝子说说话——这是他唯一能够表达心情的方法。当然，对方并不明白其中的奥秘。这是只有亮一自己才知道的表达方式。

可能的话，亮一真想在不让孝子、久美子和妻子节子注意到野上显一郎尚在人世的情况下，让她们间接相信显一郎还活着。

然而，亮一并没有如此高超的说话技巧。

T酒店西餐厅里的大多数客人都是外国人。

坐在芦村亮一正对面的是孝子。久美子坐在她左边，节子则在自己右边。

宽敞的西餐厅里，流淌着乐团奏出的乐声。

"今晚真高兴，真是始料未及呀。"孝子说道。

"他有时就是这么心血来潮。"节子笑着对舅母说道。

"这样的心血来潮多好啊。"久美子一边动着刀叉一边逗乐大家,"那就请姐夫以后多多心血来潮啦。"

"其实啊……"亮一开口说道,"在福冈开完会之后,大家就一起去吃了个饭,于是我就想,等我回东京了也请大家一起出来聚一聚。"

"他一进家门就迫不及待地打电话了哟!"节子还绘声绘色地说道,"打电话的口气可奇怪了。说什么'近来可好',就好像一年多没见过您一样。"

然而,那其实是亮一的真心话。"近来可好"这句话,是替野上显一郎问候的。

仔细一看,孝子的确上了年纪。他平日里经常见到孝子,所以不太能察觉到岁月的流逝。然而自己刚和节子结婚时,孝子才三十出头。遥远的记忆与自己眼前这位手持刀叉文雅用餐的女士重叠在一起。

久美子也长大了。他还记得很久以前曾带着久美子出去吃饭,当时留着童花头的久美子坐在椅子上,一双小脚还够不着地面呢。

亮一不禁心想,要是野上显一郎在某处看见了这个场景,会露出怎样的表情?想到这些,他不禁环视四周,不露声色地看了看周围的客人,小心翼翼不让别人觉得自己有失礼貌。周围几乎都是外国客人。银发红面的绅士、发福的外国夫人、身材高大的男女……他产生了一种错觉,就好像放眼望去能看见野上显一郎就坐在某一桌客人之中。

"这里的外国客人好多啊。"见亮一四下张望,久美子也跟着看了看四周。她虽然是随口一说,但表情竟带着些凝重。

亮一忽然察觉到了久美子的表情。

——久美子不会知情吧？

在京都发生了那么多事，还在寺院里见到了一位法国夫人。M酒店深更半夜的那场骚动……这些都是从节子那儿听来的。现在想来，有了这么多线索，久美子会不会已经隐约察觉到了呢？

也许是微微发白的灯光照射的原因吧，孝子的脸像白瓷那般清透。

孝子是真的一无所知……

这一点和久美子有着很大的不同。孝子十分平静，面容淡然。

亮一心想，他没有必要去扰乱孝子的静寂。

然而，他深深感到自己心中的不安与动摇。他心中有一股冲动，险些让他把舅舅的事情说出口。每当他注意到自己的冲动，都会吓出一身冷汗。

如果他现在把这件事告诉了孝子和久美子……他真想亲眼见证她们的喜悦，一定会超出他的想象。

亮一逐渐害怕起自己来。"我见到了舅舅。"光是想起这句话便产生了难以名状的煎熬感。他的心中翻江倒海般地挣扎。

这次之所以邀请孝子和久美子外出用餐，说白了也是亮一想要偷偷表达自己的意志。舅舅平安活着，而且他现在就在日本。他想在沉默中把这件事告诉她们。当然，他知道这只是一厢情愿。

"舅舅，您看啊，舅母过得很好，久美子也出落得亭亭玉立了……"

他的心在和舅舅对话。

就连闲聊都让亮一产生了恐惧。他不知道自己的话会朝哪个方向发展。他尽可能不说话，只默默听着另外三个人的对话。

然而，这也够痛苦的。听对方说话的时候，就会不由自主地观察对方。比起她说的话，他更在意对方的脸色、身体，不，就连眉毛和睫毛也不放过。不知不觉中，他产生了一种错觉，仿佛自己化身为野上显一郎，正在和孝子、久美子面对面交谈。

突然，亮一想起了学生时代读过的一本外国小说。那本书好像叫《泄密的心》[1]，内容是关于人的一种心理：总也忍不住要把心里想的事情说出来。即使你的意志力再怎么强大，也难以忍耐。

亮一觉得，自己和小说里的主人公一模一样。不，比那主人公的处境更加尴尬。这种感觉，不光是想一吐为快，而是想在一瞬间将舅母和久美子从深渊中解救出来。十七年来忍耐孤独寂寞的孝子，只要有这一句话就能起死回生。久美子也不例外。要是听说自己的父亲尚在人世，她心中那片孤独的阴云，也会在一瞬间消失不见。

亮一发现自己正拼命和这种诱惑做斗争。他表面上和三人愉快地交谈，可内心却在痛苦地挣扎。这件事他甚至无法告诉自己的妻子。无论是如何出色的演员，都无法体会他现在正在掩饰的心境。

"啊，瞧我这记性！"一旁的节子小声喊道，"早知道就应该把添田先生叫来啊！多好的机会呀。"

这句话，让身处地狱的亮一看到了一丝光明。

"对呀！"他十分赞同妻子的意见，连嗓门都变大了，"现在招呼他来也行啊，也许他还在报社呢。"

"可是都已经吃完了呀。"久美子的脸微微泛红。

---

[1] 爱伦·坡的短篇小说。

"没关系啦,还赶得上喝茶啊。以后再请他吃饭好了,让他来聊聊总可以的嘛。"

"还真是,快把他叫来吧。"节子说道。

孝子看着久美子。

"久美子啊,"亮一说道,"快去给他打个电话吧。"

久美子有些难为情,不太乐意,她朝母亲看去,征求母亲的意见。

"叫他来吧。"孝子微笑着说道。

"那我去打个电话问问……"久美子站起身,迈着愉悦的步子朝大堂走去。

然而,她回来的时候,脚步就没有那么轻快了。

"他们说添田先生已经回去了……"

添田彰一坚信,野上显一郎还活着。

政府对外宣称,他在一九四四年病逝于瑞士。政府部门正式公布了他的死讯,当时的公报也刊登了相应的内容。照理说他不可能还活着,可现在所有现象都指向了同一个结论。

为什么当时的大日本帝国政府要伪造一个驻外公使馆的外交官的死呢?如今的添田已经隐约猜到了其中的缘由。之前他采访村尾课长的时候,提及了野上一等书记官的死。当时课长撂下一句话:"去问温斯顿·丘吉尔吧。"他并不是在开玩笑。被添田惹怒了的村尾课长,在无意间道出了野上显一郎之死的真相。

野上显一郎的确还活着,而且他现在就在日本。他已经脱胎换骨,变成了法国人凡内德。添田并不知道他现在身在何处,但他应该还没有离开日本。

添田心想，如果以野上显一郎尚在人世为前提，他有必要重新整理事件的来龙去脉。

添田彰一早早离开报社，找了个安静的地方。他选择了有乐町附近生意最差的一家咖啡厅，在咖啡厅的角落里找了个座位，坐了好长时间。客人静静地来，又静静地走……

添田去郡山采访伊东的家人时，他养子的妻子曾这么说过："是啊，爸就喜欢去那种地方，还常去奈良那儿玩儿呢。对了对了，去东京前那阵子逛得最勤快了呢！那天他傍晚一回家，就一副有心事的模样，还把自己关在房间里。过了一会儿就突然说，我要去东京一趟……"

他之所以会把自己关在房间里，肯定是因为看见了古寺里的笔迹而察觉到野上显一郎尚在人世。之所以突然跑到东京，肯定是去找野上显一郎了。如果伊东忠介发现，本应死了的人还活着，他突发奇想跑到东京就解释得通了。

然而，伊东忠介为什么会死在世田谷的穷乡僻壤呢？警方的调查显示，那里就是案发现场，他并非在死后被人搬过去的。这说明他是和某人一起去了那一带，或是有人告诉了他那个地址，然后他自己单独前往。他拥有柔道四段的身手，还当过陆军武官，很难想象有人能用武力强行带他到毫无关联的地方去。也就是说，正如添田当时所想到的那样，伊东忠介是去世田谷郊区找人的。

添田翻出笔记本，看了看一九四四年××国公使馆的馆员名单。那是他从职员名录中抄写下来的。这一页，他已经反反复复地研究过好几次了。

公使寺岛康正（已故）、野上显一郎（已故）、村尾芳生、门田源一郎（书记生，已故）、伊东忠介……

还活着的那些人都不住在世田谷，伊东忠介为什么要去世田谷的郊区呢？

突然，添田脑中闪过一道灵光。已故的书记生门田源一郎……

"门田真的死了吗？"

既然本应死亡的野上显一郎还活着，那怀疑其他人还在人世也是合情合理。

门田书记生的死，究竟是从哪儿听说的？

添田想起，这件事是从外务省的某位官员那儿听来的。那时他还在调查名单上的人身在何处。

那位官员听完添田的问题之后，是这么回答的："门田啊？他已经死了。战后撤回日本不久，就在老家佐贺市病死了。"

于是，添田就顺理成章地判定门田书记生已经死了。那毕竟是从外务省的官员处打听来的，他相信消息绝不会有错。

然而，这一点有必要再仔细核查一下。如果门田书记生和野上显一郎一样还活着，那伊东忠介在东京的行动就有了另一种解释。

门田源一郎在二战结束之后，是不是在世田谷那儿住过一段时间？也就是离伊东忠介的遇害地点不远的地方……

他回到报社的办公室，只见同事用半开玩笑的眼神看着自己说道："添田啊，真是太可惜了。"

"啊？"

"刚才有电话找你,是个很好听的女孩的声音哟,说是姓野上。"

"是吗?"

"瞧你,一脸的遗憾啊。打电话的人听说你已经回去了,真是大失所望啊。"

添田明白,打电话的是野上久美子。

这种时间打电话到报社,究竟有什么事?已经八点半了。她很少在晚上打电话到报社。

他立刻给久美子家打了个电话。

"这边呼叫了很多次,但那边没有人接。"接线员回答。

"是不是不在家啊?"

就是说孝子也跟着一起出门了。久美子是从外面打的电话。看来没有出什么令人担心的坏事。也许是她们在外面吃饭,想邀请自己一起去罢了。

虽然有些遗憾,可他还有工作要完成。

添田挂电话给接线台,让他们接通九州的佐贺分部。接线台还特意确认了一遍,毕竟很少有人从东京打电话去佐贺。

分部一接电话,添田就先打起了招呼:"我有件麻烦事要拜托您。"他委托佐贺分部调查一下以前住在佐贺市的一个叫门田源一郎的前外务省官员现在究竟身在何处。

"是佐贺的哪里啊?"对方问道。

"我只知道是佐贺市。能不能帮忙查一查啊?战争期间他是中立国公使馆的书记生,问一问市役所应该就能查到。"

添田没有时间调查门田源一郎的原籍。

"我们试试吧。"分部长一口答应,"请给我们明后两天时间。我们查到了就用稿件的形式寄给您。是政治部的添田彰一先生吧？"

"没错，那就麻烦了。"

添田放下听筒，放心了不少。

要等两三天才会有消息。添田有些等不及了，但也无可奈何。

他的工作已经完成了，可以随时回家。

然而，他想在回去之前到某个地方去一趟——品川的旅馆"筒井屋"，也就是伊东忠介从郡山出发之后下榻的那家旅馆。

添田彰一之前已经向旅馆的店主了解过情况，问了伊东忠介住店时的样子。

然而，现在的添田想要再问店主一个问题。那就是，伊东忠介住店的时候，有没有提到"门田"这个名字？

伊东忠介不是东京人，肯定不熟悉东京的情况。

如果他是来世田谷找门田源一郎的话，那就很可能说出这个名字。

要是一切真如添田所料，那就太凑巧了。不过还是有试一试的价值。当时店主并没有提到这件事，这很有可能是因为他没有主动询问。

这件事对店主来说并不重要，所以他才没有多嘴。然而，如果添田主动提问，也许他就会想起来。

添田将一缕希望寄托在品川的"筒井屋"上。他离开报社，直接去了品川。

他去过"筒井屋"两次。旅馆离车站很近，但位置比较偏僻，只有一块小招牌。旅馆本身并不小，但建筑物和设备都很陈旧了。

添田彰一走进了旅馆大门。

"欢迎光临。"身后有人说道。

回头一看,一个四十五六岁的高大男子穿着号衣[1],不住地鞠躬。

他好像是这家旅馆的杂工,脸色黝黑,态度很是殷勤。他还以为添田是住客,引得添田直摆手。

"我不是客人,请问店主在吗?我姓添田,是R报社的记者。"

"哦,我明白了。"

穿着号衣的男子转身往里走去,衣服背面印着"筒井屋"的字样。

这时,一位女服务生端着饭菜,一转身走下楼梯。添田上次来的时候,并没有见到这名女服务生和刚才的杂工。

"这边请。"杂工走了出来,毕恭毕敬地跪在木地板上说道。

添田跟着他从走廊走到里间。

"请。"

杂工伸出手,指向左边的纸门。

"打扰了。"

添田拉开纸门。这就是上次采访时来过的房间。

之前见过面的店主放下报纸,摘下眼镜。

"您这边请。"

他舒展浓浓的眉毛,凹陷的脸颊露出微笑。

"不好意思,又来打扰了,上次真是太谢谢了。"

---

1 日本手艺人、工匠等所穿的工作服,在领子或后背印有字号。

添田在店主对面坐下。

"好久不见了。今晚有何贵干啊?"店主凝视着添田问道。

"实不相瞒,我又来打听那件事了,就是伊东忠介,您店里那位在世田谷遇害的客人。"

"这样啊……"店主露出苦笑,"那件事还没查清楚啊?"

"是啊,警方都不再调查了。"

"我一直在关注报上的报道,好像的确是这样。人家毕竟在我们店里住过一晚上,出了这种事,我们也不能置若罔闻啊……"店主感慨地说道。

"我想问问,伊东先生住这儿的时候,有没有说过要去世田谷?"

之前添田来采访时,已经问过这个问题了,但他还想确认一下。

"这我倒没听他说过。我也很疑惑他为什么要跑到那种地方去。"

"那请问伊东先生有没有提到过'门田'这个姓氏?"

"门田先生?"店主露出迷惑不解的神色,凝视着添田说道,"这……我好像没听说啊。门田先生是谁啊?"

"是死去的伊东先生的朋友。我觉得伊东先生可能是去世田谷找那位门田先生了。"

"哦?您有线索了?"

"不,这只是我的推测。所以我就想来问问,他有没有提到过门田这个人。"

"完全没有……"

这也是情理之中。仔细想来,伊东也不可能把这些事挂在嘴边。

添田要办的事情就这么办完了。

之后,他和店主寒暄几句,离开了旅馆。

伊东忠介果然没在旅馆提到门田这个人。添田来之前还抱有一线希望,不过现在他至少可以排除这个可能性,这一趟算是没有白来。

添田来到店门口,只见身着号衣的杂工从昏暗的角落里走了出来,他短短地瞥了添田一眼,走开了。

这时,添田见过的一位女服务生从对面走来。在他注意到女服务生之前,对方就先鞠了个躬。

"啊,是您哪。"

她是当时负责伊东忠介房间的那位服务生。添田之前还找她了解过情况。

"我又来打搅了。"

"这次又来打听什么事儿呀?"女服务生笑着问道。

"就是些小事。我刚见过店老板了。对了对了,你在这儿正好。请问那个伊东先生有没有在你面前提过'门田'这个名字啊?"

"门田先生?"女服务生歪着脑袋重复了一遍。那张并不漂亮的圆脸显得很是可爱。

"这……我好像没听他说过呀。"

"这样啊……"

添田的最后一线希望也破灭了。

"刚才店老板也这么说来着。"

"是吧,我也觉得没印象。"

339

女服务生手里还提着购物袋。

"你好像很忙的样子。"添田寒暄了一句。

"是啊,最近来了好多客人。"

"生意兴隆不是很好嘛!"

这时,添田忽然想起了刚才那个穿着号衣的男子。

"刚才我看到一个穿着号衣的大叔,是临时雇来帮忙的吗?"

"那个大叔吗?因为最近店里忙不过来,所以老板就雇了他,这样我就轻松多了。不过有一半缘故是老板同情他吧。"

"哦?莫非他是个可怜人?"

"听说他老婆跟人跑了,还带着个孩子,日子过得很苦。跑到店里来说他什么都愿意干,给他个活干吧,于是老板就雇了他。他没把孩子带来,一个人住在店里干活呢。不过他也是最近刚来的。"

"难怪我之前来的时候没见过他。"

"是吧,他来了还不到一个礼拜呢。"

"不好意思,打扰了你大半天,有什么事我可能还会再来拜访,到时候还请多多关照。"

"您走好。"

添田朝车站走去。

次日,添田给久美子家打了个电话。

"昨天晚上真是太遗憾了。"接电话的正是久美子,"我姐夫芦村亮一前天刚从九州开完学术会回来,就请我和母亲去T酒店吃饭了。吃到一半,他突然建议我把您叫来,于是我就给您打了个电话。结果听说您已经回去了,大家都很失望呢……"

"那可真是太对不起各位了。"添田道了个歉,"其实我没有回去,只是有些事情不在办公室。那通电话之后没多久我就回去了,结果还是没赶上。之后我还给您家里打了个电话,可是家里没人。原来是这样啊……"

"真是太不巧了。姐夫还说有话要跟您说呢。"

"是吗?他已经从九州回来了呀?"

"嗯,从福冈回来的。"

"九州"这个词引起了添田的兴趣。门田源一郎的老家虽然不是福冈,但佐贺也在九州。他隐约感到其中似有联系。

话说回来,芦村亮一为什么想和自己说话呢?之前他们从未交谈过。

"我直接打个电话给芦村先生吧?"添田说道。

"嗯……"久美子在电话那头思考了片刻后,回答说,"不用了,还是我问了告诉您吧。"

毕竟添田和芦村亮一不是很熟,直接打电话有些突兀。

"那我就等你的消息……有时间我会去府上拜访的。"

"您已经很长时间没来啦,母亲还盼着您来呢。"

"请替我向她问好。"

添田挂了电话之后,久美子的话还在耳边萦绕。芦村亮一有话要和自己说?

添田彰一焦急地等待着佐贺分部的报告。

要是他能离佐贺再近一点,肯定会亲自前去调查。可那毕竟是九州,去一趟没那么容易。现在他也只能寄希望于分部的报告了。

两天后，分部的回复同其他稿件一同送到了报社。
当时接电话的分部长亲自在稿纸上写了报告。

  两天前接到委托，我分部已进行过调查，结果如下：
  市役所表示，您要找的门田源一郎曾居住在佐贺市水江町××号。分部立刻派部员前去调查，发现并无此人已死的证据……

读到这儿，添田大吃一惊。没想到他那些许的怀疑竟又一次变成了现实。

当时外务省的官员告诉他门田已经死了，他对此一直深信不疑。人就是有这样的心理：一旦相信了某件事，就会先入为主地以为那绝对不会错，丝毫不会起疑。门田的死就是最好的例子。添田一直以为官员告诉他的就是真相。

  但此人目前并不在上述地址居住。……门田源一郎驻外时丧妻，也没有子女。目前在该地址居住的是门田的胞兄夫妇。也就是说，门田在二战结束后回国，辞去了外务省的工作，并在胞兄夫妇处寄宿过一段时间。
  一九四六年前后，此人声称要前往关西，此后音讯全无。他的胞兄曾委托警方调查门田的下落，但目前依旧生死不明。
  这件事蹊跷之处在于，在门田离家出走之后，东京的外务省方面就出现了门田源一郎已死的谣言。他的胞兄称，也许是东京方面把门田的失踪误会成了死亡。

添田彰一看完报告，伸手扶住额头，陷入思索。

唯一可以确定的，是告诉添田"门田源一郎已死"的那名官员，也是听信谣言，因而产生了误会。

然而，这误会究竟是从何产生的？添田觉得这件事背后定有隐情。

不过，这份报告也让事态更加明朗了。

从大和郡山急匆匆赶来东京的伊东忠介，肯定去找了门田源一郎。

这也意味着，其他人都坚信门田已经死了，只有伊东忠介知道他还活着。也就是说，伊东忠介虽然在大和这个地方城市经营一家小杂货店，但一直关注着公使馆时代的同僚。

可以如此假设：伊东忠介通过野上显一郎留下的笔迹，发现他并没有像政府公布的那样已经去世，而是活着回到了日本。他知道野上显一郎喜欢古寺，猜到他定会造访大和。他还推测，野上显一郎的藏身之处就在东京。

伊东忠介马不停蹄地赶到东京，造访了门田的隐居所。那一定是世田谷的郊区。

可是门田为什么会失踪呢？他已经去世的谣言又是怎么产生的呢？他在公使馆的时候，不过是个小小的书记生。

突然，添田又有一个全新的想法：一等书记官野上显一郎前往瑞士的医院时，绝不会是单独行动的。如果他的死讯是一场谎言，那他的瑞士之行就需要进行一定的伪装。至少，他必须把自己伪装成病人。

当时极有可能是由门田书记生陪同野上一等书记官去的瑞士。没错，瑞士之行的秘密正是解开谜题的关键。

伊东武官深信野上一等书记官真的死了。然而，如果野上显一郎还活着，那就有必要质问一下当时陪同野上前往瑞士的门田书记生。也许这正是伊东忠介死在世田谷郊外的原因。

那么，伊东忠介为什么被杀呢？是门田源一郎这条线索害死了他吗？

添田想到这儿，发现自己的假说还有漏洞：为什么伊东忠介住进品川的旅馆之后，没有立刻去世田谷，而是去了田园调布和青山呢？

泷良精住在田园调布，村尾芳生住在青山。他们都与野上显一郎有着密不可分的关系。

添田早就猜到，伊东忠介是去找他们两人了。一开始他还以为伊东是去打听野上显一郎的下落，可是现在他又想到了另一种可能性：他是不是去打听门田源一郎的藏身之处了？

也就是说，伊东忠介认为，当时的副书记官村尾芳生和驻当地报社特派员泷良精是不是知道门田的所在？即使不知道野上显一郎之谜的真相，伊东也想搞清楚门田现在究竟在哪儿，所以他才会拜访这两人吧。

这两人中，势必有一个人告诉了伊东：门田源一郎住在世田谷。至于是谁就不得而知了。于是，伊东就在他的指引下，去了世田谷。

但添田隐约觉得，告诉伊东忠介这件事的，是泷良精。

这一点能从泷良精的态度判断出来。他突然辞去了世界文化交流联盟常任理事的职务，逃到了蓼科，之后又跑去了京都，行踪十分诡异，充满谜团。很明显，泷是在躲避某人。

这时，添田想起伊东忠介的名字并不在旧军人的联络名册上。

从这一点看,在乡间开着小杂货店的伊东忠介可能已经抛弃了过去的美梦,然而从这一次的事件看,伊东忠介很可能在暗中与中央方面保持着联系。

不过,行踪不明的门田源一郎究竟身在何处?

添田下定决心。他有必要再见一次泷良精与村尾芳生。不,是必须再见他们一次。

22

添出彰一给泷良精家打了个电话,发现他还是没有回家,家里人也不知道他的行踪。

添田总觉得泷良精肯定会通过某种形式联系家里,可他并没有追问。想必泷肯定嘱咐家里人不要声张自己的下落,问了也是白问。

剩下的就是村尾芳生了。

村尾在京都的M酒店中了枪,伤还没好,应该还没去上班。添田给外务省打了个电话,发现他果然还在病假中。

"请问他什么时候来上班啊?"

"这我也不清楚,估计得等两个多礼拜吧。"

"那请问他现在在哪儿?"

"听说在伊豆的一家温泉静养呢。详细情况我们也不清楚。"

"可是他毕竟是课长啊,工作上的事情就不用联系他吗?"

"不好意思,这些事情我们是不能告诉外人的。"

添田终究还是没问出实情来。不过他至少知道了村尾身处伊豆温泉的消息。

村尾在M酒店用的是假名，在京都住院接受治疗的时候也是如此。京都分部说他的伤不是很重，想必已经出院了。接电话的课员不肯说出具体的静养地虽属遗憾，不过能打听到伊豆的温泉已经是一大收获了。

伊豆的温泉并不少，况且村尾登记的时候用的肯定还是假名，添田也不能给温泉旅馆一一打电话询问。

他决定，直接去村尾家问一问。既然他无法掌握泷良精的行踪，那就只能把希望寄托在村尾身上了。

村尾家离青山南町的电车线路有些距离。住在这一带的大多是中产家庭。

添田很快就找到了村尾家。

添田彰一看了看大门旁的红色枫树，来到了挂着名牌的格子门前。

一开始应门的是个十八九岁的女佣，后来则换成了一位三十四五岁、长着细长脸蛋的女士。

"不好意思，请问您是村尾夫人吗？"

"不是，我是这家人的亲戚。我姐姐出门去了。"

"啊，那您是村尾夫人的妹妹吧？"

"是的。"在大门口屈膝行礼的女士点了点头。

"真是打扰了，是这样的，我从外务省那儿打听到村尾先生因为生病的关系去伊豆静养了，请问夫人跟他一块儿去了吗？"

"是的……"

夫人的妹妹低下头。看来她并不想回答和这件事有关的问题。

"那真是太让人担心了。请问村尾先生的身体状况可好？"

"啊，谢谢您的关心。其实我是被姐姐突然叫来看家的，详细情况我也不清楚。"她顾左右而言他。

"我有一件事必须和村尾课长当面说，请问他究竟去了伊豆的哪一家温泉啊？"

"这……"她露出发愁的表情，"可是医生嘱咐姐夫一定要静养，绝不能见客。"

"情况这么糟糕吗？"添田差点以为村尾的枪伤恶化了。不过转念一想，这也许是不把行踪告诉他人的借口。

"没想到他的情况这么糟糕……可是我只要见他五分钟或十分钟就够了，绝不会影响他休息。能否请您把温泉和旅馆的名字告诉我呢？"

"这……"

看来夫人的妹妹并不擅长应对这种情况，显得有些惊惶无措。

她的姐姐肯定嘱咐过她，万万不能把村尾的行踪告诉外人。然而，面对报社的记者，她也不知该如何是好。

"如果直接上门拜访不太好，我会提前打电话确认的。"

添田有些同情她，不得不让步。

不擅长对付记者的夫人妹妹轻易相信了添田的话。

"那我就把电话号码告诉您吧。"

她从套装的口袋里掏出一张纸。听说添田不会直接上门，而是先打电话问一问，她好像放心了不少。

"是船原的……"

"船原？"添田一边在笔记本上写着一边问道，"船原，是伊豆修善寺那边的船原吗？"

"是的,就是那里。"

"我知道了。那旅馆的名字是?"

"船原酒店。那里就只有一家旅馆。"

"谢谢。啊,还有……"添田忽然想起了一件重要的事情,"请问村尾先生是用真名登记的吗?"

"不是。"

她告诉添田,村尾用的是"山田义一"这个名字。

第二天一早,添田就离开了东京。

坐电车到三岛站需要两个多小时,之后再换出租车。沿着狩野川旁的下田街道走一小时,右侧就出现了一条小路,旁边还有一条小河。

船原温泉背靠高山,非常僻静。除了那一家旅馆,其他房子都是农户。漫山遍野尽是秋色,收割过的田地中满是谷茬。

旅馆的白色建筑物映入眼帘的时候,添田不禁想起了村尾课长那张冷漠的脸。

添田下了车,朝酒店门口走去。想到接下来要面对的艰难工作,他不禁有些紧张。毕竟,村尾芳生在京都不幸受伤,所以才会来这僻静的地方疗养。而现在他最讨厌的记者带着他最不想提的话题追到了这儿。不用见面,添田也能想象出村尾芳生痛苦的表情。

这家酒店并不大。走进大门,就能看见河边的庭院里有好几个小亭子。这里的狩场烧[1]非常有名。

前来迎接的女服务生看上去很朴素。

---

[1] 以野猪肉、野鸭肉和蔬菜为原料的铁板烧。

"请问山田先生是不是住在这里?"

"啊,是的。"女服务生毫不犹豫地回答。

"他的夫人也在吧?"

"是的。"

"我是从东京来的,能不能让我见夫人一面?"

女服务生问了添田的名字,转身进屋了。

添田不用搬出报社的名字,只要报出"添田"这个姓氏,村尾就明白了。

夫人出来了。她和添田在青山见到的那位女士长得非常像。三十七八的样子,个子很高。

"您就是添田先生吧?"夫人鞠了一躬,一脸诧异地问道。

"是的,我叫添田彰一,是个记者,以前曾见过村尾先生一面。"

这一回,他从口袋里掏出了名片。

夫人脸上闪过一丝狼狈。

想必她是考虑到了丈夫的心情,心想来了个不好对付的人。

"不好意思,"夫人说道,"我丈夫身体状况不太好,是来这儿静养的,不能见客。"

她微笑着拒绝了添田的要求。

"不,我明白您的难处,我也觉得自己擅自来到这里非常失礼。但我只需要十分钟,不,五分钟就够了,还请村尾先生通融。"

"这……"夫人一脸愁容,可见她也不好意思明确拒绝,毕竟添田是大老远从东京过来的,想到这儿,她就不忍心拒绝这位访客了,"那我去问一问吧。"

"麻烦了。"

添田站在门口等候。

微弱的金色阳光洒在山上。一片杉树林在山坡上形成一块黑斑。

不久,夫人拖着沉重的脚步走了回来,脸上一筹莫展。

"非常对不起……"她对着添田鞠了一躬,"他说现在实在不方便见客。"

添田早就想到对方不会轻易答应。

"我理解,擅自跑来村尾先生静养的地方,真的非常抱歉,但我都大老远来到这儿了,能否占用他五六分钟时间呢?如果真的完全不能见客,我立刻就走。"添田说道。

既然来了温泉,就不可能完全避不见客,毕竟这里不是医院,也没有医生跟着。

果不其然,夫人露出一副不知如何是好的表情来。她又小声拒绝了一遍,可添田并没有轻易放弃。

"那请您稍等片刻……"

夫人只得作罢,站起身。添田从夫人脸上读出了下定决心的表情。

他在门口等候了许久。这段时间里,村尾芳生肯定在命令夫人把记者赶回去,而夫人则在说服丈夫。从夫人刚才的表情可以推测出这些。

对面庭院里的男女客人在女服务生的带领下朝小溪走去。女服务生手上提着竹笼,也许是要围坐在一起吃狩场烧吧。添田呆呆地望着眼前的光景。

村尾夫人回来了。这一回,她的脸上并没有犹豫:"请进吧。"

女服务生在一旁为添田准备好了拖鞋。

"村尾先生同意见我了吗?"

"是的,我好不容易说服了他。"

夫人露出恬静的微笑。添田对她感激不尽。

"真是太麻烦您了,我十分钟后就走。"

"不过我家那位病人正在气头上,还请您手下留情啊。"

添田跟着夫人进了屋。门后右边是一条长长的走廊,途中还转了好几个弯,才走到一处偏僻的房间门口。

夫人回头对添田说道:"就是这儿。"

"好。"添田不禁整了整上衣。

走进房间一看,只见村尾芳生穿着棉袍,正躺在阳台的安乐椅上。宽敞的阳台背后还能看见重重叠叠的群山景色。

添田只能看见村尾芳生的背影。在添田开口之前,夫人就温柔地走到丈夫身边,回头轻声说道:"请吧。"

她还为添田在安乐椅旁边摆了张椅子。

"那我就不客气了。"添田来到了村尾身旁。

村尾芳生轻轻点了点头,但并没有看添田一眼。添田看到村尾的侧脸,发现他消瘦了不少。

"您好。"他低下头说道,"非常抱歉在您静养的时候打扰您。我不会占用您太多时间的。"

村尾并没有立刻回答。他动了动脖子,用眼角的余光瞥了添田一眼。棉袍盖住了肩膀,看不出他有没有绑绷带。

"哦,是你啊。"

他终于开口了。十分虚弱的声音,不知是因为心不甘情不愿地迎接了这位不速之客，还是因为病痛没了气力。

"您的身体可好？"添田寒暄道。这样就不会提到枪伤了。毕竟村尾在隐瞒自己受伤这件事，这么提问才不算失礼。

"啊，嗯……"村尾芳生哼哼了几声。

"事出突然，我真是没有想到。我给外务省打过电话，这才知道课长您请假了。"

"哦……"村尾看起来睡眼惺忪，"然后呢？找我什么事？"

"啊，非常抱歉。"

添田在一旁的椅子上坐下。

"我知道自己贸然前来拜访定会让您感到不快，也许我接下来的问题更会让您火冒三丈。"添田毫无保留地说道。他不想再绕弯子了，而是想开门见山地引出对方的答案。

"哼……"

村尾课长眺望着远处的山景，脸上挂满严肃之情。

"村尾先生，您在××国任职的时候……"

添田说到这里时，村尾的瞳孔微微颤动了一下。那不快的表情仿佛在说，你果然是为了这事来的。

"当时公使馆里是不是有一位书记生叫门田源一郎？"

村尾默默点点头，一脸的不快。

"您和门田先生熟吗？"

"那是当然。"村尾不情愿地说道，"毕竟是同一座公使馆的同事，而且他又是我的部下，当然认识了。"

"请问他的性格怎么样？"

"性格？哎呀，已经这么多年了，你问这些干什么？"村尾靠着椅背，凝视着添田问道。

"呃……是这样的，之前我也曾告诉过您，我想写一写大战期间的外交史。想要多收集些资料，所以才来向您打听门田先生的事情。"

"门田只是个普通的书记生，其他的我就不清楚了。他就是听我的命令办事而已。"

"不，我不是这个意思……我听说一等书记官野上显一郎先生到瑞士疗养的时候，是门田先生陪着去的。所以我想从门田先生那里打听一下住院期间的野上先生的情况。"添田决定赌一把。

村尾芳生又将视线转向远处的高山，仿佛在抑制自己的感情。

"你想见见门田？"

"是的，也想问问您他的为人。"

"难得你有此意，"村尾露出一丝冷笑，"可惜门田已经死了。"

添田等的就是这个答案。

"二战结束之后他就回国了，还把政府的工作给辞了。他回了九州老家，后来听说他就这么病死了。"很是平静的口气。

"我也听说了这一传闻。"添田的口气也很镇定，"可是我委托我们报社的九州佐贺分部查了查门田先生的老家，发现门田先生并不是死了，只是失踪了而已。"

村尾的表情顿时松动了。添田感到，村尾好像在心中小声呐喊着。

"这我就不清楚了。"村尾歪着脑袋，压低嗓门说道，"不过……不应该啊……我听说他的确是死了。"

"是的，"添田接下话茬，"门田先生的老家也说，不知道为什么东京那边一直盛传他已经死了的传闻。现在他们家的当家是门田先生的亲哥哥，他也觉得这件事情很不可思议……更不可思议的是，门田先生离开家之后，一直行踪不明。"

"还有这种事？"村尾露出揶揄的笑容，"你查得真仔细啊。那何必跑来问我呢？你直接让你们报社的人找他，直接去见他不就行了？"

村尾芳生像在用他的态度表示，自己对一介书记生完全不感兴趣。

"门田先生的行踪，我自然是要调查的，但我想问您的是门田先生的性格。"

"他是个诚实的人，工作能力也很强……我只能说出这些了。"

添田正要继续提问的时候，夫人端着一盘熟透了的柿子走了进来。

"这儿是乡下地方，没什么好招待的，不过这儿的柿子真是不错，这些都是刚从树上摘的。和东京水果店里买的味道完全不一样。"

添田与村尾的对话中断了。

夫人察觉到两人之间的紧张气氛，放下柿子就离开了房间。

"野上先生和门田先生的关系很好吗？"添田在夫人离开之后，立刻提问。

"为什么这么说？"

"因为野上先生生病之后，是门田先生陪去瑞士的吧？"

"那是当然，因为门田是最年轻的人啊。我们其他人都很忙，哪儿有时间去送病人啊。这种事情只能让年轻人去做，并不是因为他们俩有特别的关系。"

"之前您说过野上先生是得肺病去世的吧？"

"是的。"

"那他过世的时候，意识清晰吗？"

"意识？这我怎么知道？"

村尾芳生一不小心说漏了嘴。这正是添田等候已久的破绽。小心谨慎的村尾芳生在不经意间出现了漏洞。

"您不知道？这是为什么啊？"

"你什么意思？"

村尾在反问之后，才回过神来，缄口不语。脸上分明写着：糟了！

"难道门田书记生没有在瑞士的医院见证野上先生的最后一刻吗？您去瑞士领回骨灰的时候，他应该会把当时的情况报告给您才对啊。"

"……"

村尾芳生的眉间顿时挤出深深的皱纹，然后他别过头去。

"门田先生应该向您汇报过野上先生临终时的样子才对。"

"我听说他过世的时候很平静。"村尾芳生终于回答了。

"也就是说他去世前的意识很清晰是吧？可是您刚才为什么说您不知道呢？"

添田死死抓住村尾的破绽。

"我忘了。当时门田的确跟我说过。"

这回轮到添田陷入沉思了。他的直觉告诉他，门田书记生并没有把野上一等书记官临终时的样子告诉村尾芳生。不，这也是理所当然的——方才村尾那一瞬间的表情，还有他随口说出的那句话，都证明了这一点。

他怎么会知道野上显一郎临终时的样子呢？野上显一郎根本就没有经历过临终的这一刻！

"那门田先生和您是坐同一班船回国的吗？"

村尾没有立刻作答。他好像在犹豫。

"不，他是坐之后的船回国的。"他回答道，"二战结束之后，我们以外交官的身份坐英国的船回了国，但门田还有些事务要处理，所以他的回国时间比我们迟了一个月。"

还有些事务要处理——添田立刻把这句话和野上显一郎的死联系在了一起。门田把野上送去了瑞士，他回国的时间因此比其他人要晚。

门田源一郎回国之后立刻辞去了外务省的工作，还成了行踪不明的隐形人，坊间甚至风传他已经死了。这和他晚回国的原因肯定有关。

"喂，"村尾芳生好不容易回过神来，"你为什么对野上先生的事情这么感兴趣？"

"村尾先生，"添田终于决定道出实情，"因为有传言称野上先生还活着。"

"什么？"

村尾凝视着添田，但脸上并没有惊讶的神色。也许他正期待着添田的这句话。

"这可真怪。我不知道这谣言是从哪儿来的，但外务省当年明确公布了野上先生的死讯，日本的报纸也登了。"

"我知道。"

"是吧？你要是查过二战外交史的资料，就肯定见过那份公报。外交官的死讯怎么会出错呢？又不是报社的电报。那可是日本政府的堂堂公报啊！"

"我知道。可是有越来越多的迹象表明，那是外务省的错误。"

"哦？你这么说有根据吗？"

"根据就是，有人在日本见到了野上先生。"

"这话就怪了。这是谁说的？是谁见到了野上先生？"

"我不能告诉您，总之就是有人见到了。我毕竟是个记者，不能把人家的名字说出来……"

"你没搞错吧？世界上长得像的人多得是。不，我没必要跟你说这些。添田，我不想和你说这些废话。就连野上夫人，都深信自己的丈夫已经不在人世了，正是我把他的骨灰送了回来。事到如今，不要再去追查这些虚无缥缈的事情了。这样对死者的家属来说实在太残酷了。"

"是吗……"添田本想争辩，可还是忍住了，"那请允许我再换一个问题。"

"够了！我是来这儿静养的。你擅自来找我。我本不想见你，是我妻子看你可怜才劝我见你一面的。"

"非常抱歉，"添田低头说道，"但请您回答我的这个问题。和刚才那件事无关。那是有关在世田谷郊区被杀的伊东忠介先生的。他和您一样，曾在××国的公使馆任职，原本是陆军的武官。伊东先生惨死世田谷的事情，想必您也在报上看到了吧。"

"我知道。"村尾芳生冷淡地说道。

"那么公使馆时代的伊东先生的性格怎么样？"

"又问性格？"村尾讽刺地笑道，"你专爱打听别人的性格呀？"

"我想了解伊东先生的为人。"

"你们报社在追查伊东的那起案子吗？"

"我并不否定，因为报社总是对一切事情都感兴趣。"

"可你并不是社会部的。我记得你是政治部的吧？"

"您说得没错，但我也是报社的一分子，在某些时候不同的部门也会通力合作。比如这次的事件就是如此。警方还没有查明杀死伊东先生的犯人。我之所以向您打听他的性格，也是为了帮助报社追查这起事件的真相。"

"莫非你已经有了犯人的线索？"

"正因为没有，才会四处打听的。"

"原来如此……嗯……"村尾总算进入了思考回答的阶段，"伊东先生……用一句话概括就是典型的陆军军官。"

"此话怎讲？"

"我只能说这些。总之，没有比他更像军人的军人了。"

"也就是说他一直坚信日本会取得战争的胜利是吗？"

"那是当然，因为他是个军人。"

"但他和身处国内的军人不一样。他在外国当武官，而且还是中立国，应该很了解大战的战况才对，他应该能站在客观的角度判断啊。就算是日本国内，海军方面也认为日本定会战败。"

"伊东先生不是海军，是陆军。"

"您的意思是，因为他是陆军，所以坚信一定能打赢，是吗？"

"在这方面他的思维非常狭隘。他的确是中立国的武官，可怀着他这种想法的人，去德国大使馆可能会更合适。"

添田感到一片漆黑的脑中闪过一丝光亮。

"那就是说公使馆里也存在陆军派和海军派的对立不成？"

"……"

"村尾先生，是不是这样？"

"我不清楚。"村尾芳生避不作答。

"是吗……村尾先生，那我就给您说说我的想象好了。当时，轴心国和同盟国的谍报机关在中立国十分活跃。英国方面的谍报机关和日本海军的联系非常紧密。本来海军就有亲英的趋势，而野上先生也是偏向海军的，所以他和陆军武官伊东忠介产生对立。我的想法没有错吧？"

村尾芳生在椅子上变了个姿势，添田又只能看见他的背影了。

"我没有权利束缚别人的想象，你爱怎么想就怎么想好了。"他说道，"可是，添田，你为什么要追查野上先生的事情？是谁让你这么做的？是谁在背后指使你的？"

"村尾先生，"添田彰一道出实情，"野上显一郎也许会成为我的岳父。"

"什么？"村尾芳生站起身，转过头来目不转睛地盯着添田，双眼中饱含着灼热的光芒。

"野上显一郎有个女儿，叫野上久美子。"

"嗯……"

村尾说不出一句话。添田则正视着村尾的视线。

先撇开视线的反而是村尾芳生。他整个上半身倒进椅子里。

"是吗……原来是这样……"村尾芳生叹息道。

"添田，"他的声音听起来十分沮丧，"这事我真不知道。"

阳台外，山上的光线在不知不觉中发生了变化，匍匐在山脚下的阴影开始朝山顶上爬。

"如果你要问野上先生的事情，就去找泷吧。"

"泷先生？"添田站起身，"泷先生现在在哪儿？"

"横滨。纽格兰德酒店。"

"纽格兰德酒店？"

添田脑中立刻浮现起那对法国来的凡内德夫妇。他找遍了东京的酒店，可就是没有发现他们的行踪。

原来如此，原来他们在横滨啊。

"村尾先生，"添田站在村尾芳生旁边说道，"凡内德夫妇也在那家酒店吗？"

村尾芳生的肩膀一阵抽搐。然而，他的口气却很平静。

"我不认识你说的外国人……你去问泷好了。"

添田彰一从伊豆回到报社的时候，已经是傍晚了。

同事告诉他，他不在的时候有人给他打过电话。

"是个姓芦村的人。"

添田还以为是节子打来的。

"对方说让你回来后回个电话。说是会等到六点。"

添田本以为是节子从外头打给他的，可同事记下的电话号码旁分明标注着"T大学"这几个字。原来打电话来的是节子的丈夫亮一。

这可真是罕见。此前，添田与芦村亮一几乎没有交集。添田只是从久美子和节子那里听过很多有关亮一的传言而已，想必对方也是如此。

添田见过亮一两三回,觉得他是个很典型的学者,为人认真踏实。亮一很少主动说话,但不会给人留下冷淡的印象。他总是认真地听对方说话,打招呼的时候也比普通人有礼貌得多。

芦村亮一居然会突然给自己打电话。如果他是从自己家里打来的也就罢了,可那通电话分明是从大学打的,就好像是为了故意避开节子。

添田照着纸片上的号码回了电。

似曾相识的声音从电话那头传来。

"不好意思,我刚才出去了一趟。"添田先道了个歉。

"我有个突然的请求,请问你今天晚上有时间吗?"亮一说道。

"有,恰好今天没什么事。那我们在哪儿见面呢?"

"我也不是很清楚哪些地方适合见面,如果你方便的话,能不能来我们大学附近的餐馆?我在那里等你。"

"好的,我这就去。"

"你知道那个餐馆的位置吗?就在正门前的电车道旁边。"

"嗯,我大概有数。"

添田在出租车中思索着,芦村亮一为什么要把自己叫出来?他刚去船原温泉见过村尾芳生,一回来就接到了芦村的邀请,感觉并非偶然。他想来想去,实在想不出个所以然。直觉告诉他,这次邀约肯定与野上显一郎有关。

芦村亮一在久美子前往京都的时候,特意找了个警察陪久美子一起去。不过,他做梦也没有想到野上显一郎还活着,而且来到了日本。也许是最近发生在久美子周围的怪事太多了,他才会想找添田商量吧。

通过节子，他已经了解了久美子和添田的关系。

在大学正门和长长的围墙对面，有一家漂亮的餐厅。添田上了二楼。因为大学就在对街的缘故，有很多学生在一楼喝茶。

芦村亮一在二楼靠窗的座位上看着报纸。见添田走了过来，他赶忙折好报纸，轻轻点头示意道："你好啊。"

"谢谢您打电话给我。"

添田来到对面的椅子旁边，鞠了一躬后坐下。

"不，突然把你叫出来真是不好意思，应该是我道歉才对。"芦村亮一平静地说道，"你肯定很忙吧？"

"不，现在还好。"

"报社跟我们不一样，每天都要追着新闻跑，肯定很辛苦吧。而我们总是做一样的事情，有时候觉得也挺无聊的。从这个角度看，还是你们的工作有活力啊。"

芦村亮一说了半天闲话，可就是不切入正题。

不过，他照着菜单点了菜，吩咐服务员做这个做那个的，十分周到入微。

在吃饭的时候，芦村开口闭口就是感谢添田对节子和久美子的照顾，还提了两三个有关报社工作的问题。

可是添田很清楚，这位病理学副教授的兴趣，并不在这些家常上。

芦村亮一有更重要的事要告诉添田。然而，他迟迟不开口。

至少，添田是这么猜想的。

餐厅二楼能看见围墙内的大学灯光。那是从茂密得发黑的银杏树梢中漏出来的。吹着口哨的学生从餐厅门口经过。

"其实前一阵子我去九州开了个学术会。"副教授突然说起了学术会的事情,"会议在福冈举行的……想不到地方上居然还有那样的大城市。"

"啊,我也去福冈出差过,还挺熟悉那边的。"添田随声附和道,心里却在疑惑他为什么要突然提起福冈。难道他在继续闲扯吗?

"哦?你也去过那儿吗?"副教授大吃一惊地说道。也许是学者的生活圈子比较小吧,总感觉自己去了个别人很少去的地方。

"我还去东公园那儿散了个步呢。"副教授说道。

"就在九州大学旁边是吧?不过还是西公园比较好啊,那里能看见海景。玄界滩就在山丘下面,还能看见凸出来的细长岛屿呢。"

"啊,是吗,我还真不知道还有个西公园呢,不过东公园……"

为什么话题总是围绕着公园打转呢?添田百无聊赖地附和着。

芦村想把自己见到野上显一郎的事情,告诉眼前的添田彰一。

他总觉得不把这件事情说出来,心里就会七上八下的。从九州回来之后,他就带着野上孝子、久美子和妻子节子去餐厅吃了饭,那是他的潜意识想要告诉别人,自己在九州有过令人震惊的经历。然而,三位女眷什么都没察觉到。最终,他发现自己的用心打了水漂。

还是得把这件事说出来才行。可是他实在不知道该跟谁说才好,总不能跟孝子或久美子说吧。

自己的妻子节子也不行。

她们和野上显一郎的关系太近了。然而，没有关系的第三者就更不行了。想来想去，唯一合适的人选就是添田。添田将会成为久美子的丈夫，既和野上家有密切的关系，又不是血肉至亲。也就是说，这恰到好处的距离，让芦村选择了添田作为倾诉的对象。

然而，真的把添田叫出来了，芦村又难以启齿了。如果把这件事告诉了添田，他可能会立刻告诉久美子。即使嘱咐他不要说，也难保毫无疏漏，而久美子一定会告诉自己的母亲。

事关重大。在关键时刻，芦村亮一打起了退堂鼓。

从这一点看，添田彰一的心理状态和芦村亮一的如出一辙。

添田也相信野上显一郎还活着。而且他已经猜到，野上伪装成了法国人凡内德来到了日本。这一信念在前往伊豆的船原温泉见过村尾芳生之后更加坚定了。

可是添田最介意的是，野上显一郎还有位法国妻子。要是没有这位夫人，他说不定会鼓起勇气把自己的推测告诉野上孝子和久美子。然而，"显一郎有另一位妻子"这件事，他无论如何也无法说出口。不，不光是孝子，就连坐在眼前的节子的丈夫芦村亮一，也不该知道。

亮一是节子的丈夫，看似是个绝佳的倾诉对象，可是难保他不会把这件事告诉妻子节子。而节子很有可能会告诉孝子和久美子。想到这一事实对两人的打击，添田绝不敢轻易开口。

野上显一郎的确还活着，要是知道了这件事，孝子和久美子该有多高兴啊。可问题是，显一郎有了一位新夫人。好不容易从天而降的喜悦之情，顿时就会土崩瓦解……

芦村亮一在福冈的东公园见到了野上显一郎，然而他只提到了公园，并没有说下去。同样，添田也只说了自己今天去了趟伊豆。绕来绕去，总也谈不到点子上。他们都给话题罩上一层帘子，不把关键示人。

"哦，你去伊豆了啊？"亮一装出对添田的话很感兴趣的样子。

"是的，去办点事。今天早上去的，刚回来。啊，对了，您给我打电话的时候，我正好到报社。"

"哎呀，你这么忙啊。"亮一同情地说道，"好不容易去一趟伊豆，怎么不去温泉泡一泡，住一个晚上呢？"

"唉，没那个时间啊。"

"是伊豆的哪个温泉？"

"船原温泉。"

"啊，那里的狩场烧很有名呢。我有个朋友曾经去过。"

究竟在说什么啊。添田也只提到了伊豆的温泉，闭口不提关键。

添田彰一越来越摸不透芦村亮一把自己叫出来的动机了。饭吃完了，他还是没有道出自己的目的。服务员端来了咖啡。

添田等候着对方切入正题。然而，喝完咖啡之后，留给他们的时间就不多了。

"不好意思，突然把你叫出来。"亮一尴尬地说道，"其实我也没什么要紧事，只是想见见你而已。"

"啊？"添田看着副教授的脸。

"哦，因为你一直对久美子百般呵护，我想当面谢谢你。"

"哪里哪里……"

添田虽然这么说，可心里在想，他真的是为了这事把我叫出来的吗？他觉得自己好像扑了个空。

"那我们走吧。"

"好……"

芦村亮一拿着包,走到了收银台前。那缓慢的脚步,正显示着他心中的犹豫。

然而,他终究还是错失了良机。两人肩并肩地下了楼,楼下的咖啡厅里坐满了学生。有几个学生看见芦村副教授,向他打起了招呼。

两人来到电车沿线,朝车站走去。路旁的旧书店亮起了灯。寂寥的灯光下摆放着几本旧书。

"添田君,你住在哪儿啊?"亮一问道。

"啊,我住在芝区爱宕町,我们报社的单身宿舍就在那里。"

"啊,虽然和我并不同路,我还是可以打车送你一程。"

这时正好一辆空车路过,亮一伸手拦了下来。

两人在出租车里都默不作声。五分钟过后,到了添田该下车的地方,他们也实在没什么可聊的了。在尴尬的气氛中,添田下了车。

"那我就告辞了。"

"再见。"

载着芦村亮一的出租车消失在了添田的视野中。

添田是在寂静的汤岛下的车。黑暗中也能依稀分辨出两旁行道树的颜色。添田朝教堂的方向走去。他非常喜欢这条路。

芦村亮一把自己叫出来的目的究竟是什么?不可能只是为了感谢他对久美子的照顾。芦村副教授肯定有其他话要说。

可他终究还是没有说出口。添田认为自己的想象绝没有错。

分别的时候气氛会那么尴尬，肯定也是因为这个原因。

那么，芦村亮一究竟想跟他说什么呢？为什么见到自己之后，他竟说不出口了呢？

于是，添田进行了换位思考，把自己设想成芦村亮一。

"芦村亮一也相信野上显一郎还活着！"

亮一会把自己叫出来，就只有可能是这个原因。他知道事关重大，不能把这件事告诉自己的妻子和妻子的表妹。然而，他无法把这件事继续闷在心里，所以才把自己叫了出来！

这时，添田突然意识到芦村亮一的立场和自己的极为相似。

后悔之情涌上心头。早知如此，自己就该鼓起勇气先开口才是。这样一来，芦村亮一也许会坦诚相待。芦村亮一是否坚信野上显一郎尚在人世？他手上究竟有多少线索？添田顿时产生了好奇。

添田看见了御茶水车站的灯光。黑暗中的站台仿佛漂浮在半空中。

就在这时，添田意识到了村尾芳生那句话的含义。

原来他的意思是，让自己带着久美子去横滨的纽格兰德酒店！

23

  品川旅馆"筒井屋"的店主从账房回到了自己的房间。账房就在大门旁边,而店主的房间则在走廊的尽头。那个房间和客房不在一处,必须走过厨房和服务生的房间才能看见。

  今晚早些时候来了些客人。这家旅馆就在品川站旁边,地段很好,平时生意也很红火。

  店主拉开纸门,走进屋里。他在六叠大的房间中央站住了。

  墙边摆着一张陈旧的写字桌。他没有娶妻,平日里的饮食起居都靠店里的女服务生照应。不过这个房间永远都由店主筒井源三郎亲自打扫。房间里整洁干净。如此一丝不苟,并非因为他天生有洁癖,而是由于他过去受过严格的训练而养成的习惯。

  筒井源三郎站在原地,浓眉下的双眼注视着写字桌。吊在天花板上的电灯泡发出亮光。他凸出的颧骨在脸颊上形成黑色的阴影。

  他环视四周,表情十分严肃。这里是他的房间,平时他再三嘱咐服务生不要进屋。

  然而,筒井源三郎却发现这间房里的感觉和自己离开的时候不太一样。照理说他不在房间的时候,屋里的空气应该会沉滞不动才对,可现在并不是这样,就好像有人进过屋,搅动了它。

店主仔细端详着桌上的东西。桌边摆放着账簿、墨水瓶、钢笔、和平牌香烟、铅笔、信纸——这些东西看似平常,其实店主都在上面留下了印记。比如,他会记住账本的厚度和形状、墨水瓶和钢笔的角度、信纸的倾斜度等,这些都有他自己的讲究。如果有人趁他不在房里的时候动过这些东西,他一眼就能看出来。

叠在一起的账本并没有变乱,墨水和钢笔的位置也没有变。信纸的位置虽然没有变,但感觉不太一样。也就是说,有人曾翻开信纸,查看其中的内容。封面和下方的纸有些错开,不是很整齐。

店主拉开纸门,对着走廊喊道:"阿米!阿米!"

二楼传来住客的吵闹声。店主一边拍着手,一边再次喊着女服务生的名字。

远处的女服务生答应了一声。长着圆脸的女服务生红着脸,一路小跑地赶来了。

"老板,您叫我啊?"

"进来吧。"

店主让女服务生进了屋。

"我不在屋里的时候,有没有人进过屋?"

他的眼神变得锐利起来。

"没有啊。"

女服务生察觉到了店主严肃的神色,呆若木鸡。这位正是添田前来采访的时候,回答有关被害的伊东忠介情况的那位女服务生。

"阿房呢?"店主又说出另一位服务生的名字,"她进来过吗?"

"我没注意,不过您在账房的时候,我们俩都在客房里招呼客人呢,阿房想来也抽不开身啊。"

店主陷入沉思。

"荣吉呢?"

"在外头呢。"

"这样啊……"

"老板,难道屋里丢东西了?"女服务生问道。

"不,没丢东西……"

女服务生一脸迷茫地看着店主。

"算了算了。要是没人来过就算了。你也知道,这个房间一直是我自己打扫收拾的。"

"老板,您不在的时候我们可没进过屋啊。"

"好了好了,你去招呼客人吧,没事了。"

店主打发走了女服务生,关上身后的纸门,坐到了写字桌前。

他拉开抽屉,仔细审视。抽屉里放着各种各样的东西,但没有被人翻过的痕迹。

店主从口袋里掏出一根烟,划了根火柴,开始吞云吐雾起来。这根烟,他抽了好久好久。

走廊里传来服务生的脚步声。客房里有两三个男人正在欢笑。

好像有位女服务生正带着客人前往浴室。夜里八点到十点是旅馆最忙碌的时候。

店主听着这些响声,把烟蒂摁灭在烟灰缸里。他站起身,朝壁橱走去。拉开纸门,只见里头放着他自己专用的被褥。被褥叠得整整齐齐,就像军队中一样。

店主把手伸进被褥里摸索了片刻,掏出一个小纸盒,看上去像是放手帕的小盒子。不过因为被褥的重量，那纸盒的盖子有些瘪了。

他把盒子放在写字桌上，打开盒盖，只见里头装着好几张信纸。他把信纸摊开在桌上。总共有四五张，好像是一封没写完的信。

店主从头看起，不时删去几句话，又添上几笔，然后顺势继续写了下去。

他弓着背，专心致志地写信。钢笔不时停顿，这时他就会抽根烟，思考该如何下笔。那阴郁的表情并非昏暗的光线作祟。深深的皱纹集中在他的额头。

突然，走廊传来一阵脚步声。他赶忙用其他信纸盖住自己正在写的那几张，屏息凝神地听着外头的动静。

"老板。"纸门外的女服务生喊道。

"怎么了？"他回过头，瞪着纸门拉开的缝隙。女服务生探出个头来，战战兢兢地看着店主。

"有事快说。"

"是这样的……枫之间的客人说那房间太小了，能不能换一间大的……"

"那间房今天晚上十点已经有人订了，你给我推了吧。"

"我说了，可是客人很坚持，一定要换……"

"给我推了。"店主大声说道。

"那……就让他们忍一忍？"

"不，别让他们住这儿了。"

"啊？"

"让他们走。一分钱都不要，让他们走。"

店主的声音里透着怒火。女服务生吓了一跳,没敢答应老板就走了。平日里温厚老实的老板,怎么会莫名其妙地发火呢?

店主把视线转回信纸。他提起笔,继续写信。

之后,他花了将近一小时写完了信。算上之前写好的那几张,总共有十多张信纸。看来他在这封信上花了很长时间。

店主从写字台的抽屉里抽出了一个信封。

他小心翼翼地写下地址,把信封翻个身,写上了寄信人的名字,然后整齐地叠好信纸。

突然,他双手停了下来,外面有什么动静。他赶紧把信藏在账本里,手忙脚乱地把信封塞在账本下面。

店主站起身,拉开纸门。白色的灯光洒在门口的八角金盘叶片上。

"谁啊?"店主盯着灯光照不到的黑暗地面。

"是我,荣吉。"穿着号衣的男子蹲着抬起头,只有他的脸照到了灯光。

"是你啊。"

四十五六岁,脸色黝黑的男人。之前添田来店里的时候,也在路上见到了他。

"你在干吗?"

"哦,水沟堵住了,我就想来清理清理,白天一直没空……"

"这样啊……你一直在那儿吗?"

"没,我刚过来,正弄到一半呢。"

"辛苦了,不过今天晚上的客人多,你还是去门口那儿帮忙吧。"

"知道了。"

"打扫卫生还是趁白天弄好,毕竟亮一点。"

店主拉上了纸门。

他站在原地,听着屋外的动静。杂工的脚步声渐渐远去。他好像碰到了门口八角金盘树的叶子,叶子沙沙作响。

他走回写字桌旁,把折好的信纸装进信封,在信封上涂了许多糨糊,又从另一个抽屉里拿出邮票,在信封正面的角落里整整齐齐地贴了两张,就像是邮票从一开始便印在信封上一样。

他站起身,把信塞进口袋,轻轻拉开纸门。他本能地看了看走廊,只看见远处有女服务生的身影闪过。他走到了旅馆大门口,穿了双给客人用的杉木木屐。木屐上还有四角形的烧印,写着"筒井屋"三个字。

"老板,您上哪儿去啊?"路过的红脸女服务生见状不禁问道。

"嗯,出去走走。"

店主走出了门。

旅馆门口正面有一座古色古香的大钟,黄铜色的钟摆缓缓摇动。指针指着晚上九点四十二分。

走出大门之前,店主的动作还是慢吞吞的。可一旦离开家门口,他就撒腿跑了起来。木屐的响声在路上回响。迎面并肩走来三个年轻人,其中一个赶忙躲开。

"那大叔疯了啊!活得不耐烦了!"

他望着店主的背影,咋了咋舌。

筒井源三郎终于跑到了两百米开外的邮筒。这里虽然是品川,但毕竟是偏僻的小路,行人很少。这里是一条坡道的尽头,再往前走就是昏暗的住宅区了。

店主从口袋里掏出信封,塞进邮筒。他有些犹豫,迟迟不肯放手。终于,他还是听见了信封掉进红色邮筒[1]的声音。他的表情扭曲了。

他开始往家走。那步履,与寄信前完全不同。垂头丧气的他,仿佛正在用心回忆刚才丢进邮筒的信。

突然,眼前竟出现了自己的影子。原来是一辆车从后头开了过来。他之所以没察觉后面有车,是因为那辆停在路旁的车,刚才一直都没有打开车灯。

那是一辆漆黑的大型进口车。开到他旁边的时候放慢了速度。

"不好意思。"

车里的人叫住了他。驾驶座和后面的车厢里都没有开灯,里头一片漆黑。只有探出头来的司机能照到一丝路灯的光亮。那是个二十四五岁的男子,脸很长。

筒井源三郎放慢了脚步。与此同时,那辆车也在他身边停了下来。

"我想向您打听个事儿。"司机低头示意道,"听说这附近有一户人家姓山冈,请问该怎么走啊?"

有人问路是常有的事。估计是司机看他像本地人吧。

"山冈?"

筒井源三郎歪着脑袋思索着附近的人家。

"得,还是我来问吧。"

---

[1] 日本的邮筒是红色的。

说着，后车厢的门开了。

如果是普通的车，只要一开车门车厢里的灯就会亮起来，但不知道为什么，这辆车即使打开了车门，里头也是一片漆黑。然而，筒井源三郎并没有察觉到异样。

"不好意思。"黑暗的座位上的人开口了。店主只能隐约看到他的轮廓。

"我们听说有一位山冈先生住在这里，也知道地址，可就是找不到他家的房子。他是农林省的官员。"

"这……"

店主还真是没有印象。

"我真的不清楚。"筒井源三郎回答道。黑暗的座位上又传来了另一个人的声音。

"哦，你不是筒井屋的老板吗？"一副和店主很熟的口气。

"啊？"店主还以为他是住过店的客人，不禁弯下腰问道，"请问您是？"

"是我啊，是我。"

对方露了个脸。可是外头太暗了，店主实在是看不清楚。

"好久不见了。"

"请问您是哪位啊？"

"你不认识我了吗？你再靠近点看看。"

听到这话，筒井源三郎不禁走近了打开着的车门。

突然，一股巨大的力量击中了他的背部。不知不觉中，司机走下了车，绕到了他的身后。

店主失去平衡，向前栽进车厢里，身躯卡在好几个人脚下和驾驶席的座位之间。

他的身体又被狠撞一下。原来司机一踩油门，把车发动了起来。

有人抓住店主的衣襟，把他的上半身拉了起来。一片黑暗中，店主只能感受到那个人的手的力量。他发现，自己被迫挤压在了两人之间。

"你们要干什么！"

他好不容易挤出声来。然而很快，男人的手臂勒住了他的喉咙。

筒井源三郎还以为自己会被勒死，可是勒住他的手臂并没有继续用力。看来这只是对方为了阻止他大喊大叫而采取的方法。他简直快透不过气了。

汽车沿着住宅区的坡道飞速行驶，通过窗口的灯光，可以知道它已经驶过了好几条明亮的马路。那是他所熟知的城市，可是他现在已经是与世隔绝的人了。商店的霓虹灯、正在散步的人们、擦肩而过的巴士、巴士里的乘客——谁都不知道他被绑架，正面临着生命危险。不远处有一个交警亭。巡查的警员正在红色的电灯下眺望着马路上的景色。

"再忍一会儿就好了。"耳边的男人轻声说道，"你一定很难受吧。我们也没办法，不这样你就会大喊大叫了。"

筒井想要用手势告诉对方，自己不会轻举妄动的，可双手却被旁边的男子按得死死的，无法动弹。

汽车飞快地行驶着，所经之处都是他见惯的道路。小路变成了大路，又碰到好几处红绿灯。遇见红灯的时候，窗边的男子就会变换姿势，挡住店主。

汽车驶入了目黑区。从两旁熟悉的建筑物可以判断出,再往前走就是中目黑了。过了祐天寺,钻过了东横线的防护栏,店主愕然——车正往三轩茶屋的方向开去。他惧怕那个方向,是有原因的。

店主挣扎起来。

"给我老实点!"就像是训孩子的口气,"要是你敢出声,我们就只能再粗暴一点了。"

两旁的男子都是彪形大汉,他们的话绝不是在吓唬人。

车开到了三轩茶屋热闹的十字路口,又遇上了红灯。一辆亮着灯的电车在窗边驶过。汽车左右——不,不光是左右,汽车的前前后后都是出租车。可是谁都没有注意到这辆车中的异样。对店主而言,外头的世界明明近在咫尺,而他自己却已身陷险境。

车又发动了起来。周围的一切事物,向后飞驰而去。

汽车沿着宽阔的马路驶过住宅区。过了一会儿,路变窄了。透过车窗,能隐约看见经堂车站的灯光,但角度很偏。前方就是郊区那昏暗的街景。已经十点多了,还开门营业的店越来越少了。马路上只有开着车灯的汽车在行驶。当然,即使对面的车灯照了进来,对方也不会注意到车里的情况。

房子越来越少,汽车驶进了农田和杂树林较多的地区。路况也越来越像田间小路了。

汽车溜进了一条公路岔开的小路。树梢划过车顶发出响声。小路一直延伸到森林,尽头是一片高尔夫球场,不见住宅。晚上这里没有人。车子隐蔽地停在杂树林中。即使大声呼救,也很难有人听见。

"让你受苦了。"勒住店主脖子的男子终于松了手,"到了这儿也不吵不闹,可真是条好汉!"

"即使大声喊了也没用吧。"

筒井源三郎用重获自由的双手轻抚自己的喉咙。

"你可真有觉悟啊,门田先生。"

对方是冲着店主说的。昏暗中,店主全身都僵硬了。

"你们是什么时候知道的?"他平静地问道。

"伊东忠介先生死在这里之后,过了很长时间我们才查出来。"对方摆出一副监禁者的口气,"我们拼命调查杀死伊东先生的凶手。因为我们知道杀害他的动机绝不单纯。"

"战争结束之后,你们也一直和伊东前中校保持着联系是吧?"

"一点儿不错。"

"你们的组织叫什么名字?"

"我们没必要在这儿告诉你。总之,只要你知道伊东中校和我们小组是志同道合、团结一致的就行。"

"你们是怎么查出我的身份的?是伊东告诉你们的吗?"

"准确地说,伊东先生并没有告诉我们,曾经在中立国公使馆任职的书记生门田源一郎就是品川的旅馆'筒井屋'的店主筒井源三郎。不过,他曾暗示过门田书记生在东京。我想是因为伊东先生不忘昔日与您的交情,才没有把详细情况告诉我们。"

"那你们是什么时候知道的?"

"从伊东中校离开奈良,直到在世田谷郊区被杀之前,究竟住在哪里——我们就是从这一点查起的。不,说实话,当时我们还一无所知。毕竟从地方上来东京的人会住店也是很正常的,但我们一直没搞懂他为什么要去世田谷。我们知道他不会被人强行带去的。他虽然上了年纪，可是在讲道馆¹练出的柔道四段的身手还宝刀未老呢。"

"然后呢？"

黑暗中的问答还在继续。

"所以，我们认定伊东中校被人骗去了世田谷。当然，带他去世田谷的人，就是杀死他的犯人。而且，犯人能把如此厉害的伊东先生勒死，说明他是趁伊东先生不注意，从他身后下手的。也就是说，伊东先生对凶手并没有戒心。这也意味着伊东先生和凶手的关系非常亲密。"

"原来如此。"

筒井屋的店主——当年的书记生门田源一郎点了点头。

"然后呢？你们立刻察觉到那就是我了？"

"不，我们花了很长时间才推测出那是你干的。真的花了很长时间。"对方继续说道，"实不相瞒，伊东先生并没有告诉我们他为什么急急忙忙跑来东京。以前他每次来东京，都会事先联系我们，只有这一次没有。我们是看了报纸之后才幡然醒悟的……伊东先生虽然在大和的郡山开杂货店，但那只是他表面的身份。他是个怀着拳拳爱国之心的行动派。所以在战后他故意没有加入复活了的旧军人友好团体，而是在地方小城过着低调的生活。他是我们意志坚定的好同志啊！"

男子忽然停顿下来。他脸贴车窗，在黑暗中查看着窗外的情况。

"接着说。"门田源一郎催促道。男子回过头来。

---

1 柔道界的总本部，是1882年嘉纳治五郎为柔道的研究和指导所创立的道场，位于东京都文京区。

"而我们并不明白他来东京的动机,只知道他这次的东京之行和他的惨死定有联系。所以我们的调查,就是从他来东京的目的开始的。"

"我们给郡山的伊东家养子写了封信,可他也不知道养父为什么要去东京。"男子继续说道,"不过我们查到伊东先生在遇害前去过田园调布和青山。我们就查了查那两个地方究竟有谁住着。原来R报社的前任总编辑泷良精家就在田园调布,而外务省欧亚局某课课长村尾芳生家就在青山南町。于是我们有了第一阶段的推测。你在中立国公使馆当过书记生,而村尾是当时的副书记官。泷良精则是二战期间R报社的特派员,在中立国的首都待过。但是,但是!"

男子越说越激动。

"伊东中校是那座公使馆的陆军武官,所以我们就猜到其中定有隐情。让我们起疑的是,来到东京的伊东先生没来得及联系我们,就跑去了青山和田园调布。看来他一定是发现了什么让他非常吃惊的事情。那手忙脚乱的样子,就好像大白天撞见了死人一样……"

门田源一郎的手臂还是被一旁的男子按着。一直在说话的男子就是刚才勒着他脖子的人。周围一片漆黑,门田什么也看不见。不过听对方的嗓门,倒像是江湖好汉一样。

"不,我刚才说的可不是比喻。伊东先生真的见到了幽灵。留在寺院芳名册上的,正是那幽灵的笔迹……说到这儿,您应该明白了吧?我们查到伊东先生去过田园调布和青山之后,就意识到他来东京的目的和当年的中立国公使馆有关……公使馆的馆员中，一等书记官野上显一郎已经死了。他是一九四四年死的。对外宣称他生了病，去瑞士的医院住院，后来死在瑞士。当时的报纸也报道了这条消息。然而，伊东先生如此惊慌失措地跑到东京，还拜访了泷良精和村尾课长，我们就猜测，他是不是去求证野上一等书记官之死了呢？除此之外没有任何其他可能……不过我们也是花了很长时间才得出了这个结论。当时我们还没有推测出筒井屋的店主就是门田书记生。"

远处传来电车的响声。那是一个寂静的夜晚，周围的人家很少，电车的声音自然能传得很远。

"我们设想：野上显一郎还活着。不然伊东先生为什么会急急忙忙赶到东京，接连拜访那两人呢？野上显一郎的死在日本报纸上登载过，是白纸黑字的官方报道啊。为慎重起见，我们还去打探了一下野上家的情况，发现他的遗孀深信自己的丈夫已经死了。所以，即使野上活着回到了日本，他也没有联系过遗孀和其他家人。这究竟是为什么？我们无法想象，与此同时也展开了各种调查。其中一项就是向泷良精了解情况。可是我们去找过泷良精之后，他就立刻离开了东京，逃到了信州浅间温泉。于是我们第二次就直接去温泉找了他。泷看起来相当慌张，之后急急忙忙离开了浅间温泉，跑到蓼科高原去了。他从报社退休之后一直担任世界文化交流联盟的常任理事，在我们找上门之后，他连那份工作都辞了……泷的反常举止让我们起了疑心。尤其是在蓼科高原的旅馆见到他的时候，我们虚张声势，直接问他野上在哪儿。一开始他还坚持野上已经死了，但他那满是恐惧的表情已经出卖了他。"

"原来如此。那人虽然是知识分子，但胆子太小了。"

"是的。所以我们就从正面进攻。最后他终于招了，他说他也不清楚，但野上的死的确有些可疑。因为当时没有一个日本人在瑞士的医院送野上最后一程。于是我们就追问道，如果野上的死是一场谎言，那为什么要把活人弄死呢？"

"泷是怎么回答的？"

"他说他不知道！可是我们已经调查过当时野上在中立国公使馆干的勾当了。我们也有我们的消息源。没想到啊，野上身为日本派去的外交官，竟然吃里爬外，通敌卖国！当时日本正在跟同盟国打仗啊！"

"……"

"得知这一事实，我们心中的愤慨与惊愕简直溢于言表。野上和当时驻瑞士的美国战略情报局头子还有英国的谍报部门取得联系，企图让日本尽快战败。想到这儿我们就明白了：野上死亡的消息，其实是为了抹消他的国籍所做的手脚。我们猜想，他偷偷溜出了瑞士的医院，逃到了英国，然后和同盟国反复协商，构思让日本战败的策略。毕竟当时的瑞士已经成了同盟国情报网的老巢。尤其是美国情报机构的头子，手段相当了得，后来还成了中央情报局的长官，深受罗斯福的信赖。而英国的谍报机构也是直接向温斯顿·丘吉尔汇报工作的。野上显一郎与那些家伙狼狈为奸，成了卖国贼。"

"然后呢？"门田书记生声音很沉痛。

"这件事，日本政府里肯定有共犯。野上书记官再怎么厉害，也没办法独自完成这件事。他肯定和政府里的亲英美派通了气。日本的军部还有再战八年的余力，也有相应的物资储备，却心不甘情不愿地投降了，这肯定是因为这些叛徒搞的鬼！"

"可是那……"

"等等。你肯定想说野上的叛国行为没有那么大的影响吧？的确，在日本战败这一沉重的事实面前，很难说野上的叛国行为发挥了多少作用。但是，但是！他身为日本的外交官，在战争期间通敌卖国，还抹消了自己的国籍，策动帝国战败，这种行为绝不可原谅！我们绝不会原谅他！"男子激动地说道。

"恐怕伊东先生也一直以为野上书记官真的死了吧。然而他并没有死，而是好端端地披着伪装活着。而且，他现在还跑来日本玩儿了。即使不是伊东先生，只要是个日本人都会愤慨！事到如今，卖国贼居然偷偷摸摸跑回日本了，这能不让人愤慨吗！"

男子在一片漆黑中继续说道："伊东先生去了泷良精和村尾芳生家，质问他们，野上活着回日本了，他现在究竟在哪儿？可是他们俩还是装作一无所知的样子，说什么都不知道。这只是我们的想象，但应该八九不离十了。他们虽然对伊东先生说了谎，可伊东先生还是查到了野上的真身——那是因为这件事中还有一个关键人物。"

"……"

"野上和当时的海军串通一气。海军对战争本就持有求和想法。因此外派中立国的武官中，伊东先生那样的陆军派和海军派之间也是摩擦不断。和海军狼狈为奸的野上在谍报机关的暗中帮助下，从瑞士的医院溜到了英国，而帮助他脱逃的还有一个人……门田，那就是你！当时应该是你这个书记生把他送去瑞士的。"

"……"

"伊东先生知道野上还活着之后，就对门田书记生起了疑心。想必他肯定找你质问过事情的真相。你最终还是没有忍受住伊东先生的逼问,道出了实情。听到真相之后,伊东先生愤怒了。他肯定说,你现在就带我去找野上!伊东先生定是下了决心,要亲手刺杀那可恶的卖国贼……"

远处又传来响声。车里的两名男子把脸凑到窗边。过了一会儿,那人又若无其事地说了起来。

"门田,你的确帮助野上逃出了瑞士,所以你在战争结束之后,一回国就辞去了外务省的工作。毕竟你做了这种事,没办法继续留在外务省了啊……那我就继续说下去好了。你肯定也参与了野上回国这件事。恐怕知道野上在东京的住处的,只有你、泷和村尾这三个人。怎么样?我们没有猜错吧?"

"就算是吧。"门田用沉重的声音回答,他似乎已有了觉悟。

"所以,你认定怒不可遏的伊东先生对野上来说是一大威胁。不,不仅如此。若是他真的杀死了野上,当时的机密就会大白于天下。于是,你就起了杀意。"

远处的马路上,闪过一辆亮着车灯的轿车。

"你谎称带伊东先生去野上的住处,把他带出了门。没错,就是他命丧黄泉的那个夜晚。为了防止别人起疑,你们应该不是同时离开旅馆的,而是分头离开,中途会合。之后你把他带去了世田谷的案发现场。我们猜测你们选择了出租车,但是在距离现场很远的地方下车,然后再走过去的。因为要是直接坐车过去,很容易被人发现蛛丝马迹,另外,多走一会儿能拖延时间,让天色更晚。伊东先生对你深信不疑,完全没有防备。他放心地走在你旁边。走到案发现场附近时,你趁其不备,从背后偷袭,用绳子勒死了他。你看,那儿就是案发现场。"

男子指了指窗外。远处能看见稀疏的灯火，可几乎都被农田和杂树林的黑影挡住了。

"不过我们花了好长时间才查出你就是凶手。最大的突破口就是，伊东先生为什么要去世田谷的郊区？当时我们还不知道筒井屋的店主就是门田书记生，自然不知道是谁跟他一起去的，但我刚才已经说了，伊东先生曾经告诉过我们，门田书记生就在东京，所以我们猜测也许是门田陪他去的，可我们完全不知道门田身在何处……我们也派人去你老家佐贺查了查，发现你辞去外务省的工作之后，在老家赋闲了一段时间，然后去了东京，之后就盛传你病死了。这大概是村尾芳生散布的谣言吧！和抹消国籍窜逃到外国的野上显一郎的做法如出一辙。我们考虑了各种条件，发现他只去找了村尾和泷这两个人。我们越想越觉得可疑，就怀疑起了你的旅馆。不幸的是，我们手上没有门田书记生的照片，所以直到最后关头，我们才发现筒井屋的店主就是门田。"

"在京都的酒店开枪打伤村尾先生的就是你们？"

"没错。"

"哦？那你们为什么要打伤他？"

"这还用得着我说吗？我们确信泷和村尾一定知情，可是泷逃到蓼科去了，之后行踪不明。他怕我们怕得要死。而村尾就在我们面前露过一次面，之后便藏进了外务省这个大组织里。我们必须让他招供才行。而我们能使用的方法，就只有威吓了，而且这也是最有效的方法。我们的线人在他入住前一天掌握到了他会用化名登记的情报。要是我们真有心杀他，他的脑袋早就开花了。可我们的目的并不是置他于死地，只要吓唬吓唬他就行了。"

"一切果然如我所料。"

"是吧?你什么都明白。那你能不能顺便告诉我野上在哪儿啊?"

"不可能。"门田书记生淡然答道,"你们也知道野上先生和我关系不一般。你们猜得很对,野上先生称病从瑞士进入了同盟国的谍报机构,但那是为了尽早把日本国民从不幸的战争中解救出来……日本的败局再明显不过了。硬是坚持战争,将国民的生活进一步推向困苦的深渊的,正是伊东忠介中校那样的陆军强硬派!"

"那就是说,你真是野上叛逃的共犯?"

"就算是吧。我和野上先生持有相同的意见。我们暗中和在外武官里的海军派取得了联系。政府内部的高官中,也有你们口中的'叛徒',而海军派就帮助我们用暗号和他们通了气。当然,光凭野上先生一个人是没办法逃到同盟国去的。"

突然,晃眼的亮光从窗外射了进来。

一辆车在后方停了下来,随即关闭了车灯。

车门打开,传来脚步声。不可思议的是,门田源一郎两旁的人竟对此毫无戒备。

"辛苦了。"车外的男子说道。他提起手电筒,炫目的光亮照在门田脸上。

"谈完了吗?"新来的男子问道。

"差不多了。"门田旁边那个一直在说话的男子回答道。负责制住门田双手的那名男子下了车,把自己的位置让给了新来的人。

车摇晃了一下,是车外的男子坐了进来。光线太过昏暗,门田看不见他的脸。他那粗壮的手臂抓住了门田的双手。

"老板,让您受苦了。"男子说道。

"果然是你……"

门田在黑暗中盯着对方的脸。

"其实老板您已经注意到了吧。我也不能老以打杂的荣吉示人,还是把真名告诉您吧。我是国威复权会的总务,武井承久。顺便把干部的名字都告诉您吧。我们会长叫冈野晋一,副会长是杉岛丰造。给我好好记住。不过,您的脑袋还能转多久,已经很难说了。"

"我早就有心理准备了。我早知道总有一天会变成这样。"

"胆子还不小……喂!问出野上在哪儿没有?"他对同伴说。

"他还没招。"

"是吗……门田啊,你可是杀人犯啊。你在这里杀死了我们的同志伊东忠介先生。我们又不能把你乖乖交给警方……"

"你们要杀我吧?"

"法律规定杀人偿命,反正你也难逃一死,我们就亲手了结你……话都说到这个份儿上了,你也不准备把野上的行踪告诉我们了吧?"

"那是自然。"

"我们也不打算骗你,即使你告诉了我们,我们也不会放过你。当然我们也不准备拷问你。我们都是绅士,想等你主动回答我们。"

门田源一郎沉默了。他没有说话,只能听见他粗重的呼气声,那咝咝的声音就像是煤气管道漏气一样。

"我没什么好回答的。"

门田源一郎的声音开始发喘。

"你真的不愿意招？"武井承久问道。

"不。"半响的沉默之后，门田如此回答道。短短七八秒的沉默，却令门田以及绑架者感到漫长无比。

"我再问你一遍。野上显一郎在哪儿?!那人肯定是用假名来日本的。他没有日本国籍，说不定是用外国人的身份入境的。他用的是什么名字？他究竟住在哪儿？"

"我不知道！"门田源一郎撂下最后的回答。

"够义气！"武井赞赏道，"决心可嘉。可是我们绝不会原谅你。你是杀死伊东先生的凶手。"

"我也是无可奈何。"门田痛苦地说道。

"是吗……来到案发现场，你也能理解我们的决心了吧？……我们要在这儿杀了你。要在伊东先生的英灵长眠的地方，要了你的命！"

门田源一郎的呼吸，在一片漆黑的车中发出了诡异的响声，听起来完全不像是人类的呼吸声。

突然，那响声变得异常暴烈，就像是三四个孩子在打闹叫喊一样——那声音终于停息了。

24

轿车驶入横滨市内。今天天气很好,路上人来人往。不过相比东京,这里的人还是少了许多,环境也更安静。

"我已经好久没去过纽格兰德酒店了。"久美子在添田身旁说道。今天要和添田出来吃饭,久美子用心打扮了一番。

事出突然。昨天晚上添田上久美子家的时候,突然提出了去横滨的邀请。他说,只有今天有空,请久美子务必今天去横滨。久美子要上班,本来还有些犹豫。可是行事谨慎的添田昨天竟特别强硬。

"因为我个人的原因,最好明天去,我不想拖到以后再去。"

一旁的孝子笑着说道:"难得添田先生有心,你就陪他去吧。"

"可是……我还没请假啊。"

"那明天早上打个电话不就行了?反正你还有假没用完呢。"

"嗯……"

"突然提出这件事,实在抱歉,还请你明天一定请个假。"添田热情地恳请道,"我想和你去纽格兰德酒店吃个饭,然后四处逛一逛。"

"添田君,原来你也会说这话呀。"孝子笑了,"久美子,你就陪人家去吧。"

孝子已经把添田当自家人了。在那之前,添田很少和久美子单独外出——在这一点上,添田非常腼腆。可就是这样的他,在这件事上竟十分坚持。

久美子同意了。

"让妈妈跟我们一起去吧?"久美子对添田说道。

"哎呀,我就不去了。明天正好有其他事儿要做,你们俩去吧。"

孝子微笑着拒绝了。

换作平日里的添田,肯定会照着久美子的意思邀请孝子。可这一回,添田却沉默了。

其实,添田真希望带孝子一起去横滨啊。

然而,有两个原因阻止了添田。

一是,如果带上孝子,对方可能会拒绝出现在自己面前。

二是,去横滨的结果,对孝子来说实在太过残酷。

两人上了车之后,从昨晚开始的迷茫依旧动摇着添田的决心。只有久美子带着愉悦的神色望着流光溢彩的大海。

"很久以前我和妈妈还有节子姐姐一起去过一次纽格兰德酒店。大概是五年前吧……"久美子高兴地说道,"然后就一直没去过。不知道那儿是不是变了呀?"

"应该不会变太多吧,那栋楼还跟原来一样。"

"吃饭的时候一直有人奏乐呢,一个高个子的人拉大提琴,那音色可美了,我到现在还记得清清楚楚。"

"那地方的乐团每天晚上都会换,今天的恐怕不是同一组人。"

"好期待呀……"

轿车驶到山下公园旁。大马路边是公园的人造松树林,反方向则是一排排整齐的酒店大楼。

晚秋阳光下,建筑物的阴影柔和但又清晰地投射在地面上。

添田让司机把车停在纽格兰德酒店门口。阳光洒在白色的楼梯上。今天的久美子穿了一身枯叶色的连衣裙,脖子上还戴上了平时很少戴的珍珠项链。阳光照在肩头,显得鲜艳夺目。

两人走进酒店。屋外的光线被隔绝开来,巨大的水晶吊灯映入眼帘。这家酒店的前台在二楼。

添田犹豫了片刻说道:"不好意思,能不能请你稍等一会儿?"

客人们纷纷从电梯里走出来。

"我有些事要问问前台。"

久美子点点头,站在原地。两对年轻的外国夫妇从她身前走过。

添田朝前台走去。

中年工作人员双手放在身前,鞠了一躬。

"请问有没有一位姓凡内德的法国先生住在这里?"

工作人员打量了添田一眼,问道:"请问您是……?"

添田不知该如何回答才好。即使报上自己的姓名,想必也无法见到对方。很不幸的是，直到走进酒店之后他才察觉到这一点。他当然也不能报出报社的名字，这样只会让对方产生更大的戒心。

正当添田不知所措的时候，工作人员说出了一句令他大吃一惊的话来："请问……莫非您是添田先生？"

添田险些喊出声来。

面对哑然的添田，工作人员说道："有人给您留了张字条。"

他从桌上拿出一个小信封。

添田翻过信封一看，发现上面并没有写名字。打开信封，里面是一张对折过的便笺纸。

致添田彰一：

  如果你是来找凡内德先生的，那就先来找我吧，我有事相告。我住在416号房。不过还请你独自一个人来。

                泷

泷良精！他出现了！添田盯着那力道十足的钢笔字心想。

泷果然预料到添田会来到这里。当然，这并不是说泷能未卜先知，肯定是村尾芳生联系了他。添田突然想起在伊豆的船原温泉见到的躺在安乐椅上的村尾。

  横滨。纽格兰德酒店。

身在伊豆旅馆的村尾，把添田可能前往横滨一事告诉了泷。

"凡内德先生……"添田把便笺纸塞进口袋，向工作人员问道,"现在住在这儿吗?"

"是的,不过凡内德夫妇一小时前出门去了。"

"去哪儿了?"

"这……他们没跟我们说,我们也不清楚……"

添田彰一回到了久美子所在的地方。

"我的一个朋友也来了这儿,刚才去前台一问,发现他给我留了张字条,让我去见他一面,真不好意思,能不能请你在这儿等我一下?"

泷良精嘱咐添田单独赴约。至于其中的缘由,只能等泷良精主动告诉自己了。添田总不能把久美子带去泷的房间,况且泷也知道久美子会一起来,所以才做出了要求添田"独自一个人来"的指示。

久美子乖乖地点点头说:"那你们慢慢聊,我去楼下的橱窗那儿逛逛好了。"

这家酒店的楼下有主要面向外国人的纪念品商店,摆放着各种各样漂亮的商品,走走看看也令人心旷神怡。

"不好意思,我去去就来。"

添田送久美子到了楼梯口。她迈着轻快的步子,一步一步走下了楼,裙裾飘飘。

添田上了电梯,来到了四楼的416号房。他心跳不已。添田深吸一口气,敲了敲门。

屋里传来轻声的应答。添田转动了门把手。

没想到泷良精迎面站在门口。想必他是听到敲门声,正准备出来开门吧。不料一见面就形成了对决的态势。

"打扰了。"

添田鞠了一躬。泷背朝窗户,在逆光之中,添田发现泷露出了他从没见过的表情——泷分明在微笑。

"你来啦。"连他的声音都是那么柔和,"我等你很久了。"

他没有给添田回答的时间,立刻让添田在窗边的椅子上坐下。

"久美子小姐呢?"泷突然问道。只有知晓一切的人才会这么问。添田猜得不错,村尾芳生的确已经联系过他了。

"她跟我一起来了。"

"嗯,那她人呢?"

"在楼下等着。"

泷点了点头说道:"凡内德先生现在不在酒店。"

说完,他凝视起添田的脸来。

凡内德……

添田直视着泷坚定的眼神。五六秒的沉默。

"我知道,前台告诉我了。请问他去哪儿了?"

"去散步了。"

"散步?"

正当泷要回答的时候,门外有人轻轻敲了敲门。原来是女佣见屋里来了客人,送来了茶水。两人望着女佣张罗茶具,眼神自然而然地柔和起来。新沏的茶水几乎透明,底部沉淀着一些茶叶。等女佣消失在门外,泷良精才抬起头,和蔼地看着添田,说道:"添田,你已经知道凡内德先生是谁了吧?"

添田感觉一股热流从脖子流到背脊。

"我终于搞清楚了。"他浑身都僵硬了。

"我猜也是,我也不瞒你了。凡内德先生就是他。"

当泷说到"他"这个字的时候,嘴唇仿佛抽搐了一下。话说回来,他松弛的眼眶好像也在微微颤动。

"你为了查清这件事,也吃了不少苦头啊。"泷说道,"而我一直在妨碍你的调查。我也有我的理由。如果你现在还是以记者的身份来见我,我就会一如既往地挡住你的去路,可是我最近才知道你是久美子小姐未来的丈夫……我将把真相告诉即将成为野上家一分子的你,而不是身为记者的你。"

添田吞了口唾沫。他感觉自己额头上快要冒汗了,脑中一片空白。

"我再确认一下,你没把来找他的事告诉孝子夫人吧?"

"没有。"

"嗯……"

泷靠在椅背上。这件事好像让他担心了许久。

"你是怎么跟久美子小姐说的?"

"就说我想来横滨玩玩,让她陪我一起来。我也没有把凡内德先生的名字告诉她。"

"这样……"

泷坐起来,像是赞同添田做得没错。那双和蔼的眼睛中透出有力的光芒。

"添田,他现在在观音崎。"

"观音崎?"

"就在浦贺前头。他是三十分钟前去的,现在去也能见着。"

"他为什么要去那儿?"

"我说了,他是去散步的。没什么目的。硬说有什么目的,那就是想在祖国的风景中度过在日本的最后一天吧。"

"最后一天!?"

添田几乎站了起来。

"添田,明天他会坐法航的班机离开日本。"

"泷先生……"添田颤抖着说道。

"不,添田,我们等会儿再细说。快让久美子小姐去观音崎吧。不要再磨磨蹭蹭的了。也许他正在海边等候着女儿的到来……"

添田下意识地站起身。这时,泷良精用锐利的视线仰视着添田说道:"添田,他的夫人也在。"

久美子在楼下的商店闲逛。添田下楼的时候,她正好在看陈列柜中泛着白光的珍珠。

听到添田的脚步声,她把视线从奢华的商品上移开。这里白天也会开灯。见到添田,久美子的脸色仿佛灯光一般明亮。百无聊赖的她顿时有了生气。

"你们聊完啦?"她歪着脑袋,微笑着说道。

添田不忍心正面看久美子的脸。他不禁低下头,朝玻璃柜中的项链看去。

"还没呢……话才说到一半。"

周围没有其他客人。白天的纪念品商店总是门可罗雀。女员工坐在椅子上看着书。

"哎呀,那我再等您一会儿好了。"

"不不,一时半刻可能说不完。可能要谈个一两个小时。"

"哦？要聊这么久啊？"

"对不起……能不能请再多等我一会儿？可是在这儿等也不是回事儿，要不这样吧，横滨前面有一个地方叫观音崎，开过浦贺就到了。我听说那儿景色不错，坐车三四十分钟就到了。要不你去那儿逛逛吧？"

久美子好像不太愿意。

"我也想陪你一起去，可是我和朋友可能还会说很久……要不这样吧，你先去，我这边谈完了就过去找你。"

"可是……"久美子低下头，"我一个人去……"

"别担心，那里人很多的，而且今天秋高气爽，游客肯定很多。"

"我还是在这儿等吧。您不用顾虑我……"

久美子不愿意独自去陌生的地方。

"可那样要等很久啊，我这儿可能会谈两个多小时呢，要是你在这儿等，我怎么能安心谈事情呢？"

"这样的吗？"听到这话，久美子终于点头了。

"是啊，再说这酒店里也不算个等人之地呀，况且你要是先去了，我肯定会尽快谈完赶过来的。"

"那个地方怎么去？"

久美子下了决心。

"酒店门口有出租车。这一带的司机都认识路。"

"那儿有些什么景色？"

"灯塔。那里是三浦半岛东侧的尽头。正好是油壶的反方向。再往前就是千叶县了。圆形的东京湾的南侧不是往里收的吗？最窄的地方叫浦贺水道，那里的景色真的很棒……其实我今天之所以请你来横滨，就是为了去那里看看。"

"好吧，那您待会儿可一定要来啊！"

"那是当然，实在是对不起，我本来不是为了和朋友见面来这儿的，只是正好碰到了就只能……对了，要不我们直接在那儿吃午饭，然后回酒店吃晚饭吧！"

"嗯。"

添田陪久美子走向门口，真想把法国人也在那里的事情告诉久美子。久美子也认识他。她在京都的寺院和酒店已经接触过他了。可是添田要如何向她解释自己知道这件事的来龙去脉呢？他只能暗自祈祷，在久美子抵达观音崎之前，凡内德夫妇千万不要离开。

酒店门童帮忙拦下了一辆出租车。久美子高高兴兴地上了车。门童还以为添田会上车，一直帮忙扶着车门。

"麻烦去观音崎。"添田在车外对司机说道，"您认识路吧？"

"认识，认识。"司机把手放在方向盘上说道。

"去那儿有几条路可走啊？"

"就一条路，先生。"

"那地方大吗？"

要是久美子抵达观音崎之后，凡内德夫妇去了别处，那就糟了。

"不大，是片海岸嘛，而且参观路线只有一条，只能那么走。"

添田放心了。

"一路小心。"他举起手说道，"我会尽快过去的。"

"我等您啊。"

久美子也举起手,轻轻摆了摆。

出租车沿着白色的马路越驶越远。久美子还回过头来,透过后车窗点头示意。

添田折回了酒店的楼梯。他再也按捺不住了,变得急躁起来。连上电梯时的动作都有些粗暴。先上电梯的外国人瞪了添田一眼。

"我看见你们了。"泷良精开门迎接添田回来,头一句就说,"我一直目送着久美子小姐的车消失在建筑物后。"

"能赶上吗?"添田暗自祈祷,并向对方求证。

"应该没问题。"泷往烟斗里塞了些烟草。洒进屋里的秋日阳光让泷的白发泛着银光,"他也知道女儿会来,肯定会仔细观察的。"

泷低下头打燃打火机。他的稳重,让添田放心了不少。

"一见久美子小姐,我就什么都说不出口了。"

"那样就行了。"泷立刻回答道,"不必多言。他们是父女,不用说也知道。他也做好了见女儿的思想准备。"

一只虚弱的苍蝇趴在窗上,翅膀一动不动。

"他的夫人也在……"添田担心地说道。

"没事。"泷又安慰道,"那位夫人不是普通人。她虽然是法国人,可骨子里就跟日本女人一样。"

"添田,"泷嘴边的烟斗冒着白烟,"久美子的事情,就让对方去办吧。"

他的表情不禁平静了下来,动作也不例外。他用指尖轻轻抓了一撮新的烟草塞进了烟斗。

"大致的事情你已经从村尾那儿听说了吧？"他抬眼看了看添田。

"是的，但并没有打听到全部始末。"

"那就够了。没必要全知道。凭你的想象就够了。"

"我的想象没错吗？"

"基本没错。"泷轻描淡写地承认了。

"可是我有很多事情没搞明白。首先是野上显一郎先生回国这件事。不，我理解他的心情，战争结束已经十六年了，从野上先生丧失户籍的日子计算的话，那就是十七年了。他肯定很想回故土走一走看一看。当然，他也想在暗中见见自己的亲人。可能的话，他也不希望让亲人知道自己的存在。"

泷没有回答。然而，他的表情还是肯定了添田的猜想。

"请允许我擅自想象一下……我觉得野上先生回日本之前，至少联系了两位老朋友。一位是自己的老部下村尾先生，另一位，就是您，泷先生。"

"嗯……"

泷将视线投向窗口。秋蝇还在原来的位置挣扎。

"当时您是大报社的驻瑞士特派员，而野上先生也是在那里'去世'的。恐怕写有野上书记官死讯的公报，就是从村尾芳生先生所在的公使馆发出去的吧，但是这一切都需要一个新闻界人士的协助。那个人，就是您。"

添田直视着叼着烟斗的泷。

"野上先生想请两位朋友帮忙让他见见自己的家人。至少，他希望让朋友们帮着创造些机会。当然，这是因为他坚信二位的友谊。然而，意想不到的问题出现了，那就是曾经的陆军武官伊东忠介中校。野上先生一时兴起，在令人感怀的古寺中留下了自己的笔迹。不，我并不是不能理解他的心情。恐怕他觉得这是自己最后一次参观年轻时流连忘返的古寺了，想要把自己的些许笔迹留在芳名册上做个纪念吧。我理解他的心情……可是，一系列的灾祸由此而生。灾祸之一，是他的外甥女芦村节子发现了这一笔迹，产生了疑惑。更糟糕的是，伊东忠介也发现了笔迹，赶来了东京……村尾先生告诉我，二战末期时伊东中校直到最后一刻，都坚信着日本定能取得胜利。所以，如果野上先生还活着，就会成为他无法容忍的卖国贼。伊东中校从野上先生的死讯和他尚在人世的事实，推测出了事件的真相。毕竟当年的他也是公使馆的武官，见惯了各国之间展开的谋略与计策……所以伊东一到东京，就去村尾先生和您家里质问野上先生是不是还活着。"

泷没有否定，他微微收了收下巴。

"我在四处调查的过程中，也猜到了野上先生之死的真相。可我不明白的是，为什么伊东中校会死在世田谷的郊区呢？我想知道他遇害的原因，以及勒死他的凶手究竟是谁。不，我和搜查犯人的警视厅并不在同一个立场。无论犯人有没有被逮捕归案，都和我没有关系。我想知道的，只是犯人的名字而已……想要抹消伊东中校存在的人至少有三个。一个是村尾先生，一个是变成凡内德先生的野上先生，还有一个就是您，但你们三个都不可能是凶手。这说明还有一个人想置伊东于死地。泷先生，您应该知道凶手是谁才对。"

"添田，"泷松开嘴里的烟斗，阴沉的眼中闪现出异样的光芒，眼神的变化，让添田心中一惊，"那个凶手已经死了。"

添田一时间难以理解这句话的意思。他不明白泷究竟在说什么，只得瞪大双眼看着对方。

"杀死伊东忠介中校的男人，又被别人杀死了，而且，他就死在伊东丧命的地方。"

这回，添田终于把话听了进去。

"什么？您……您说什么？"

"今天凌晨发现了他的尸体。当然报上还没有登，也许今天的晚报会登吧。不过已经有人通知我了。"

"凶手死了？是谁？死了的凶手是谁？"

"门田源一郎。你也查过当时公使馆的馆员名单，对这个名字应该有印象吧。"

"书记生！"添田喊道。

"没错，就是门田书记生。"

添田脑中一片空白。门田源一郎一直行踪不明，盛传他已经死了，可仔细一查才发现，他只是失踪了而已。

"他换了个名字，现在叫筒井源三郎，工作也变了，成了品川车站前一家叫'筒井屋'的小旅馆的老板。"

添田感觉自己跌入了一片混乱之中——他的眼前掠过那张浓眉大眼、颧骨凸出的脸庞。他们曾在小旅馆的房间中说过好几次话。

"细节部分我就省略了。"泷说道，"总而言之，门田是野上先生的心腹，协助野上先生'假死'的也是他……当时同盟国在瑞士安插了谍报活动的机关，野上先生为了在日本分崩离析之前结束战争，就和那些机关进行了接触。不，换个角度看，也许可以说是野上先生上了他们的当，但我保证，野上先生绝不是因为上当才那么做的。"

"我明白了。您受野上先生之托，为他和谍报机关牵线搭桥。"

添田想起，眼前的这位前辈记者的英语很好，而且长期驻扎国外，是一位非常优秀的特派员。

"就算是吧。我在瑞士的时候，经常和美国谍报机关的高层一起打高尔夫。"

"艾伦·杜勒斯？"

添田不禁说出了这个大名鼎鼎的名字，直隶于美国总统的中央情报局长官。这位举世闻名的情报工作负责人，在大战期间的确身在瑞士。

"也许吧。但是，添田，对方叫什么名字根本无所谓。即使叫温斯顿·丘吉尔也没关系。总之，野上先生愿意背井离乡，抛妻弃子，舍弃自己的日本国籍，在日本濒临毁灭的紧要关头拯救这个国家。有些人可能会觉得他是个大叛徒。同盟国方面接受了他的联系，毕竟他们也不知道日本准备坚持到什么时候。同盟国也想尽早结束与日本的战斗，好减少损失。野上先生的行动是无法用传统的日本精神解释的，只能等待后世的评价了。"

泷靠在扶手上，好像十分疲惫的样子。

"伊东中校为了确认野上先生是否还活着，几乎都疯了。"

泷良精不时用手指揉着额头，继续说道："他知道公使馆时代的同僚，也就是书记生门田在品川站前开旅馆。当然，我们也知道这件事……所以伊东就去了门田家的旅馆，反复质问野上先生过世时的情况。毕竟当年是门田陪着野上先生去瑞士的医院的。这些事情并不是我想象的，而是门田昨天在信里说的。恐怕那封信是他遇害之前寄出来的吧……伊东中校在公使馆任职的时候，就是日本精神的狂热信徒。不仅如此，他到现在还坚信日本陆军定能东山再起。不，这可不是我在开玩笑。即便是现在，这么想的也还大有人在。总之，伊东去质问门田了。之前我们随便找了个借口把伊东打发走了，可是门田毕竟是陪野上先生走过最后一段路的人，伊东就把火力集中在了他的身上。门田在信中写道，伊东还拿出从奈良寺院的芳名册上撕下的纸给他看。野上先生的笔迹很特殊，谁都无法模仿。两人一问一答，争执了一整晚，终于，门田还是没能抵挡住伊东的质问。这时，门田就起了杀意。要是让眼前的这个男人找到了野上先生在日本的藏身之处，天知道会发生什么事。"

"是门田先生把他带去世田谷郊区的吗？"

"没错。他骗伊东说，野上先生的藏身之处就在世田谷，换了好几辆出租车去了案发现场附近。他害怕事后被警方查到行踪，带着伊东走了好长一段路。所幸伊东对东京很不熟悉。当时他特别激动，完全没有对门田起疑。他们就这么来到了案发现场。"

"这样……"添田顿感浑身无力，"那……杀死门田先生的是……"

"是某个组织。我只能告诉你这些。那个组织和狂热的伊东中校有紧密联系。门田之所以要杀死伊东，也是为了防止野上先生还活着的消息走漏出去，引起那群家伙采取行动。那群人根本不讲理，完全不给你反驳的余地。"

"那群人也来找过您吧？"

"是的。"泷自然地回答道，"伊东中校死后，那群人开始四处打探。在帮久美子小姐画素描的笹岛画家意外身亡之后,我就动了逃跑的念头。"

"画家的死是个意外?"

"我明确告诉你吧,他是因为服用了过量安眠药死的。可是当时的我并不这么想。我坚信是那个组织杀死了画家。我这么想是有原因的。因为画家在给久美子画素描的时候,她的父亲一直在场。"

"什么?"

"这么说可能不太对。其实当时野上先生装作杂工的样子,在暗中观察着自己的女儿。这个主意是村尾想出来的。我和画家的关系很好,就说服画家以久美子小姐为模特画几张素描。毫不知情的画家答应了我的要求,还让家里的女佣在那几天不要去上班。于是野上先生就能从容不迫地看看自己的女儿了。画家的素描也准备让野上先生带回外国去。然而画家竟不幸去世了。野上先生也没想到这一点吧。他肯定很慌张。他可不能接受日本警方的盘查。所以就带着久美子的素描逃跑了。"

"那用'山本千代子'把久美子小姐约到京都的人是……?"添田赶忙问道。

"那是野上先生现在的夫人的主意。她也明白野上先生的心情。寄信这件事,野上先生事后才听说。对了,话说回来,他还去歌舞伎座见了自己的家人……他明明还活着,家人却成了遗属。可是那一次他只能偷偷看看妻子和女儿。之所以拜托画家为久美子小姐作画,也是为了让野上先生多看女儿几眼。一天,一天,又一天。可我们都明白,他是多么想和女儿说上几句话。"

"我明白。"添田点点头。

"野上夫人也同意那件事。我说的当然是他现在的夫人……她虽然是法国人,可真的是个善解人意的女子。又有教养,又能理解野上先生的立场,设身处地为他着想。山本千代子的那封信,是让城里的打字店帮忙打的。信的内容则是让那个翻译写的。剩下的就是等人来了……可是久美子小姐不是一个人来的,后面跟着个可疑人物。父女二人的见面,就被这么无情地打断了。"

"原来是这样……"添田叹了口气。

"可是他还有机会。久美子小姐又去了苔寺。当时,失落的野上先生独自回了M酒店,只有夫人去了苔寺,偶然见到了久美子小姐。在南禅寺的时候,凡内德夫妇混了一群外国游客中间。在苔寺,夫人成功拍到了久美子小姐的照片。这些照片,定会成为最好的纪念品。"

"那M酒店的事情……?"

"纯属偶然。他们做梦也没有想到久美子小姐也在同一家酒店……实不相瞒,我们本来和野上先生约好,要在M酒店碰面。村尾也从东京出发,悄悄坐飞机去了京都。我从蓼科出发,坐中央线去了名古屋,然后到了京都。命运有时候就是那么神奇,冥冥之中,人们就被命运的丝线牵扯到了一起。首先得知久美子小姐住在M酒店的是野上夫人。一听说这事,野上先生就想听听女儿的声音,于是他就往久美子小姐的房间里打了三个电话。"

"我知道,这件事久美子小姐跟我说过。野上先生装作打错电话的样子,说了句对不起就把电话挂了。"

"野上先生也不知道要跟女儿说什么啊。你让他怎么说?一个陌生男人,能和一个陌生的女孩子聊天气吗?野上先生打了三次电话，能听到久美子小姐说'喂喂'就满足了。其实在那之前，他就派翻译去邀请久美子小姐共进晚餐。可不知是幸运还是不幸，久美子小姐拒绝了他们的邀请。也许这样对她来说更好。因为村尾就是在那天晚上中枪的。"

"那究竟是谁干的好事？"

"就是那群人。他们执着地追查野上先生的行踪，一路追到京都。"

"那为什么要开枪打村尾先生呢？"

"为了警告我们。也许他们是这么想的，但这分明就是恐吓。他们肯定以为自己放了村尾一马吧。"

"他们为什么要大费周章地打伤村尾先生？野上先生不就住在隔壁房间吗？为什么不直接找野上先生呢？"

"他们不知道那就是野上先生。准确地说，是他们当时并不知道野上先生已经变成了法国人。他们虽然有了线索，可并没有查到真相。村尾抵达M酒店之后，我也跟来了。他们一直在跟踪村尾，觉得其中定有蹊跷。所以他们就觉得，只要打伤村尾，就能引蛇出洞了。即使野上先生当时不现身，这场枪击案也会搅局，他们希望野上先生会在混乱的局面中出现。"

添田沉默了片刻。

"那野上先生接下来准备怎么办呢？"添田盯着泷问道。

"也许会回法国去吧。不过他说，在回法国之前想去突尼斯的沙漠走走。"

"沙漠？"

"对野上先生而言，巴黎和沙漠并没有太大的分别。地球上的每一个角落，对他而言都只是一片荒野。毕竟，他是个失去了国籍的男人。不，不仅仅是国籍。他的生命在十七年前就已经停止了。对他而言，地球本身就是一片荒野。"

添田看了看手表。久美子从酒店出发之后，四十分钟过去了。

25

穿过隧道,眼前出现了一片茂密的灌木林。白色的道路夹在树林与山坡之间。

一辆跑车超过了久美子所乘坐的出租车。树木的叶子都泛黄了。海景展现在眼前。

她看见了一艘插着美国国旗的白色船只。就连甲板上水兵们的脸仿佛都是那么分明。

"灯塔还很远吗?"久美子向司机问道。

"转过那个海岬就到了。"司机回答。

路边好像有片废弃的夏季海水浴场。海边的小屋破破烂烂,还堆着许多空果汁罐。

开过凸出的海岬,眼前出现了一个小广场,停车场里满是巴士、私家车和出租车。一旁还有几个时髦的小餐厅。看来这里比久美子想象的要热闹得多。

"您从这儿下车,往前走就行。"司机为久美子打开车门时说道,"走去灯塔要十二三分钟。"

久美子让司机在原地等候。

路突然变窄了,小路紧贴着海岸线。今天天气很好,游客也很多。久美子朝前走着,一路遇见了很多男男女女。年轻人都脱下外套,露出里面的白衬衫。多么暖和,再走下去简直快出汗了。

海风带来潮水的气息。

悬崖上有一座小小的青年旅店。白色的栅栏里长满了苍绿的万年青。建筑物是用红色的砖块砌成的,和周围的景致非常合拍。久美子来了兴致,她庆幸自己来到这里。呼吸到的空气混杂着海水的味道,光是散步也令人心旷神怡。

她还没看见灯塔,得再转过一个海岬才行。从这里开始,小路有了些坡度。

山坡上是一片古老的树林。抬眼望去,树干上缠满了藤蔓。这里是湘南地区的尽头,细叶青蒌藤、南五味子、米槠等亚热带海岸植物随处可见。

爬到坡顶,一座巨大的灯塔突然出现在眼前。灯塔建在靠海最近的山崖上。在阳光的照耀下,灯塔的白色墙壁与湛蓝的天空相映成趣。

下方的海岸有一片茶色的侵蚀岩,就像是一堆横七竖八的木板交错重叠出来的一样。

久美子站在原地,眺望着远处的景色。大部分人都被眼前的美景震撼了,久美子身后有不少游客驻足观赏。

要说有人,就连海岸边的礁石上以及像屋顶般伸出的岩石上,都能看见三三两两的游客。小路一直延伸到灯塔下的山崖,并且往更深处蜿蜒而去。年轻的游客们三五成群地在小路上走着。

久美子朝岸边走去。眼前正是房州的群山，光看眼前的景色，简直难以想象自己和群山之间还隔着一片大海，就好像能从灯塔下的海岬直接走过去一样。远山仿佛与灯塔下的海岬连成一片。

白云飘浮在高山的顶端。

久美子小心翼翼地在岩石上走着。被海水侵蚀的岩石就像火山岩一样，布满小洞。

阵阵海水流入岩石与岩石之间，那些海水又像小河一样逆流回海中。小螃蟹在眼前爬过。潮水的味道更浓了。

久美子忽然察觉到投向自己的视线。看着自己的人并不在正面的岩石上。那里有两个年轻人，正在交替给对方拍照。

久美子移开了视线。

一位身着黑色衣服、身材高大的外国夫人站在远处。久美子一直没有注意到她，那是因为她比久美子来得晚，站在久美子的身后。金色的秀发在明亮的阳光下仿佛一团火焰。

久美子大吃一惊。

那不是在京都见过的那位法国夫人吗？对方好像也认出了久美子。真不愧是外国人，她一见久美子，就兴奋地挥起手来。

久美子走了过去。法国夫人背后正是灯塔所在的断崖。断崖上长满了各种树木。灯塔的石阶就在夫人身后。那浓暗的色调，更加映衬出夫人那头金发的美丽。

"你好啊！小姐。"

夫人先开口了。她的脸上满是笑容，蓝色的眸子直视着久美子。

"您好，夫人！"久美子用法语回答道，"您是什么时候从京都过来的呀？"

"四五天前。"夫人微笑着回答。那排牙齿真是整齐又漂亮。柔顺的秀发随风飘拂。

"没想到能在这儿见到你,真是太棒了!"

"我也是这么想的。"

久美子想起夫人在苔寺为自己拍照时的样子。青葱的枫树下各式各样的厚苔藓的鲜艳颜色,至今历历在目。

"小姐的照片拍得很好看。这是我在日本留下的最宝贵的回忆。我一定会好好珍藏的。"

"能帮上您的忙我也很高兴。"

法国夫人喃喃道:"真是奇迹……我在南禅寺也见到了你。在苔寺给你拍照之后,又在M酒店遇到了你。今天竟然又在这里偶遇……多么美妙的邂逅啊!"

夫人的衣着打扮比较素雅,就连衣服的颜色也和普通外国人不太一样,反而很接近日本人的审美观,大多是柔和的中间色。

"小姐是一个人来的吗?"夫人向久美子问道。

"嗯,是的。"

"你也是来这儿看海的吧?"

"是的,听说这儿的风景很漂亮就来了。"

"这儿的景色真是太美了。京都当然很美,可这里也毫不逊色。"

夫人那双湛蓝的眼睛投向大海。正巧有一艘大货船沿着浦贺水道缓缓驶来。温暖的日光照在房州山脉的部分山峦上,被阳光照亮之处色彩异常鲜明,就像是舞台上的灯光效果一样。

"我是和我丈夫一起来的。"法国夫人在一旁说道。

"啊?"

抬头一看，只见夫人玫瑰色的脸颊上露出幸福的微笑。

"我把他介绍给你吧，小姐。"

久美子都来不及阻止。夫人往后退了两三步。她知道，这是为了向后面的人传递信息。

一位戴着墨镜的老绅士走进了久美子的视野。他的头发几乎都白了。然而那张脸，分明是日本人的脸。不，久美子其实早就见过这张脸了。在方丈小屋宽敞的走廊上，他曾与这位夫人一同落座，眺望着庭院中的山石。其他外国游客也在场，但只有这位老人望着美丽的庭院出了神。那侧影，至今留在眼底。

久美子第一次见到他的时候，还以为他是西班牙裔，可现在看来，他分明就是日本人。除了日本人，还有什么人会露出如此沉着而又忧郁的表情呢？

不过，当老人走到久美子面前，墨镜之后露出的却是温柔的眼神。

不知为什么，夫人并没有把丈夫介绍给久美子。久美子有些疑惑，不过还是开口向他问候道："您好。"

"你好，小姐。"老人用地道的法语应道，"您的法语真好。"

老人微笑着来到久美子身边，站在了夫人之前站着的位置。

夫人好像想起了什么，对丈夫小声说了几句话。久美子听懂了。她好像说，想上灯塔去看一看。丈夫对妻子说道，小心点儿，去吧。

"那我们一会儿见。"夫人向久美子摆摆手。

为什么夫人要把丈夫一个人丢在这儿呢？久美子没想到这位夫人也会做出这么不讲礼数的举止。

"去海边看看吧。"老人突然说起了日语,"对了,那块石头挺不错的,要不要一起去那儿走走?"

那里正是海水激起阵阵白沫的地方。

波涛在脚边粉碎。只有带着白色泡沫的那片海水颜色不同。那是清澈见底的绿色。只见下方凸出的岩石上,站着一位手持钓竿的男子。

"好累啊。"老人说道,"请允许我在这儿坐一会儿吧。"

老人顺势在岩石上坐下,嘴里还说着"好嘞"。他故意做出老年人般的豪放,而这毕竟是只有日本人才会做的动作。

"你不坐吗?"

老人抬起头朝久美子看去,墨镜后满是眷恋的神色。

"那边可以坐。"

他竟然自己找了个位置,然后从口袋里掏出一块手帕,铺在了石头上面。

"太麻烦您了……"久美子惶恐地说道。

"没事,一直站着多累啊,来,坐下吧。"

久美子不禁心如鹿撞。真是不可思议,她明明是第一次与这位老人说话,但却能感受到一种莫名的亲昵。节子的丈夫芦村亮一都不曾让她有过如此亲近之感。难道是因为老人上了年纪,而且那风度比较平易近人吗?他的脸上满是深深的皱纹。

"那我就不客气了。"

久美子在老人为她铺好的手绢上乖乖坐下。波涛的飞沫随风吹来。

"我叫野上久美子。"

久美子觉得还是自我介绍一下比较好。

"噢……"

老人深深地点点头。墨镜后的眼睛凝视着海面，仿佛他是在用全部身心听着这个名字。

云淡风轻，一部分海水的颜色随之变换。

"……真是个好名字。"老人说道。

"对了，我也得自我介绍一下才是。我叫凡内德。"

久美子一时间难以将眼前的老人与外国名字联系起来。就好像他在说一个和自己完全无关的名字一样。

虽然他有个法国名字，可是他的父亲或母亲肯定是日本人。而且他一定在日本接受过很长时间的教育。不，又有几个日本人能像他那么有教养呢？看来长久以来的法国生活，定是在他身上留下了烙印。

再怎么看，久美子都觉得眼前的老人就是日本人。

"你一定觉得很不可思议吧。"凡内德的余光注意到了久美子的神色，他微笑着说道，"谁都觉得我是一个日本人。会这么想也是理所当然的。"

"您在日本住过很长时间吗？"

"是的。"老人点了点头，"我在日本上了大学，之前也一直在日本生活。"

果不其然。可是老人的日语是地道的东京话，没有一点外国口音。日语，已经成了这位老人的血肉。

他弓着背，跟普通的日本老人无异——一边晒太阳，一边坐在走廊上观赏着盆栽时，就是这样的姿势。

可是，也许是戴着墨镜的原因，他的脸上总有一丝威严。那绝不是观赏盆栽的神色，而是陷入沉思、独自凝视着某样东西时那沉寂的表情。话说回来，这位老人浑身上下都散发着一种阴郁的氛围。面朝大海而坐的他，让人感受到一种忧郁的孤独。

久美子沉默着。

她突然想起，老人坐在南禅寺的小屋走廊观赏庭院景色的时候，也是一样的神态。

"小姐，"老人面朝大海，轻声说道，"令堂可好？"

他的声音有些沙哑。

"托您的福，家母很好。"

不知不觉中，她就用起了和日本老人说话的口气。

"是吗……那就好……能有你这样的女儿，令堂一定很高兴。"

久美子默默低下头——好奇怪，为什么老人只问母亲，不问父亲呢？照理说这种情况不是应该问"你父母可好"吗？

"你在哪儿工作啊？"老人又问道。

"在……"久美子回答了自己的单位。

"挺好。"老人温文尔雅地点了点头，"看小姐这个年纪，想必婚事将近了吧？"

久美子露出微笑。初次交谈的人说这些也许太过唐突了，可是久美子毫不在意。为什么自己一点都不介意呢？只能归结到老人对她那种神秘莫测的亲昵感。

"那令堂就是喜上加喜了。"

那口气就好像他们已经认识很久了一样。神奇的是，久美子没有一点抵抗心理，反而觉得自己慢慢融入了老人的情感中。

钓鱼的男子大挥一竿，好像钓到了。

回过神来，久美子蓦然发现，老人从胸口掏出一块手帕，隔着墨镜擦起了脸。

今天并不热。海风还带着凉意。老人好像也注意到了久美子的视线，自言自语道："海浪的飞沫飘到脸上了。"

之后，老人赶忙补充道："我明天就要离开日本了。"

"哎呀，您要回国了吗？"

"嗯，是的。"老人坐在原地，微微动了动上半身，"在日本的最后一天能见到小姐，真是幸运啊。"

"……"

"我来日本，十分想找个人，就是像小姐这样的人说说话。所以现在能和你聊天，真是太高兴了。"

久美子觉得他并没有说谎：这位法国老人的脸上，一直带着喜悦的表情。那并非外国人那种露骨的情感表达，反而像是在努力抑制自己的感情。这正是日本人的性格。

"非常愉快。"他说道，"我有一个问题想问问小姐。"

"什么问题？"

"你觉得我怎么样？"

好突兀的问题。久美子一时不知如何作答，不过，还是老老实实说出自己的感受吧。

"我觉得……您非常……非常好呀。"

光是这句话，她觉得还无法完全表达出自己的心情。

"……就像见到了一位很久很久没见过的亲人一样，好像见到了自己最想念的人。"

"哦？"

老人把头转了过来，用深邃的眼神凝视着久美子的脸庞。

"真的吗？你真的那么看待我吗？"

"是的，虽然和初次交谈的人这么说很失礼……"

"哪里，哪里，谢谢你，谢谢。能听到这句话，我心里真的是太高兴了。"

"早知如此，真该早些认识您和尊夫人，真希望能和您二位多相处一些时光。"

"我也不忍分手。"老人猛一点头，"小姐，我有个无礼的请求。"

"您请说。"

"我明天就要离开日本了。我想给小姐唱一首我小时候喜欢的歌曲，作为在日本最后的纪念，小姐可肯赏光听一听？"

"……"

"是一首儿歌，不过我唱得不好……"

久美子微微一笑："请，您请唱吧……"

老人挺直背脊，面对大海，开始哼唱了起来。

也许因为年代实在久远，大半歌词老人已经忘却，不过，久美子情不自禁地和着老人一起哼了起来。两人的歌声不时被大海的涛声淹没。

野上显一郎一边低声吟唱着，一边默默地把女儿歌唱的声音和样子铭刻在心田。

乌鸦啊

为什么歌唱

因为在那高山上

有七个可爱的孩子

等着它回家

　　……[1]

　　两人的合唱声盖过了涛声，声音飘向海面，又缓缓沉入海底。一股难以名状的感动，突如其来地涌上久美子的心头。

　　她忽然想起，这正是幼儿园时妈妈教给自己，并和妈妈一起合唱给亡父听过的那首歌。

---

[1] 文中的童谣为野口雨情作词的《七个孩子》。

马上扫二维码,关注 **"熊猫君"**

和千万读者一起成长吧!

图书在版编目（CIP）数据

球形的荒野 /（日）松本清张著；曹逸冰译. -- 上海：文汇出版社，2018.12
 ISBN 978-7-5496-2752-3

Ⅰ.①球… Ⅱ.①松… ②曹… Ⅲ.①长篇小说—日本—现代 Ⅳ.①I313.45

中国版本图书馆CIP数据核字(2018)第270084号

KYUKEI NO KOUYA by MATSUMOTO Seicho
Copyright © 1962 by MATSUMOTO Yoichi
All rights reserved.
Original Japanese edition published by Bungeishunju Ltd., Japan 1962.
Chinese (in simplified character only) translation rights in PRC reserved by Dook Media Group Limited, under the license granted by MATSUMOTO Yoichi arranged with Bungeishunju Ltd., Japan through TUTTLE-MORI AGENCY, Inc., Japan and Beijing GW Culture Communications Co. Ltd., PRC.

中文版权 © 2019 读客文化股份有限公司
经授权，读客文化股份有限公司拥有本书的中文（简体）版权
著作权合同登记号：09-2018-864

球形的荒野

作　　者	/	（日）松本清张
译　　者	/	曹逸冰
责任编辑	/	戴　铮
特邀编辑	/	宋　琰　叶启秀　吴　涛
封面装帧	/	刘　倩
出版发行	/	文汇出版社 上海市威海路755号 （邮政编码200041）
经　　销	/	全国新华书店
印刷装订	/	三河市龙大印装有限公司
版　　次	/	2019年3月第1版
印　　次	/	2019年3月第1次印刷
开　　本	/	890mm×1270mm　1/32
字　　数	/	294千字
印　　张	/	13.25

ISBN 978-7-5496-2752-3
定　　价 / 56.00元

侵权必究
装订质量问题，请致电010-87681002（免费更换，邮寄到付）